자산을 지키는 가장 완벽한 절세 비법

# 부의 이전

## 일러두기

세법은 개정이 잦아 책의 내용이 모든 세법 적용을 보장하지는 않습니다.
따라서 실제 적용 시에는 저자 또는 전문가와 상의하여 검토하고 의사 결정을 하시길 권고합니다.

자산을 지키는 가장 완벽한 절세 비법

# 부의 이전

확장판

이장원
이성호
박재영 공저

안수남 감수

체인지업
CHANGEUP

# 부의 이전은
# 제때 이루어져야 합니다

정말 많은 납세자가 아직도 부의 이전에 대해 대수롭지 않게 생각하고 있습니다. 그러나 실상 부의 이전과 직결되는 세금 지식의 부족으로 사후 거액을 추징당하는 경우를 수년간 보아왔습니다. 세금은 예측하여 절세하는 것입니다. 발생한 사건의 단순한 후속 처리 과정이라고 생각하면 절대로 안 됩니다.

세무사로서 공익성을 생각하며, 사정이 어려운 납세자를 위해 무료 세금 상담도 하며 도움을 주었습니다. 하지만 주변인이 아닌 대중을 위해 도움을 주는 것에 한계를 느낀 적이 많습니다. 특히 최근 5년간 치솟은 주택가격 상승에 따라 관련한 상담이 증가했습니다. 이를 통해 시장에서 느끼는 상속세와 증여세에 대한 고민과 부담이 늘어나고 있다는 것을 체감할 수 있었습니다.

그러던 중에 이장원 세무사가《부의 이전: 자산을 늘리는 완벽한 상속·증여 절세 비법》집필 기획 단계에서 제게 감수를 부탁하였습니다. 특히 세무사와 상담할 여력이 되지 않는 납세자를 위한 책을 집필하고 싶다는 취지에 적극

공감하여 기쁜 마음으로 감수를 맡게 되었습니다.

무엇보다 부의 이전은 제때 이루어져야 한다는 적시성과 이를 위한 마음가짐에 대해 알려주고자 하는 저자들의 의도에 깊이 공감할 수 있었습니다. 나아가 그간 경험하고 익혔던 상속과 증여에 대한 생각을 정리하고 공유하였습니다. 더불어 후배 세무사가 느끼는 부의 이전에 대한 생각을 들으며 의견을 나눌 수 있어 저에게도 참으로 값진 시간이었습니다.

항상 연구하고 노력하는 자세로 진정한 세무전문가의 길을 향해가는 이장원 세무사를 비롯한 후배 세무사에게 감사와 응원을 전하며, 책 내용에 미진한 부분이나 오류가 있다면 가감 없이 말씀 주실 독자분들께도 미리 감사의 말씀을 드립니다.

세무사 안수남

## '보통의 세금' 상속세,
## 당신도 곧 경험하게 됩니다

《부의 이전》 초판 출간 이후, 거의 매일 상속이 발생한 유가족에게 무료로 상속세 상담을 해주고 있다. 안심 상속 원스톱 서비스를 통해 확인한 상속재산으로 예상 상속세를 계산하고 상속 이후 절차에 대해 성심성의껏 알려드린다. 놀라운 점은 유가족의 상속세 상담이 폭발적으로 증가했다는 건데, 이는 실제 통계를 보면 증가 추세를 더 정확히 확인할 수 있다.

2020년 연간 사망자 수는 약 305,000명, 상속세 신고인원 수는 11,521명으로 약 3.7%가 신고했다. 그러나 불과 2년 만인 2022년에는 상속세 신고인원 수 비율이 5.2%로 급증했다. 1.5%p 증가한 것으로 웬 호들갑이냐고 할 수 있겠지만 증가율로만 따지면 40%가 넘는 수치다. 2년간 성장률이 40%인 사업이 있다면 그 사업은 말 그대로 대박이라고 볼 수 있을 것이다.

거기다 2021년의 사망자 수는 약 318,000명, 2022년의 사망자 수는 약 373,000명으로 1년 사이 사망자 수가 급증하였기에 사실상 신고인원 수 비율이 상대적으로 낮아지지 않고 오히려 더 증가했다는 점은 특히 눈여겨볼 만하다.

강조하고 싶은 점은 상속세는 이제 '보통의 세금'이 되고 있다는 것이다. 5.2%가 상속세 신고를 한다는 것은 연간 사망자 수 100명 중 5명은 상속세 신고를 한다는 얘기고, 서울·경기·광역시의 주택소유자라면 한 번쯤은 상속에 대해 고민해야 한다는 것이다.

5%라는 수치가 피부로 와닿지 않을 수 있다. 그러나 상속세 신고인원 수가 현재의 속도와 같이 매년 0.5%p~1%p 정도씩 증가한다면 5년 후에는 10명 중 1명이 상속세 신고를 하게 될 것이다.

'상속세 내는 사람은 부자니까 친해져라'라는 말은 이제 옛말이 되었다. 상속세에 대한 과도한 세금 문제가 과거 재벌 중심의 소재였다면 요즘은 주택 한 채 가진 사람이 고민해야 하는 '보통의 세금'이라는 시선으로 접근해야 한다. 이 책을 쓰는 우리 역시 예전에는 상속세 및 증여세 강의를 CEO 만찬 모임 또는 최고위 과정 등에서만 주로 진행했다면, 요즘에는 문화센터에서 교양 및 상식강의 차원으로 진행하는 경우가 압도적으로 증가했다. 당장 유튜브만 봐도 상속세 절세를 위한 다양한 콘텐츠가 넘쳐나는 상황이니, 상속세의 중요성은 두 말할 것도 없다.

이 현실을 깨닫고, 더 많은 독자가 상속세 및 증여세 절세지식을 최근 트렌드에 맞게 알 수 있도록 다시 한자리에 모여 《부의 이전》 확장판을 펴낸다.

세무사 이장원·이성호·박재영

CONTENTS

## 제1장　상속세, 당신이 곧 경험할 '보통의 세금'
### 현명한 부의 이전을 위한 상속세와 증여세 기초 지식

## 제2장

### 절세의 핵심, '시가' 정확히 알기
#### 시가의 정의와 범위

## 제3장

### 증여 10년 주기 절세 플랜 세우기
#### 미리 준비하는 절세 증여법의 모든 것

**제4장**

# 상속
미리 준비하는 상속, 절세법에 대한 모든 것

## 제5장 사업자 대표를 위한 가업의 상속과 증여
### 대를 이어 가업을 유지하기 위한 철저한 준비

'상속세 내는 사람은 부자니까 친해져라'라는 말은 옛말이 되었다. 상속세가 과거 재벌 이야기였다면 요즘은 주택 한 채 가진 사람이 고민해야 하는 '보통의 세금'으로 바뀌고 있다. 저자 역시 예전에는 상속세 및 증여세 강의를 CEO 만찬 모임 또는 최고위과정 등에서 주로 하였다면 요즘에는 문화센터에서 교양 및 상식강의로 진행하는 경우가 압도적으로 증가했다. 나아가 유튜브에서도 상속세 절세를 위한 콘텐츠의 인기가 보통이 아니다.

## 제1장

# 상속세, 당신이
# 곧 경험할 '보통의 세금'

—

### 현명한 부의 이전을 위한 상속세와 증여세 기초 지식

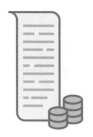

# '보통의 세금' 상속세, 당신도 곧 경험하게 된다

## OECD 회원국 중 상속세 및 증여세 1위는 대한민국

[표 1-1] OECD 주요국의 총 조세수입 중 상속세 및 증여세 비중

(단위: %)

| 구분 | 한국 | 벨기에 | 일본 | 미국 | 독일 | OECD 평균 |
|------|------|--------|------|------|------|-----------|
| 2019 | 1.59 | 1.45 | 1.31 | 0.40 | 0.52 | 0.35 |
| 2020 | 1.93 | 1.53 | 1.31 | 0.46 | 0.67 | 0.38 |
| 2021 | 2.42 | 1.72 | – | 0.47 | 0.69 | 0.42 |

출처 : OECD Statistics, 4300 Estate, inheritance and gift taxes, Tax revenue as % of total taxation.

OECD 38개국 중 17개국에는 상속세가 없거나 폐지될 예정이다. 또한 상속세가 있다고 하더라도 직계 상속에 대해서는 대부분 낮은 상속세를 부과하고 있다. 그러나 한국은 총 조세수입 중 상속세 및 증여세 비중이 2.42%로 OECD 회원국 중 가장 높고, OECD 평균인 0.42%와 비교했을 때는 5.7배 이상이나 높다.

상속세에 대한 독자들의 생각을 다 알지는 못하겠지만 '부자'에 국한된 부의 재분배라는 측면에서 꼭 필요하다는 의견도 있다. 그러나 우리는 서울 등 수도권에 아파트 한 채만 있어도 '상속세를 납부하는 납세자'가 될 수 있음을 알아야 한다. 더불어 본인이 상속세를 납부하는 상황이라면 본인이 스스로를 '부자'로 받아들일 것인지, 본인의 부를 사회적으로 재분배하는 것에 동의할 것인지 고민해 봐야 할 것이다.

우리는 상속세 및 증여세를 실무에서 가장 면밀하게 지켜본 사람으로서 독자에게 이 상속세라는 것이 왜 '증상 없는 전염병'이고, 이 증상 없는 전염병에 걸린 것은 아닌지 자가 진단할 수 있는 시간을 제공하고자 한다.

## 집 한 채만 있어도 상속세는 발생한다

당신은 부자인가? 집이 한 채밖에 없다고 상속세를 먼 나라의 이야기라고 여기는가? 2024년, '수도권 집 한 채만으로도 상속세가 부과된다는 사실'을 모르고 있었다면 상속세를 계산해 본 적 없거나 애써 무시하고 있는 사람일지도 모른다. 이제는 이에 대해 진지하게 생각해볼 시점이다. 상속세를 등한시하면 그동안 쌓은 부의 절반을 자녀가 아닌 '국가'에 헌납해야 할 수도 있기 때문이다.

불과 10년 전만 하더라도 '상속세를 납부하는 지인이 있으면 친하게 지내라'고 말할 정도로 대한민국에서 '상속세'는 '부자만 내는 세금'이라는 인식이 강했다. 그러나 지금은 상황이 많이 달라졌다. 세금을 내는 근로소득자나 사업소득자는 매년 소득 및 세금 신고를 통해 다음해의 세금을 공부하고, 하다못해 포털사이트에서 연말정산에 대한 절세 팁이라도 검색해본다. 물론 상속세가 피상속인의 죽음에서 비롯되다 보니 대부분이 다른 사람의 이야기처럼 받아들이는 경우가 많지만 말이다.

현재 거의 모든 국민이 잠정적 상속세 신고대상자가 되었음에도, 상속세에 대한 상식이나 이해가 전혀 없다. 그 결과 상속인 대부분이 사전 상속 절세 계획 자체를 생각하지 못해 고액의 상속세 납부라는 결과를 고스란히 짊어지게 되었다(이 과정을 지켜보는 세무사로서 절세를 도와줄 방법이 없어 안타깝기 그지없다).

한국부동산원 R-ONE 부동산통계뷰어에서 확인한 2023년 12월 〈전국 주택가격 동향 조사〉에 따르면 서울 아파트의 평균 매매가격은 최근 '그나마' 조정되어 10억 5,100만 원가량이다. 7년 전보다 약 1.9배 정도 상승했으며 그 외 지역도 큰 폭으로 상승했다. 주택가격 상승은 누군가에게는 기쁨, 누군가에게는 절망이 될 수 있다.

**[표 1-2] 최근 8년간 지역별 아파트 매매 평균 가격**                    (단위: 천 원)

| 지역 | 2016년 12월 | 2017년 12월 | 2018년 12월 | 2019년 12월 | 2020년 12월 | 2021년 12월 | 2022년 12월 | 2023년 12월 |
|---|---|---|---|---|---|---|---|---|
| 전국 | 283,287 | 313,552 | 325,014 | 351,787 | 396,418 | 514,584 | 468,130 | 449,530 |
| 수도권 | 379,107 | 427,909 | 454,751 | 501,863 | 564,152 | 758,448 | 686,826 | 665,377 |
| 지방권 | 192,294 | 205,138 | 202,019 | 210,622 | 238,600 | 294,172 | 270,466 | 254,740 |
| 6대 광역시 | 235,385 | 257,439 | 258,723 | 270,787 | 313,976 | 399,441 | 356,918 | 333,839 |
| 9개 도 | 225,187 | 238,036 | 240,882 | 255,283 | 297,085 | 400,376 | 363,242 | 346,039 |
| 서울 | 562,278 | 659,905 | 717,749 | 827,228 | 893,100 | 1,151,469 | 1,067,590 | 1,051,458 |

출처 : R-ONE 부동산통계뷰어, 한국부동산원

그리고 50대 이상의 주택소유자에게는 상속세 대비의 필요성을 알리는 신호이기도 하다. 상속세는 배우자가 있다면 10억 원까지, 배우자가 없다면 5억 원까지, 특별한 경우를 제외하고는 과세 대상이 아니며 그 이상이라면 과세 대상이 된다. 현재 서울 평균 아파트 매매가격을 보면 아파트 한 채만 보유하고 있어도 상속세 납부 대상자가 되는 상황이다.

[표 1-3] 상속세 신고인원 및 총상속 재산 총액

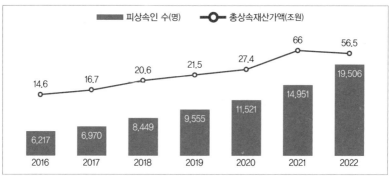

출처 : 국세 통계 포털

이를 뒷받침하듯 국세 통계에서도 최근 몇 년 사이 상속세 신고인원과
총상속재산가액이 큰 폭으로 증가한 것을 확인할 수 있다. 2022년 상속
세 신고인원은 19,506명, 총상속재산가액은 약 56조 5천억 원으로 2016
년 대비 상속세 신고인원은 약 3.1배, 총상속재산가액은 3.85배나 증가
했다. 더불어 연도별 사망자 수에 따른 상속세 신고인원 수도 눈에 띄게
증가했다.

[표 1-4] 대한민국 연도별 사망자 수                                (단위: 명)

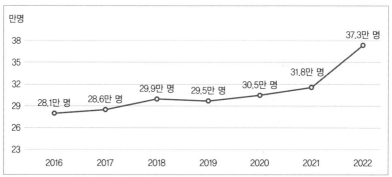

출처 : 통계청 KOSIS

부의 이전

[표 1-5] 사망자 대비 상속세 납세 인원(피상속인 수) 비율

| 지역 | 2016년 | 2017년 | 2018년 | 2019년 | 2020년 | 2021년 | 2022년 |
|---|---|---|---|---|---|---|---|
| 사망자 수 | 28.1만 명 | 28.6만 명 | 29.9만 명 | 29.5만 명 | 30.5만 명 | 31.8만 명 | 37.3만 명 |
| 상속세 신고 인원 수 | 6,217명 | 6,970명 | 8,449명 | 9,555명 | 11,521명 | 14,951명 | 19,506명 |
| 비율 | 2.2% | 2.4% | 2.8% | 3.2% | 3.7% | 4.7% | 5.2% |

위 통계치에서 강조하고 싶은 것은 상속세는 이제 '보통의 세금'이 되고 있다는 것이다. 5.2%가 상속세 신고를 한다는 것은 연간 사망자 100명 중 5명은 상속세 신고를 한다는 얘긴데, 이렇게 되면 서울·경기·광역시의 주택소유자는 누구나 상속에 대한 고민을 해야 한다는 것이다. 5%가 내는 세금 가지고 뭔 호들갑이냐고 할 수 있다. 그러나 상속세 신고인원 수가 현재의 속도와 같이 매년 0.5%p~1%p 증가한다면 5년 후에는 10명 중 1명이 상속세 신고를 하게 될 것이다.

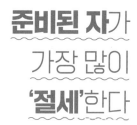

**준비된 자**가
가장 많이
**'절세'**한다

[표 1-6] 2022년 총상속재산 가액 등 규모별 피상속인 수와 총상속재산가액 (단위: 명, 백만 원)

| 총상속재산 가액 등 규모별 | 피상속인 수 | 총상속재산가액 |
|---|---|---|
| 1억 이하 | 25 | 1,473 |
| 3억 이하 | 87 | 17,781 |
| 5억 이하 | 103 | 37,620 |
| 10억 이하 | 4,425 | 3,048,099 |
| 20억 이하 | 8,510 | 11,021,045 |
| 30억 이하 | 3,086 | 6,694,657 |
| 50억 이하 | 1,918 | 6,511,357 |
| 100억 이하 | 903 | 5,361,090 |
| 500억 이하 | 411 | 6,218,513 |
| 500억 초과 | 38 | 17,607,797 |
| 합계 | 19,506 | 56,519,432 |

출처 : 2022년 상속세 신고현황, 국세 통계 포털

2022년 상속세 신고 재산가액 규모별로는 10억 원 이상이면서 20억 원
이하인 구간이 8,510명(43.6%), 재산가액 11조 210억 원(19.4%)으로 가장

부의 이전

큰 비중을 차지했다. 과거에는 주택 한 채와 예적금 및 보험금을 가진 일반적인 망자의 상속은 상속세 신고 대상이 아니었다. 그러나 현재는 그 '주택 한 채'의 가격 상승으로 인해 10억 원이 넘는 주택 한 채와 예적금 및 보험금 등이 상속재산으로 인정되면서 보편적인 상속재산 규모가 10억 원~20억 원 사이로 변화되었다. 말 그대로 '집 한 채'만 있어도 상속세 납부 대상이 되는 것이다.

그러나 상속과 증여 상담을 준비하는 세무사 관점에서 놀라운 점이 하나 있다. 상담자 대부분이 '본인의 재산이 많지 않다고 생각해' 꼼꼼히 관리하지 않는다는 것이다. 심지어는 본인 소유의 부동산 주소를 모르고 있는 사람도 있다.

보편적인 상속과 증여의 경우 재산목록은 크게 부동산, 현금성 자산, 주식, 사망보험금, 사전증여재산 정도로 나누어 볼 수 있다. 재산의 종류에 따라 평가 방법이 다르기에 본인의 재산목록을 위 다섯 종류로 나누어 재산 관리 리스트를 작성해 보고, 매년 시가 변동을 확인하는 습관을 지니자. 다른 종류의 재산으로 바꿔 보유하는 것이 유리한지 불리한지 검토하며 제대로 된 자산관리를 할 수 있을 것이다.

상속과 증여 상담을 위해 재산을 시가평가하고 이에 대한 납부세액을 안내하면 상담자 대부분은 깜짝 놀란다. 특히 상담자가 고액의 세금과는 거리가 멀었던 근로소득자나 주부라면 그 충격은 더욱 크다. 그도 그럴 것이 법상 세율이 고율인 점을 모르기 때문이다. 이는 다음의 표를 보면 쉽게 이해할 수 있다. 약식으로 본인의 상속세를 계산하려면 먼저 본인의 자산에서 임대보증금 및 은행 채무 등 부채를 차감한 가액을 산정한다. 그 산정된 가액에서 배우자가 없다면 5억 원, 배우자가 있다면 10억 원을 차감한 금액이 얼추 과세표준이 될 것이다. 그 과세표준에서 세율을 곱하고 누진 공제를 차감하면 본인의 상속세가 얼마나 나올지 대략적으로 알 수 있다.

[표 1-7] 상속세 및 증여세율

| 과세표준 | 세율 | 누진 공제 |
|---|---|---|
| 1억 원 이하 | 10% | – |
| 1억 원 초과~5억 원 이하 | 20% | 1,000만 원 |
| 5억 원 초과~10억 원 이하 | 30% | 6,000만 원 |
| 10억 원 초과~30억 원 이하 | 40% | 1억 6,000만 원 |
| 30억 원 초과 | 50% | 4억 6,000만 원 |

[표 1-8] 과세표준에 따른 산출세액 계산

| 과세표준 | 산출세액 |
|---|---|
| 1억 원 | 1,000만 원 |
| 2억 원 | 3,000만 원 |
| 3억 원 | 5,000만 원 |
| 5억 원 | 9,000만 원 |
| 10억 원 | 2억 4,000만 원 |
| 15억 원 | 4억 4,000만 원 |
| 20억 원 | 6억 4,000만 원 |
| 25억 원 | 8억 4,000만 원 |
| 30억 원 | 10억 4,000만 원 |
| 100억 원 | 45억 4,000만 원 |

## 24년간 한 번도 바뀌지 않은 상속세율

최근 증여도 폭증하고, 상속세 납세의무자도 대폭 늘어났으니 과도한 세금에 대한 세법 개정을 기대하는 사람도 있겠다. 그러나 상속세 및 증여세율은 1999년도 개정 이후 바뀌지 않고 있으며, 1999년 마지막 개정에서는 오히려 세율이 높아졌다.

상속세 및 증여세율이 24년 동안 변동되지 않았다는 것은 세율에는 그동안의 인플레이션이 반영되지 않는다는 것을 의미한다. 즉, 24년 전에 3억 원 하던 부동산이 현재 20억 원이 되었지만, 상속세 및 증여세율의 변동은 없으니 재산 가치 증가가 적용되는 누진세율은 고율의 세율 적용으로 결국 세금만 높아지게 되었다는 얘기다.

24년 전에도 상속이 발생하게 되면 일괄 공제 5억 원이 적용되었다. 그러므로 24년 전이었다면 상속세는 발생하지 않았겠지만, 똑같은 부동산이 24년 지나서 상속이 일어난다면 일괄 공제 5억 원을 제하고 계산해도 상속세는 4억 4,000만 원이나 나오게 된다. 오히려 해당 부동산은 24년이라는 세월 동안 낡아졌지만 말이다.

이처럼 상속세와 증여세의 세수 비중과 세수 총액이 매년 늘어나게 될 것은 불을 보듯 당연하다. 이는 곧 우리가 상속과 증여를 하루빨리 준비해야 하는 까닭이기도 하다.

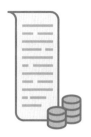

# 상속세 절세를 위해 증여를 정말 많이 할까?

그렇다면 바로 의구심이 들 수 있다. 상속세가 이렇게 '보통의 세금'이 되고 있는데, 이를 절세하기 위해 살아생전 무상으로 자녀에게 부의 이전을 하는 '증여'도 그에 발맞춰 증가했냐는 것이다. 국세 통계를 보도록 하자.

[표 1-9] 증여세 신고 인원 및 재산가액

출처 : 국세 통계 포털

     **부의 이전**

보는 바와 같이 2016년부터 2021년까지 증여세 신고인원과 재산가액이 지속해서 증가했고, 2022년에 소폭 하락했다. 그래도 아직 증여의 상승폭이 줄어들지 않는다는 뉴스를 심심치 않게 접할 수 있다. 아이러니하게도, 대한민국 증여세율은 OECD에서 최고 수준이다. 이 지점에서 의문점이 하나 생긴다. 증여세율이 고율임에도 불구하고 왜 이렇게나 증여를 많이 하고 있을까?

전문가의 관점에서 증여세 신고가 폭증하는 이유는 간단하다. 바로 다른 세금의 부담이 너무 크기에 상대적으로 세 부담이 덜한 증여를 통해 다른 세금을 줄이기 위한 것이다. 그렇다면 증여를 통해 부담을 줄이려는 '세금'은 무엇일까?

## 과세표준 30억 원을 넘는다면 상속세율은 이미 50%

첫 번째는 상속세다. 본인 재산의 상속세 과세표준이 30억 원을 넘는다면 적용되는 상속세율은 최고 세율인 50%다. 즉, 이미 과세표준이 30억 원 이상인 상황이라면 재산이 증가할수록 증가분의 50%는 국가의 세금이 된다는 의미이다. 자신의 재산 중 50%를 국가에 납부할지, 자녀에게 미리 증여할지, 이에 대한 답은 이미 나와 있다.

고(故) 이건희 회장의 상속재산 약 26조 원에 대한 상속세는 무려 12조 원가량으로 산정되었다. 이에 유족들은 상속세 납부를 위해 대출, 주식 처분 등 여러모로 자금 확보를 하고 있다는 예측 보도를 접한 바 있다. 이는 대한민국의 상속세 계산 구조가 얼마나 고율인지 알 수 있는 단편적인 사례다.

우리나라는 유산을 주는 사람을 기준으로 세금을 부과하는 '유산 과세형' 방식을 취하고 있다. 고인의 재산 총액에 맞춰 세율이 적용되기 때문에 유산을 받는 상속인 기준으로 과세하는 유산취득형 방식보다 더 높은 고율을 적용받을 수밖에 없다. 최근 기획재정부에서 상속세 개선 방안을 검토하고 있긴 하지만 즉각적인 변화는 없는 상태이다.

그리고 천정부지로 치솟는 주택가격으로 인해 상속세는 더는 부자만의 세금이 아니게 되었다. 부모님이 열심히 일궈놓은 주택이 서울에 1채라도 있다면 상속세 과세 대상이 될 수 있기 때문이다. 실제로 50대 이상의 자산가들로부터 사전 상속 절세 플랜을 위한 상담이 끊이지 않고 있다.

## 최고 세율 82.5%, 양도소득세를 피하자

다주택자의 양도소득세 세율이 얼마나 살인적인지는 여러 매체를 통해 알 수 있었다. 현재 3주택자 이상의 다주택자가 조정대상지역 내에서 주택양도 시 적용되는 최고 세율은 일반세율 45%에 중과세율 30%가 추가된 75%다. 여기서 끝이 아니다. 국세의 10%에 해당하는 지방소득세 7.5%를 더하면 최고 세율은 82.5%가 적용된다. 다만, 2022년 5월 10일부터 2025년 5월 9일까지 보유 기간 2년 이상의 주택은 1년간 일시적으로 양도소득세 중과세율을 감면받는다.

반면 증여세 최고 세율은 과세표준 30억 원 이상 시 50%의 세율을 적용받고, 그 이하의 증여 시에는 10%~40%로 더 낮은 증여세율이 적용된다. 또한, 증여세는 지방세가 존재하지 않기 때문에 최고 세율을 비교했을 때 양도소득세보다 상대적으로 세 부담이 적다.

주택가격이 여러 요인으로 인해 천정부지로 치솟는 상황이라면 양도차익도 커져서 양도소득세는 당연히 늘어날 것이다. 그러다 보니 다주택자들은 고액의 세금을 부담하면서 급히 양도할 이유가 없다고 판단하게 된다.

대부분의 '부'를 형성하고 있는 세대가 지금의 50대 이상이며, 그들이 처한 상황도 생각해 볼 수 있다. 그들의 자녀는 이제 결혼, 혹은 독립할 나이가 되었다. 이제 막 경제 활동을 하는 자녀 세대가 이미 올라버릴 대로 오른 고가의 주택을 살 여력이 안 되는 것은 당연한 일이다. 이에 부모 세대는 자녀 걱정을 하게 되고, 삶의 터전을 마련해주고자 주택 또는 현금을 증여하는 것이 증여 폭증 현상으로 이어지고 있는 것으로 보인다.

## 주택 수를 줄여 보유세를 줄이자

최근 세제 개편 및 공동주택가격 또는 개별주택가격의 조정을 통해 보유세인 재산세와 종합부동산세 부담이 한풀 꺾였다. 그러나 과거보다 공동주택가격 또는 개별주택가격을 과세표준으로 과세하는 재산세와 종합부동산세의 납세의무자가 대폭 확대되었고, 납부세액도 크게 상승했다. 서울에서는 1주택 보유자도 종합부동산세를 걱정하는 경우가 더러 있으며, 특히 3주택 이상의 다주택자는 종합부동산세에 대한 중과세율이 적용되어 세 부담이 더욱 커졌다.

양도소득세는 주택을 양도할 때 납부하는 세금인 만큼 실질적인 양도가 이뤄지지 않는다면 납부 걱정을 할 필요가 없다. 하지만 보유세는 매년 과세기준일(6월 1일)에 기준 주택을 보유만 하고 있어도 고지서를 받게 되고, 이 고지서상 세액이 매년 높아지니 부담이 클 수밖에 없는 상황이다. 고액의 종합부동산세를 내기 위해 매년 적금에 가입한다는 얘기가 나올 정도니 말이다. 그러므로 다주택자는 무주택자인 자녀에게 주택을 증여함으로써 주택 수와 주택가격의 합계를 줄여 보유세 부담을 더는 절세전략을 많이 실천했었다.

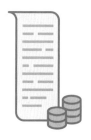

# 재산은 끝까지 가지고 있어야 자식한테 대접받는다?

## 부(富)의 이전은 삶의 자세를 물려주는 것

과거 우리나라에는 장남에게 선산을 물려주는 풍습이 있었다. 실은 선산뿐 아니라 조상 대대로 내려오는 재산을 모두 물려주었다. 이는 장남을 '가족의 정신'을 계승하는 제사의 대표자로 인식했기 때문이다. 상속과 증여도 마찬가지다. 부를 이전하는 것인 동시에 자녀 세대에게 '가족의 정신과 전통을 계승'시키는 것이다. 이를 온전히 물려주기 위해서는 상속과 증여를 준비하는 올바른 마음가짐이 필요하다. 상속과 증여는 결국 대를 이어 계승되는 이전 방식이기 때문에 제공자가 부의 이전을 고려하고 있지 않다면 아무것도 진행되지 않는다.

상속과 증여를 준비하기 위해서는 부의 이전에 대한 당위성을 부를 제공하는 사람이 먼저 합당하게 인식해야 한다. 증여자와 수증자, 피상속인과 상속인 모두 공감할 수 있는 범위에서 이야기하고, 부를 이전하는 데 있어 최대 걸림돌인 세금에 대한 해결책을 모색해야 한다.

그러나 부의 제공자인 부모의 재산에 대해 자녀가 먼저 말을 꺼내는 것은 우리나라 정서상 쉽지 않다. 결국 부모 세대에서 자녀들 간의 다툼이 발생하지 않도록 생전에 증여로 부를 이전해, 부모 세대의 사망 이후에도 상속인 간의 관계가 돈독하게 유지될 수 있도록 조율하는 것이 중요하다.

## '부의 이전'의 현주소

현재 우리나라의 가족 형태는 빠르게 변화하고 있다. '국민주택' 규모라 불리는 $85m^2$ 이하형은 5인 가구가 생활할 수 있는 공간을 근간으로 구성된 주택 면적이다. 이러한 '국민주택' 규모가 40년 넘게 부동산 시장의 기본 틀이 되어 왔으나 이제는 옛말이 되었다.

지난 2012년 서울시는 '서민 주거 안정화 대책'을 통해 '국민주택' 규모를 $65m^2$로 줄여야 한다고 주장했다. 1인~2인 가구의 증가로 소형 주택 수요가 늘었기 때문이다. 실제로 1970년대 5.69명이었던 가구당 인구수는 꾸준히 감소(2022년 기준, 2.2명)하고 있다. 그리고 통계청에서 발표한 '2023 통계로 보는 1인 가구' 자료에서 알 수 있듯이 현재 1인 가구는 전체 인구의 34.5%, 2인 가구는 28.8%를 차지하고 있으며 그 수가 매년 증가하는 추세다.

그렇다면 부의 이전과 가족의 형태는 과연 어떤 관계가 있는 것일까? 상속과 증여에 대한 오랜 상담 경험과 그와 관련된 서적을 탐독하며, 자산을 축적한 50대 이상의 부모 세대와 자녀 세대의 가족관이 상당한 차이를 보인다는 것을 알 수 있었다.

부모 세대가 느끼는 부의 축적은 본인이 부를 가지고 있든 자녀가 가지고 있든 한 울타리 안에서 부의 총량을 고민하는 반면, 자녀 세대가 느끼는 부의 축적은 본인에게만 국한하여 부의 총량을 고민한다. 물론 이는 일반화된 의견이 아니지만, 부모 세대와 달리 한정된 자원에서 치열한 경쟁을 반복하고 있는 것이 지금의 자녀 세대가 경험하고 있는 대한민국 사회의 현주소임을 부정할 수 없다.

1인 가구가 지속해서 늘어나는 이유도 마찬가지다. 자신의 안전한 울타리를 유지하기에도 빠듯한 현실 속에서 '가족'을 그 안에 들여올 경제적, 심적 여유가 없기 때문이다. 특히 자녀가 경제적인 여력이 되지 않아 결혼을 포기하거나 주저하고 있다면 이 현상은 더욱 두드러지게 나타난다. 그렇게 무한 경쟁 속에서 살아온 자녀에게 부모 세대의 부가 형제간에 불공평하게 분배된다면 상속에 따른 분쟁은 불가피하다. 부모님 사망 이후 남겨진 상속재산이 형제간에 공평하게 분배되지 않을 경우, 경제적 여유가 없는 자녀는 본인의 삶에서 두 번 다시는 부의 축적을 이룰 수 없다는 불안감에 사로잡히게 된다. 자본의 증가 속도를 따라가지 못하는 젊은 세대이기에, 경제적 빈곤에 대한 압박은 이루 말할 수가 없을 것이다.

한편, 부모로부터 자산승계자로 선택된 자녀는 본인이 받게 될 상속재산을 지키기 위해 다른 형제들과 필연적으로 분쟁할 수밖에 없다. 부모 세대에서 생각을 전환하지 않으면 안 될 시기임이 분명하다.

아직도 본인이 죽으면 남은 가족들이 알아서 하려니라는 생각으로 상속과 증여에 대한 문제를 무시하고 있다면 다시 한번 생각하길 바란다. 남은 가족들이 소송하며 법정에서 다투거나, 사전에 절세 계획을 세우지 않아 국가에 고율의 상속세까지 납부하는 상속인들의 이야기를 들으면 해줄 수 있는 게 없어 안타까운 마음만 든다. 심지어 한 상속자는 생전에 부의 이전에 무심했던 부모님을 원망하기도 했다. 이게 바로 대한민국의 상속과 증여의 실태다.

## 준비 없는 상속과 증여, 세금 폭탄으로 돌아온다

부의 이전은 단순히 '자산'의 이전이 아니다. 부를 이전받은 세대가 그 재산을 지켜나갈 수 있는 경제적 지식 승계, 행복을 지켜나갈 수 있는 가족 간의 사랑과 따뜻한 정서적 교감, 그리고 부모를 공경하는 올바른 삶의 자세를 후대에 물려주는 것에 그 궁극적 의미가 있다.

상속은 생의 마감을 목전에 두고 진행하는 버킷리스트 중 하나가 아니다. 자녀의 올바른 자립을 위해서라도, 자산관리에서 발생하는 과도한 세금을 덜기 위해서라도, 자신이 일궈놓은 삶의 자세를 후대에 잘 계승하기 위해서는 본인의 몸과 마음이 건강한 시점에 미리미리 증여 설계를 해두어야 한다.

갑자기 큰 병을 선고받고 부랴부랴 상속과 증여를 준비하는 고객을 상담할 때마다 '현명한 부의 이전을 위한 시간이 너무 부족하다'라고 말하면서 큰 안타까움을 느낀다. 미리 준비한 증여는 부모와 자녀 세대가 두루 행복할 수 있는 미래 설계임을 기억하자.

준비 없는 부의 이전은 세금 폭탄을 돌리는 것과 같다. 자녀에게 세금 폭탄이 아닌 부모의 정성과 가족에 대한 사랑이 온전히 계승되길 원한다면 더 늦기 전에 상속과 증여 설계를 시작해야 한다.

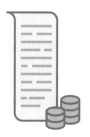

# 지금의 **자녀들**에게 필요한 '**마중물**'

상속재산을 가진 부모 세대는 크게 두 가지 입장으로 나뉜다.

① 살아생전에 조금씩 자녀들에게 증여를 해주자.
② 미리 줘봤자 효도도 안 하니, 나중에 알아서 나눠 가져라.

대부분의 상담자는 1번의 입장을 취한다. 큰 문제가 없는 이상 증여의 마음을 가지고 가장 효율적인 절세전략을 세우고자 하기 때문이다. 물론, 오랫동안 강연을 하다 보면 2번의 입장을 취하는 분들을 만나기도 한다. 강연장에서 대한민국의 상속세와 증여세 현황, 적절한 대비법을 설명했을 때 2번의 입장을 가진 분들이 깊은 한숨을 쉬며 질문하곤 하는데, 그때마다 나는 반문한다.

"여러분, 상속이 펼쳐졌을 때를 한 번도 그려보지 않으셨을 수도 있습니다. 그러나 저는 현장에서 부모가 사망한 이후의 상속인들을 매일 만나고 있습니다. 그분

들 나이가 몇일 것 같습니까?"

경제협력개발기구(OECD)가 최근 발표한 'OECD 보건통계(Health Statistics) 2023'에 따르면 2021년 우리나라 국민의 기대수명은 83.6년으로 OECD 국가 평균 80.3년보다 3.3년이 길다. 그와 상응되게 피상속인의 연령별 상속세 신고현황을 통해 피상속인의 사망 시점 나이도 통계적으로 비슷함을 알 수 있다.

[표 1-10] 피상속인의 연령별 상속세 신고 현황 (단위: 명)

| 연도 | 합계 | 40세 미만 | 40세 이상 | 50세 이상 | 60세 이상 | 70세 이상 | 80세 이상 | 기타 |
|---|---|---|---|---|---|---|---|---|
| 2018년 | 8,449 | 46 | 216 | 656 | 1,081 | 2,298 | 4,133 | 19 |
| 2019년 | 9,555 | 63 | 212 | 689 | 1,221 | 2,356 | 4,991 | 23 |
| 2020년 | 11,521 | 60 | 273 | 742 | 1,444 | 2,846 | 6,141 | 15 |
| 2021년 | 14,951 | 118 | 400 | 1,041 | 1,974 | 3,884 | 7,516 | 18 |
| 2022년 | 19,506 | 124 | 469 | 1,274 | 2,575 | 4,801 | 10,237 | 26 |
| 비율 | | 0.64% | 2.40% | 6.53% | 13.20% | 24.61% | 52.48% | 0.13% |

보다시피 2022년 기준 80세 이상이 52.48%, 70세 이상까지 합치면 77.09%로 이에 따른 자녀들(상속인)의 나이 역시 50대 이상이 대부분이고, 환갑이 지난 상속인들도 많다.

### 상속인의 나이가 '환갑'인 것이 왜 중요할까?

그렇다면 상속인의 나이가 환갑인 것이 왜 중요할까? 물론 환갑에 왕성한 사회활동을 할 수도 있겠지만 일반적으로 환갑 정도 되면 사회적으로 은퇴를 생각하게 되는 시기이고, 본인의 재산을 어느 정도 일군 시기라고도 볼 수 있다. 이런 시기에 거액의 상속재산을 받는다면 과연 여러분이라면 무엇을, 어떻게 하게 될까?

극단적인 경험담을 잠시 소개하겠다. 700억 원대의 상속재산을 가진 피상속인이 고령으로 돌아가셨다. 상속세는 이것저것 공제를 제하고 대략 280억 원이 나왔다. 280억 원의 납부서를 직접 받아보면 격한 반응이 나올 수밖에 없다. 숫자 2와 8을 제외하고도 0이 무려 9개나 있는 수치이기 때문이다. 상속인들은 이 세액을 납부하기 위해 시가 350억 원에 육박하는 건물을 270억 원에 급매로 양도하였다.

그리고 그 상속인 자녀가 고액의 납부서를 받고 했던 첫 번째 질문이 "세무사님, 그러면 제가 죽으면 얼마예요?"였다. 이 질문이 왜 그렇게 가슴에 사무쳤는지 모르겠다. 환갑인 상속인 자신도 떠난 이후를 준비해야 하는 시기가 오고 있음을 알고 있다는 것이다.

이미 상속이 사회적으로 문제화된 일본의 경우 '노노상속'이란 표현을 쓰고 있다. 노인이 노인에게 상속을 해주고 있다는 것이다. 노인에게 상속된 재산은 사회적으로 소비나 투자 활성화에 영향을 미치지 않고 반복적인 상속재산의 대물림에 의한 상속세만 발생한다. 나아가 '인인상속'이란 표현도 쓰는데 인지증 걸린 노인이 인지증 걸린 노인에게 상속한다는 의미이다. 여기서 인지증은 치매를 일컫는다. 그만큼 일본에서는 고령화에 따른 상속을 꽤 심각한 사회적 문제로 여기고 있다.

이미 환갑이 지난 상속인 자녀가 가진 재산을 다 파악할 순 없었지만 남은 상속재산인 420억 원을 상속받으면 간단한 공제 적용 후 자산가치 변동이 하나도 없다는 가정하에 200억 원 정도를 상속세로 납부해야 한다.

"그러면 제 자녀가 220억 원을 상속받고 죽으면 상속세를 얼마 내야 하나요?" 다시 간단한 공제 적용 후 자산가치 변동이 하나도 없다는 가정하에 계산해 보니 100억 원 정도를 상속세로 납부해야 했다. 가족 내 3대에 대한 부의 이전이 일어났는데 700억 원의 재산이 120억 원이 되어버린 것이다. 이 이야기를 다 들은 상속인의 허탈한 표정을 아직도 잊을 수 없다.

부자는 망해도 3대는 간다는 말이 있다. 그러나 나는 이렇게 말하고 싶다. '부자는 3대 밖에 못 간다.' 바로 상속세 때문이다. 열심히 일해서 아무리 많은 자산을 일궈놔도 3대면 대부분 증발할 수 있으므로 가문이 피땀 흘려 번 돈을 지키기 위해서는 미리 상속재산을 지키는 법을 증여와 함께 고민해야 한다.

## 지금, 자녀들에게 '꼭' 필요한 것

2022년 통계에 따르면 60세 이상 고령층 자산 비중은 대한민국 전체 자산에서 39%, 경제 주축인 40대와 50대의 자산 비중은 49%, 사회에 발을 내딛는 20대와 30대는 12%다. 그렇다면 이제 막 결혼하는 자녀에게 필요한 결혼자금은 어느 정도일까? 모 결혼 정보회사에서 조사한 결과 2023년 평균 결혼 비용은 약 3억 3,000만 원으로 나타났다. 이제 막 사회에 발을 내디딘 사회 초년생의 평균 연봉(2022년 기준)은 3,396만 원. 세전 연봉을 한 푼도 안 쓰고 10년 가까이 저축해야 결혼을 할 수 있는 셈이다. 이는 자녀 세대인 20~30대는 결혼을 포기하는 가장 큰 이유이기도 하다. 결혼을 포기했으니 출산율이 박살 나는 건 불을 보듯 뻔하다.

다시 이야기를 60대 상속인의 이야기로 돌아가 보자. 420억 원을 상속받은 60대 상속인에게 그 큰 상속재산이 과연 어떤 의미일까? 죽기 전까지 돈이나 실컷 써야겠다는 생각을 할까? 그런 생각을 하는 상속인은 거의 만나보지 못했다. 이미 나이가 들었고, 은퇴를 계획 중이므로 건강이나 여행 경비 정도만 고민할 뿐, 그 외에 고민하는 것은 거의 없다고 보면 된다.

60대 상속인에게 가장 크게 남는 감정은 다름 아닌 '아쉬움'이다. 30대까지도 안 바라고 40대에, 그것도 이렇게 큰돈이 아니라 10억 원 정도만 미리 증여받았어도 사회에서 왕성하게 활동하면서 경제적 부뿐만 아니라 삶의 터전을 확보하는 데도 수월했을 텐데, 하는 그런 아쉬움 말이다. 녹록지 않은 생활과 그 어려움을 해소해 줄 마중물이 조금 더 젊었을 때 있었다면 훨씬 더 나은 미래를 맞이했을 수 있지 않았을까, 하는 생각이 들었다.

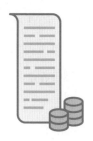

# 부의 이전은
# '10년 주기 증여 설계'로
# 시작된다

## 자녀의 출생, '10년 주기 증여 설계'의 시작

효율적인 부의 이전을 위해서는 가장 먼저 무엇을 인지해야 할까? '10년 주기 증여 설계'는 절세 준비의 핵심이자 가장 기초적인 방법이다. 더불어 증여에 대한 자산가의 생각을 부추기는 동기가 되기도 한다. 갓 태어난 아기에게 2,000만 원을 증여하는 것부터 '10년 주기 증여 설계'가 시작된다. 이 말을 들으면 아이가 태어나자마자 무슨 증여를 하느냐고 의문을 가질 수 있는데, '상속세및증여세법'(특별한 경우를 제외하고는 이하 '법'이라고 표현)에 따라 미성년인 자녀에게 증여 시 공제받을 수 있는 증여재산공제액이 10년간 2,000만 원이기 때문에 증여재산공제액까지는 납부세액이 발생하지 않는다.

'증여재산공제'는 증여를 받는 수증자가 배우자라면 6억 원, 직계존비속(직계비속과 직계존속의 줄임말로 직계비속은 아들·딸·손자·증손 등 직계로 이어져 내려가는 혈족이며, 직계존속은 부모·조부모 등 조상으로부터 직계로 내려와 자기에 이르는 사이의 혈족을 말한다)은 5,000만 원(미성년자인 직계비속은

2,000만 원), 기타 친족은 1,000만 원이며 이 증여재산공제액은 10년 주기로 갱신된다. 즉, 증여재산공제액이 10년마다 초기화되므로 이 10년의 주기를 최대한 활용해 긴 호흡으로 부의 이전 절세 플랜을 계획하는 것이 핵심이다.

갓 태어난 아이에게 2,000만 원을 증여한 후 아이 이름으로 된 증권계좌를 개설, 성인이 될 때까지 탄탄히 성장할 수 있는 우량주·배당주 위주의 주식을 매수하여 증여 설계를 할 수 있다. 미래에 주식 가치가 많이 오르더라도 그에 따른 가치상승분에 대해서는 추가 증여세가 발생하지 않아서 주식 증여가 활발한 편이다. 물론 증여재산공제 이상의 재산을 증여하여 일부 증여세를 납부하더라도 부동산의 가치상승이 더 높게 발생할 것 같다면 부동산을 증여하는 것도 좋은 방법이다.

그렇게 10년이 지나면, 다시 2,000만 원을 증여하며 가치상승이 예상되는 자산을 취득하거나 미래의 자녀를 위해 주택청약 종합저축에 가입하는 것도 좋다. 사실상 아이가 태어나자마자 2,000만 원을 증여하는 것이 일반적인 가정에서는 쉽지 않은 일이다. 그래서 경제적 자력이 있는 조부모 세대가 손주에게 증여하는 경우도 제법 있다. 손주의 미래를 물심양면으로 보장해주는 것이다.

[표 1-11] 최근 5년 20세 미만 수증인의 증여세 신고현황

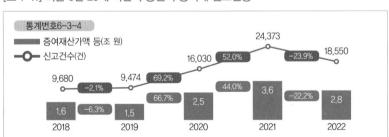

부의 이전

실제로 최근 5년 동안 20세 미만 수증인의 증여세 신고는 눈에 띄게 증가했다. 자산가치의 자동적 증가가 기정사실로 되어 있으므로, 수증인의 미래를 위해 서둘러 증여를 계획하는 것이라고 볼 수 있다.

## '10년 주기 증여 설계' 이후의 상속 플랜

피상속인이 상속인에게 상속개시일 전 10년 이내에 증여하거나 상속인이 아닌 자에게 상속개시일 전 5년 이내에 증여한 재산가액은 상속세과세가액에 포함한다.

| 피상속인 | 수증자 | 사전증여재산가액 |
|---|---|---|
| 거주자 | 상속인 | 상속개시일 전 10년 이내에 증여한 국내외 재산가액 |
| | 상속인 아닌 자 | 상속개시일 전 5년 이내에 증여한 국내외 재산가액 |
| 비거주자 | 상속인 | 상속개시일 전 10년 이내에 증여한 국내 소재 재산가액 |
| | 상속인 아닌 자 | 상속개시일 전 5년 이내에 증여한 국내 소재 재산가액 |

즉, 사전증여를 통해 생전에 부의 이전을 하는 것과 더불어 증여자가 사망하게 되더라도 10년 이전의 증여재산가액은 상속세 신고 시 합산되지 않기 때문에 상속세 절세를 위해서도 중요하다. 상속세 신고가액 통계 중 가장 많은 재산가액을 차지하는 구간은 상속재산 10억 원~ 20억 원이다. 평균액인 총 상속재산가액 15억 원으로 가정하여 피상속인이 사망 전부터 미리 상속을 계획한 경우와 사망 직전 급히 사전증여한 경우 세부담 차이를 비교해 절세 차이를 확인해보자.

- 상속개시일 : 2024년 2월 15일
- 상속세 신고기한 : 2024년 8월 31일
- 상속인: 배우자, 기혼자녀 2(자녀 A: 49세, 자녀 B: 47세)
- 총상속재산가액 : 15억 원

＊ 자녀의 출생 시점부터 10년마다 증여재산공제액 범위만큼 현금 증여
　　하고 신고함

## ① 증여세 계산 내역

| 연령 | 자녀A | 자녀A의 배우자 | 자녀B | 자녀B의 배우자 |
|---|---|---|---|---|
| 출생 당시(0세) | 2,000만 원(미성년) | – | 2,000만 원(미성년) | – |
| 10세 | 2,000만 원 | – | 2,000만 원 | – |
| 20세 | 5,000만 원(성년) | – | 5,000만 원(성년) | – |
| 30세(혼인) | 5,000만 원 | 1,000만 원 | 5,000만 원 | 1,000만 원 |
| 40세 | 5,000만 원 | 1,000만 원 | 5,000만 원 | 1,000만 원 |
| 합계 | 1억 9,000만 원 | 2,000만 원 | 1억 9,000만 원 | 2,000만 원 |
| 인별 증여세 | 10년마다 증여재산공제 범위 내에서 증여했으므로 증여세 없음. | | | |

## ② 상속세 계산 내역

사례에서 피상속인은 자녀의 출생 시점부터 미리 장기적인 상속 플랜을
준비해 자녀가 성장하는 10년마다 증여재산공제범위에 해당하는 현금
을 증여하고 증여세 신고를 했다. 더불어 자녀가 혼인하는 경우 자녀의

| 구분 | | 금액 | 비고 |
|---|---|---|---|
| | 총상속재산가액 | 15억 원 | 상속재산·유증재산 등 |
| (−) | 과세가액 공제액 | 1,000만 원 | 공과금·장례비·채무 |
| (+) | 사전증여재산가액 | 1억 원 | 상속개시일 전 사전증여재산 |
| (=) | 상속세과세가액 | 15억 9,000만 원 | − |
| (−) | 상속공제 | 10억 원 | 일괄 공제 5억 원+배우자상속공제 5억 원 |
| (=) | 상속세 과세표준 | 5억 9,000만 원 | − |
| (×) | 세율 | 30%−6,000만 원 | 10%~50% 누진세율 |
| (=) | 상속세 산출세액 | 1억 1,700만 원 | − |

배우자에게도 10년마다 증여재산공제범위에 해당하는 1,000만 원을 증여하고 증여세 신고를 했다. 사례에서는 피상속인의 사망 전까지 자녀와 그 배우자에게 장기간 상속 플랜을 준비한 후 진행해왔기 때문에 총 증여한 재산가액 4억 2,000만 원에 대한 인별 증여세가 발생하지 않는다.

그 이후 피상속인이 사망으로 상속세를 계산하는 과정에서 상속개시일 전 10년 이내 상속인에게 한 증여재산과 5년 이내 상속인 외의 사람에게 한 증여재산은 상속재산가액에 포함된다. 그러므로 사위 또는 며느리는 증여 후 5년 경과로 상속재산에 합산되지 않고, 자녀에게 증여한 전체 증여재산가액 중 각 자녀가 40세 이후에 증여받은 재산 합계 1억 원만 상속재산가액에 합산, 최종 상속세는 1억 1,700만 원이 된다.

### 상속 개시 1년 전, 급히 증여한다면?

그렇다면 사망 직전 급히 상속 플랜을 준비한 후 상속이 이루어진 경우, 상속세 부담의 차이가 어떨지 알아보자.

- 상속개시일: 2024년 2월 15월
- 상속세 신고 기한: 2024년 8월 31월
- 상속인: 배우자, 기혼자녀 2(자녀 A: 49세, 자녀 B: 47세)
- 총상속재산가액: 15억 원

\* 상속개시 1년 전 자녀와 그 배우자에게 총 4억 2,000만 원을 나눠 증여하고 미신고

## ① 증여세 계산 내역

| | 구분 | 자녀A | 자녀A 배우자 | 자녀B | 자녀B 배우자 |
|---|---|---|---|---|---|
| | 증여재산가액 | 1억 9,000만 원 | 2,000만 원 | 1억 9,000만 원 | 2,000만 원 |
| (−) | 증여재산공제 | 5,000만 원 | 1,000만 원 | 5,000만 원 | 1,000만 원 |
| (=) | 과세표준 | 1억 4,000만 원 | 1,000만 원 | 1억 4,000만 원 | 1,000만 원 |
| (×) | 세율 | 10%~50% 누진세율 | | | |
| (=) | 산출세액 | 1,800만 원 | 100만 원 | 1,800만 원 | 100만 원 |
| (+) | 신고불성실가산세 | 360만 원 | 20만 원 | 360만 원 | 20만 원 |
| (=) | 부담 세액 | 2,160만 원 | 120만 원 | 2,160만 원 | 120만 원 |

## ② 상속세 계산 내역

첫 번째 사례와 같이 총 증여재산가액인 4억 2,000만 원을 사망 직전에 자녀와 그 배우자에게 나누어 증여했다고 가정해 보자. 실무에서는 피상속인이 사망하기 직전이나 병세가 악화된 직후 자녀들에게 허겁지겁 증여하는 위와 같은 상황이 빈번하게 발생한다.

| 구분 | | 금액 | 비고 |
|---|---|---|---|
| 총상속재산가액 | | 15억 원 | 상속재산·유증재산 등 |
| (−) | 과세가액 공제액 | 1,000만 원 | 공과금·장례비·채무 |
| (+) | 사전증여재산가액 | 4억 2,000만 원 | 상속개시일 전 사전증여재산 |
| (=) | 상속세과세가액 | 19억 1,000만 원 | |
| (−) | 상속공제 | 10억 원 | 일괄 공제 5억+<br>배우자 상속 공제 5억 |
| (=) | 상속세 과세표준 | 9억 1,000만 원 | |
| (×) | 세율 | 30%−6,000만 원 | 10%~50% 누진세율 |
| (=) | 상속세 산출세액 | 2억 1,300만 원 | |
| (−) | 기증여 납부세액 | 3,800만 원 | |
| (=) | 상속세 납부세액 | 1억 7,500만 원 | |

이런 경우 대부분 세무조사를 통해 급히 증여한 가액이 밝혀지고, 기증여 재산이 없다고 가정했을 때, 4인의 추징 증여세는 총 4,560만 원이 된다. 이는 계산 편의상 신고불성실가산세 20%만 반영한 것으로 납부지연가산세까지 부과될 것이고, 이에 따라 세 부담은 더욱 커질 것이다. 이러한 납부지연가산세는 상속세 세무조사로서 증여세 추징세액을 실제로 납부한 날까지 매일 일정 요율에 따라 부과되므로, 무신고 증여에 대한 제척기간이 일반적으로 15년인 점을 고려한다면 그 부담이 만만치 않을 것이다.

상속재산에는 상속개시일 전 10년 이내에 상속인, 5년 이내 상속인 이외의 자에게 기증여한 재산가액을 포함하기에 첫 번째 예시와는 달리 두 번째 예시에서는 사망 직전에 자녀와 그 배우자에게 증여한 가액 총액이 상속재산에 포함된다. 따라서 10년 주기 상속 플랜을 한 경우에 비해 상속세 과세가액이 3억 2,000만 원 더 많다. 이는 고스란히 상속세 부담으로 연결되어 상속 플랜을 한 경우보다 상속세와 증여세 합계액이 (1억 360만 원) 더 과세된다.

| 절세 플랜 유무 | ⓐ 증여세 | ⓒ 상속세 | ⓔ 총부담세액 |
|---|---|---|---|
| 계획한 경우 | – | 1억 1,700만 원 | 1억 1,700만 원 |
| 계획하지 않은 경우 | 4,560만 원 | 1억 7,500만 원+@ | 2억 2,060만 원+@ |
| 세 부담 차이 | | | 1억 360만 원+@ |

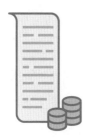

# 기업의 상속과 증여는 단위 자체가 다르다

코로나 19 백신으로 유명한 제약회사 '아스트라제네카'를 모르는 사람은 거의 없을 것이다. 이 회사의 전신은 스웨덴의 제약회사 '아스트라 AB'이다. 1984년, 설립자가 사망함에 따라 그의 자녀들이 회사를 승계했고, 당시 최고 세율(70%)에 따라 산출된 상속세 납부를 위하여 상속받은 회사의 주식을 매각할 수밖에 없었다. 스웨덴을 비롯한 대부분 국가에서는 부부간 상속세는 없어서 설립자 사망 당시 부인에게는 상속세가 적용되지 않았다.

그런데 이 자녀들의 주식 매각 소식이 전해지면서 주식을 보유하고 있던 주주들이 주식을 고가에 먼저 팔기 위해 투매하면서 주가가 급락, 보유 주식의 주식 매각 대금으로도 상속세를 납부하지 못하고 결국 승계를 포기하게 된다. 이때 영국의 제네카가 회사를 인수하며 '아스트라제네카'라는 지금의 영국 제약회사가 탄생하게 된 것이다. 스웨덴으로서는 사실상 어마어마한 국부가 해외로 유출된 것이고, 이를 신호탄으로 스웨덴의 탄탄한 기업들은 국가를 떠나기 시작했다. 2005년, 스웨덴은 뒤늦게 기업 이탈을 우려해 상속세를 폐지하고 자본이득세 형태로 변경하기에 이른다.

기업이 상속세로 인해 존폐의 갈림길에 선 사례는 우리나라에서도 찾아볼 수 있다. 한때 손톱깎이 생산으로 세계 1위 매출을 기록했던 '쓰리세븐(777)'은 2008년 150억 원가량의 상속세 납부를 위해 평생 일궈온 회사 지분을 전량 매각해야만 했고, 이후 적자 기업으로 전락했다. 또한, 고 조양호 한진그룹 회장의 유족은 2,700억 원 규모의 상속세 납부를 위해 보유하고 있던 정석기업 지분을 전량 매도했다.

비교적 최근에는 상속세에 대한 부담으로 지분을 포기하는 경우도 있었다. 고 김정주 넥슨 회장의 유족은 상속재산 10조 원 가운데 절반 이상인 6조 원을 상속세로 내야 했는데, 이를 위해 4조 7,000억 원에 해당하는 비상장주식 지분을 정부에 물납했다. 물납은 상속인이 일정 요건에 따라 현금 대신 유가증권이나 부동산으로 상속세를 납부하는 절차인데, 이 때문에 기획재정부가 넥슨 그룹 지주회사 NXC의 2대 주주가 되었다(해당 물납 주식의 매각을 위해 공매를 진행했지만, 경영권도 가질 수 없는 주식상태여서 2차까지의 공매는 유찰되어 향후 수의계약으로 매각될 것으로 보인다).

다음으로 '상속' 하면 빼놓을 수 없는 고 이건희 삼성 회장의 상속에 대해 살펴보자. 이건희 회장은 세상을 떠나면서 26조 원의 재산을 남겼는데, 의료공헌 및 미술품 기부 등으로 4조 원대가 제외된다고 해도 가늠조차 안 되는 엄청난 재산임이 분명하다. 여기에 부과된 상속세가 무려 12조 원. 세계적으로도 역대 최고 수준이었기에 외신에서도 이를 화젯거리로 삼았다. 아무리 재벌이라지만 12조 원의 세금을 당장 현금으로 내야 한다고 생각하면 쉽지 않은 일이다. 다행히 연부연납 제도를 활용해 상속세를 5년간 나누어 내고는 있지만, 그 가액이 매년 2조 4,000

억 원이나 되다 보니 상속인들이 느끼는 부담은 상당할 것으로 보인다.

## 가업증여 과세특례 폭발적 증가, 다 이유가 있다

2022년 10월 중소기업중앙회가 10년 이상 된 중소기업 600군데를 대상으로 실시한 '2022 중소기업 기업 승계 실태조사'와 기업 데이터 279만 5,436개를 분석한 '가업 승계 DB 분석 용역'을 통해 오래된 기업일수록 상대적으로 대표의 나이가 많은 것으로 나타났다. 10년 미만의 중소기업 대표는 40~50대인 경우(68.5%)가 가장 많았고, 30년 이상 된 중소기업은 대표의 80.9%가 60세 이상이었다. 가업 승계에 관련한 기업 대표자들의 상속세 상담이 부쩍 늘고 있는 까닭이다.

가업 승계 관련 정부 지원제도를 알고는 있지만 요건이 까다로워 활용하지 않는 기업도 많았다. 상속하면 최대 600억 원까지 공제해주는 가업상속 공제를 들어봤거나 '잘 알고 있다'라고 응답한 기업은 72.9%였지만, 실제로 이 제도를 활용한 기업은 11.1%에 그쳤다. 대표적인 세법상 가업 승계 지원제도로 '가업상속공제'와 가업 승계에 대한 '증여세 과세특례'를 시행하고 있는데, 가업승계 관련 문의의 대부분은 가업증여 과세특례이다.

[표 1-12] 최근 5년 가업 승계 세제 혜택 증감 현황

2022년 가업 승계 세제 혜택 결정 건수는 557건으로 사후관리 기간 단축 등의 요건 완화로 5년 전(2018년, 307건)과 비교하면 250건(81.4%)이 증가한 것으로 나타났다. 핵심은 가업상속공제가 아닌 가업증여 과세특례인데, 미리 조건을 맞추고 증여를 함으로써 사후관리에 따른 어려움을 최소화할 수 있고 무엇보다 가업의 승계에는 '상속'보다 '증여'가 더 적합하다는 것을 기업 대표들은 전부 알고 있다.

상속과 증여가 무슨 차이가 있냐고 묻는다면 그 사람은 기업을 진심으로 운영해보지 않은 사람일 확률이 높다. 아주 큰 기업으로 갈 것도 없이 동네 중화요리점을 예시로 들어보자. 중화요리점의 핵심 인물은 누구일까? 그렇다. 주방장이다. 주방장이 가게의 주인인 경우가 많은 것도 어쩌면 그 때문일 것이다. 그런데 만약 가게 주인인 주방장에게 상속이 일어났다면 그 중화요리점은 어떻게 될까? 모르긴 몰라도 머지않아 폐업 수순을 밟게 될 것이다. 그 맛을 흉내는 낼지언정 똑같이 따라 할 수는 없기 때문이다.

그러나 상속이 일어나기 전 자녀에게 정확한 레시피와 요리 비법을 전수하고, 자녀가 옆에서 가게 경영에 대한 노하우를 익힌다면 추후 상속이 일어나더라도 충분히 가게를 유지하고 운영할 수 있다. 기업의 상속과 증여도 마찬가지다. 상속이 일어났을 때는 기업의 비상장주식 가치가 높게 치솟아 있어 이를 통해 상속세 납부를 해야 하지만, 기업 대표자의 사망에 따른 거래처 거래중단 등의 이슈로 기업의 매출이 급감하게 될 것이다. 높은 가액으로 계산된 상속세를 납부하면서 동시에 기업이 폐업 수순을 향해 간다면 상속인들에게는 이중고가 아닐 수 없다. 그러므로 기업의 상속과 증여가 고민된다면 하루라도 빨리 관련 제도를 공부하고 대비하는 자세가 필요하다.

# 세금은 실질에 따라 과세된다

"세무사님, 제가 공동주택 가격으로 증여세 신고했는데, 단지 내에 아파트 팔린 게 있다며 세금을 더 내라고 하는데 이게 맞나요?"

상기된 목소리로 상담자가 문의한다. 이야기를 들어보니 아파트를 자녀에게 증여하면서 본인이 직접 인터넷으로 찾아도 보고, 국세청 콜센터에도 물어봐서 직접 신고하였다고 한다. 직접 증여세 신고한 본인이 자랑스러웠는데, 몇 달 뒤 세금을 더 내라는 세무서 연락을 받았다는 것이다.

자세히 살펴보니 법상 시가 평가를 잘못 적용한 경우였다. 증여세 신고일 직전에 계약이 완료된 유사매매사례가액이 증여세 신고 당시 공시되지 않아 확인할 수 없었다. 이에 유사매매사례가액이 없다고 판단하여 아파트의 기준시가인 공동주택 가격으로 증여세를 신고하였더니 시가 평가의 차이가 발생한 상황이다.

상담을 하다보면 위와 같은 일화는 비일비재하다. 세법은 소득, 수익, 재산, 행위 또는 거래의 명칭이나 형식과 관계없이 그 실질 내용에 따라 적용한다. 그렇다면 신고 전에는 알 수 없었는데 이건 과세되는 것이 맞을까? 위 사례와 비슷한 내용의 실제 법원 판결문 내용을 살펴보자.

**서울행정법원2007구합3244, 2008.01.16**

③ 상속세및증여세법 시행령 제49조 제5항은 2003. 12. 30. 대통령령 제
18177호로 신설된 것으로 그 입법 취지가 증여재산의 시가를 산정함에
있어 당해 재산과 사실상 동일 또는 유사한 재산의 매매사례가격이 존
재함에도 이를 시가로 인정하지 아니하는 불합리를 해소하여 실질과
세의 원칙을 구현하고자 함에 있고 그 대상을 면적, 위치, 용도 및 종
목이라는 세부적인 기준으로 한정하고 있지 아니한 점,

④ 상속세및증여세법이 시가주의를 원칙으로 삼고 있는 이유가 실질과세
의 원칙에 따라 담세 능력에 상응하는 세금을 부과하고자 함에 있고,
증여재산과 동일하거나 유사한 다른 재산의 매매사례가 있고 그 매매
사례가 정상적인 거래에 의하여 형성된 객관적 교환가격이라면 이를
시가로 보아 증여재산을 평가하는 것이 시가주의의 원칙에 부합한다
는 점,

⑤ 납세의무자가 유사매매사례가액을 완벽하게 확인할 수 있는 방법이
불충분하다는 것이 현실이기는 하나, 유사매매사례가액은 당해 재산
과 면적, 위치, 용도 및 종목이 동일 또는 유사한 다른 재산에 한정되
어 있으므로 부동산의 경우 아파트 및 오피스텔 등에 국한되어 적용
될 수 있고, 아파트 및 오피스텔 등의 유사매매사례가액을 부동산 중
개업소, 부동산 관련 잡지 및 부동산 관련 인터넷사이트(특히, ○○은행
인터넷사이트에서는 2003. 7.부터 현재까지의 상한가·하한가·일반거래가를

부의 이전

시세변동표를 통해 발표하고 있다) 등을 통해서 상당 정도 확인할 수 있는 점 등을 알 수 있는 바, 이러한 사정을 종합하여 볼 때 상속세 및 증여세법 시행령 제49조 제5항이 국민의 조세채무에 대한 예측 가능성을 침해하여 조세법률주의에 반하는 위헌·위법한 규정이라는 원고의 위 주장은 받아들이기 어렵다.

상속세와 증여세는 상속재산 또는 증여재산의 경제적 가치를 화폐액으로 환가하여 그 가액을 결정하고, 이를 기초로 과세하게 되므로 재산 평가는 세액의 산출에 있어 가장 중요한 일이다. 우선순위로 '시가'를 적용하고, 시가가 없을 경우에 기준시가와 같은 보충적 평가 방법을 적용한다.

이때 '시가'란 불특정 다수인 사이에 자유롭게 거래가 이루어지는 경우 통상적으로 성립된다고 인정되는 가액으로 시가로 인정되는 매매가액·수용가액·공매가액·감정가액 등이란, 상속개시일 전후 6개월, 증여일 전 6개월부터 증여일 후 3개월 이내의 기간 중 매매·감정·수용·경매 또는 공매가 있는 경우에 확인되는 가액을 말한다.

아파트 단지마다 다소 차이가 있겠지만 연중 거래 내역이 대부분 존재한다. 증여하는 본인의 증여 대상 아파트와 비교 대상 아파트는 동, 방향 및 층수가 다르다는 이유로 유사매매사례가액이 적용될 수 없다고 생각하는 납세자가 많은데, 법에서의 유사매매사례가액은 일정 요건을 만족한다면 동, 방향 및 층수가 다르다고 해도 시가로 인정되기 때문에 그러한 의견은 반영되지 않는다.

또한 대부분 아파트의 유사매매사례가액은 아파트의 기준시가 개념인 공동주택 가격 간에 차이가 상당하다. 대부분 공동주택 가격은 시가의 60~70% 수준으로 형성되기 때문이다. 위 납세자의 경우도 시가로 인정되는 유사매매사례가액이 법상 재산가액이 되는 평가 기준일 내에 없었어도 과거에 거래된 가액은 대부분 공동주택 가격보다는 높다는 것을 알고 있었을 것이다.

그럼에도 불구하고 유사매매사례가액의 적용이 여의치 않는 경우에는 신고의 안정성을 높이기 위해 감정평가를 받는 방법도 고민해볼 수 있겠지만 현실적으로 전문가가 아니라면 그렇게까지 생각하기는 어려운 방법이다. 위 사례처럼 올바르게 증여세 신고했다고 믿고 있었는데, 절세는커녕 예상치 못한 추징으로 납부세액을 마련해야 한다면 당황스러울 수밖에 없을 것이다. 그러니 항상 세금은 실질에 따라 과세된다는 사실을 기억하자. 특히 상속세와 증여세의 경우는 실질과세에 따른 세액 차이가 매우 크므로 사전에 꼼꼼한 세법 판단이 필요하다.

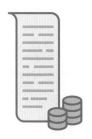

# 차이점을 통해 살펴보는 상속세와 증여세

## 차이점을 통해 살펴보는 부의 이전 기초 지식

비슷하지만 하나씩 살펴보면 너무나도 다른 상속세와 증여세의 기초 지식에 대해서 알아보자.

[표 1-13] 증여세와 상속세의 차이점 비교

| 구분 | 증여세 | 상속세 |
|---|---|---|
| 개념 | 증여자 생전에 수증자에게 재산이 이전될 때 발생하는 세금 | 피상속인의 사망으로 인해 상속인에게 재산이 이전될 때 발생하는 세금 |
| 계산방식 | 유산 취득형 방식 | 유산 과세형 방식 |
| 납세의무자 | 수증자 | 상속인 |
| 신고·납부기한 | 증여받은 날이 속하는 달의 말일부터 3개월 이내 | 상속개시일이 속하는 달의 말일부터 6개월 이내 |
| 관할세무서 | 수증자의 주소지 | 피상속인의 주소지 |
| 장점 | 수증자별로 과세되어 인별로는 낮은 세율 적용 가능하다. | 상속공제액이 다양하고 크다. |
| 단점 | 배우자를 제외한 증여재산공제액이 상속세보다 현저히 적다. | 상속재산 전체에 대한 과세이므로 고율의 세율이 적용 된다. |
| 세율 | 10~50% 누진세율 | |

## 1) 유산 과세형과 유산 취득형

가장 먼저 구분할 점은 유산 과세형과 유산 취득형 방식이다. 상속세는 '유산 과세형'으로 피상속인의 전체 상속재산가액을 기준으로 상속세액을 계산하고, 이렇게 계산된 상속세액을 상속인들이 공동 부담한다.

반면 증여세는 '유산 취득형'으로 각각의 수증자는 본인이 증여받은 증여재산을 기준으로 세액을 계산하고, 이렇게 계산된 증여세액은 다른 수증자와 관계없이 본인이 단독 부담한다.

## 2) '상속개시일'과 '증여받은 날'은 무엇일까?

'상속개시일'이란 피상속인이 사망한 날을 말하고, 실종선고로 인하여 상속이 개시되는 경우 실종선고일을 말한다. '증여받은 날'이란 재산을 인도한 날 또는 사실상 사용한 날 등을 말하며, 일반적으로 부동산의 경우는 소유권이전등기 접수일, 현금의 경우는 인도받은 날이 된다.

## 3) 신고 및 납부는 어디에 할까?

상속세는 피상속인의 주소지(주소지가 없거나 분명하지 아니한 경우에는 거소지)를 관할하는 세무서에 신고 및 납부해야 하며, 증여세는 수증자의 주소지(주소지가 없거나 분명하지 아니한 경우에는 거소지)를 관할하는 세무서에 신고 및 납부해야 한다. 다만, 수증자가 비거주자이거나 수증자의 주소 및 거소가 분명하지 아니한 경우 등에 속하면 증여자의 주소지를 관할하는 세무서에 신고 및 납부해야 한다.

## 상속세와 증여세의 장단점 차이

상속세와 증여세는 똑같은 세율 구조를 가지고 있다. 그래서 세 부담이 무차별하다고 생각할 수 있다. 그렇다면 상속이나 증여 어떤 방식을 통하더라도 부의 이전에 대한 의사 결정 시 세금 영향은 미비할 것이다. 그러나 동일한 재산가액이라도 어떤 부의 이전 방식을 선택하느냐에 따라 큰 차이가 있다. 바로 과세 방식과 공제제도가 서로 상이하기 때문이다.

과세 방식에 있어 상속세는 유산 과세형 방식으로 망자인 피상속인이 상속개시일에 가진 총 재산가액에 대해 과세한다. 하지만 증여세는 동일한 유산 취득형 방식이더라도 수증자가 기준이며, 증여받은 재산가액에 대해서만 과세한다. 결국 과세 방식으로만 계산하면 증여받는 자녀 수가 많을수록 증여세가 분산된다는 세 부담 관점에서 상속보다 증여가 더 유리하다.

하지만 공제제도까지 같이 살펴봐야 한다. 증여세의 대표적인 공제로 10년간 배우자는 6억 원, 직계존비속은 5,000만 원, 기타 친족은 1,000만 원의 증여재산공제를 적용받는다.

상속세의 대표적인 공제로는 일괄 공제 5억 원이 있다. 또 배우자가 생존한 상태에서 먼저 사망함에 따라 최대 30억 원까지 공제해주는 배우자상속공제, 순금융 재산가액의 20%를 2억 원 한도로 공제해주는 금융재산상속공제, 그 외 동거 주택상속공제 및 가업상속공제 등이 있다. 이때 공제를 적용받은 후의 금액인 과세표준을 기준으로 세율이 적용된다.

상속세와 증여세는 이렇게 과세 방식과 공제제도가 상이하므로 단순히 상속이 나은지 증여가 나은 방식인지를 물어보는 질문에 대한 답변을 즉각적으로 하는 것은 불가능하다.

본인이 속한 가족 구성원의 수, 소유재산 규모 및 경제력과 예상 수명 등 각 가족이 처한 환경은 너무 다양하므로 상속세와 증여세의 차이점을 먼저 이해하고, 두 법에서의 절세 포인트를 익힌 다음에 상속과 증여

의 비중을 어떻게 조율하는 것이 가족 구성원의 부의 이전에 유리할 것
인지 하나씩 알아가도록 하자.

# 국적보다 중요한
# **거주자**와
# **비거주자 차이**

법에서 국적보다 중요한 것은 거주자인지 비거주자인지 여부다. 거주자와 비거주자의 판단은 '국내에 주소 또는 183일 이상 거소를 두고 있는지 여부에 따라 판별하므로 오히려 국적과는 관계가 없다. 거주자와 비거주자의 개념이 상속세 및 증여세에서 어떤 차이를 만드는지 살펴보자.

### 세법에서의 '주소'란?

주소는 생활의 근거가 되는 곳, 국내에서 생계를 같이하는 가족 및 국내에 소재하는 자산의 유무 등 생활 관계의 객관적 사실에 따라 판정한다. 특히 다음의 2가지에 해당하는 때에는 국내에 주소 등을 가진 것으로 본다.

> (1) 계속하여 183일 이상 국내에 거주할 것을 통상 필요로 하는 직업을 가진 때.
>
> (2) 국내에 생계를 같이하는 가족이 있고, 그 직업 및 자산 상태에 비추어 계속하여 183일 이상 국내에 거주할 것으로 인정되는 때.

반대로 국외에 거주 또는 근무하는 자가 외국 국적을 가졌거나 외국법령에 의하여 그 외국의 영주권을 얻은 자로서 국내에 생계를 같이하는 가족이 없고, 그 직업 및 자산 상태에 비추어 다시 입국하여 주로 국내에 거주하리라고 인정되지 아니하는 때에는 국내에 주소가 없는 것으로 본다.

## 세법에서의 '거소'란

거소는 주소지 이외의 장소 중 상당 기간에 걸쳐 거주하는 장소로, 주소와 같이 밀접한 일반적 생활 관계가 형성되지 않는 장소를 말하며, 국내에서 183일 이상 거소를 둔 경우 거주자로 본다. 만약, 수차례 입출국이 있는 경우 1과세기간 내 국내에 거소를 둔 기간을 합산하여 183일이 되는 날 거주자로 보게 된다. 거주 기간 계산은 다음과 같다.

(1) 국내에 거소를 둔 기간은 입국하는 날의 다음 날부터 출국하는 날까지.
(2) 국내에 거소를 두고 있던 개인이 출국 후 다시 입국한 경우 생계를 같이하는 가족의 거주지나 자산 소재지 등에 비추어 그 출국 목적이 관광, 질병의 치료 등으로서 명백하게 일시적인 것으로 인정되는 때에는 그 출국 기간도 국내에 거소를 둔 기간으로 본다.
(3) 재외동포의 단기 관광, 질병의 치료 등 그 입국 목적이 일시적 입국 사유라면 그 입국 기간은 국내 거주 기간에서 제외한다.

## 거주자 또는 비거주자가 되는 시기
### 1) 비거주자가 거주자로 되는 시기

(1) 국내에 주소를 둔 날

(2) 계속하여 183일 이상 국내에 거주할 것을 통상 필요로 하는 직업을 가진 때 등 국내에 주소를 가지거나 가진 것으로 보는 사유가 발생한 날.

(3) 국내에 거소를 둔 기간이 183일이 되는 날.

## 2) 거주자가 비거주자로 되는 시기

(1) 거주자가 주소 또는 거소의 국외 이전을 위하여 출국하는 날의 다음 날.

(2) 국외에 거주 또는 근무하는 자가 외국 국적을 가졌거나 외국 법령에 의하여 그 외국의 영주권을 얻은 자로서 국내에 생계를 같이하는 가족이 없고 그 직업 및 자산 상태에 비추어 다시 입국하여 주로 국내에 거주하리라고 인정되지 아니하는 때 등 국내에 주소가 없거나 국외에 주소가 있는 것으로 보는 사유가 발생한 날의 다음 날.

## 거주자와 비거주자의 차이점

거주자와 비거주자의 차이 구분은 증여세에서는 수증자, 상속세에서는 피상속인 기준으로 살펴봐야 한다. 여기서 수증자는 증여를 받은 자, 피상속인은 사망 등의 사유로 고인이 된 자를 의미한다.

## 1) 증여세

거주자인 수증자가 해외 재산이 소재한 국가에서 이미 낸 증여세가 있다면 그 세금은 외국납부세액공제로 공제받을 수 있다.

그렇다면 비거주자가 해외 재산을 증여받으면 어떻게 될까? 「국제조세 조정에 관한 법률」에 의해서 증여자에게 증여세가 과세된다. 즉, 비거주자인 수증자가 설령 해외에서 증여세를 냈더라도 증여자가 대한민국에서 증여세를 신고 및 납부해야 하고, 수증자가 낸 증여세가 있다면 이는

[표 1-14] 수증자의 거주자 여부에 따른 증여세 적용 차이점

| 구분 | 거주자 | 비거주자 |
|---|---|---|
| 신고·납부 기한 | 증여일이 속하는 달의 말일로부터 3개월 이내 | |
| 과세 대상 | 국내외 모든 증여재산 | 국내에 있는 모든 증여재산<br>(국외 재산은 국조법 적용) |
| 증여공제 | 수증자별 1,000만 원 ~ 6억 원 | 공제 불가 |
| 증여자의 연대납세의무 | 없음. | 있음. |

외국납부세액공제로 적용받을 수 있다. 이는 증여세가 없거나 증여세율이 낮은 나라를 이용한 조세 회피를 막고자 역외 탈세에 대한 규정이 강화되어 적용되는 바다. 다만, 수증자가 증여자의 특수관계인이 아닌 경우 해당 재산에 대하여 외국의 법령에 따라 증여세가 부과되었을 때 증여세 납부의무를 면제한다.

## 2) 상속세

상속에서 피상속인이 거주자인 경우와 비거주자인 경우 상속세 적용 차이점에 대해서 알아보자.

피상속인이나 상속인 전원이 외국에 주소를 둔 경우에는 상속개시일이 속하는 달의 말일로부터 9개월 이내에 신고 및 납부해야 한다. 피상속인이 비거주자인 경우에는 기초공제 2억 원만 공제가 가능하다. 따라서 상속재산이 거액인 경우 상속세 절감을 위해 미리 국내 주소 또는 거소를 마련하여 거주자로 인정받을 수 있게 계획하는 것이 중요하다.

반대로 피상속인이 해외로 이주한 경우에도 생전에 국내에 부동산 취득 및 매매 횟수가 빈번하거나 국내 거주하는 배우자나 상속인에게 송금 사실 등 금융거래 내역을 통해 언제든지 국내로 입국할 것으로 인정

[표 1-15] 피상속인의 거주자 여부에 따른 상속세 적용 차이점

| 구분 | | 거주자 | 비거주자 |
|---|---|---|---|
| 피상속인 주소 | | 국내 | 국외 |
| 신고·납부 기한 | | 상속개시일이 속하는 달의<br>말일로부터 6개월 이내 | 상속개시일이 속하는 달의<br>말일로부터 9개월 이내 |
| 과세 대상 재산 | | 국내외 모든 상속재산 | 국내 소재 상속재산 |
| 공제<br>금액 | 공과금 | 피상속인의 공과금 전체 | 국내 소재 상속재산에 관한 공과금 |
| | 장례비 | 피상속인의 장례비용 | 공제 불가 |
| | 채무 | 피상속인의 채무 전체 | 국내소재 상속재산에 담보된 채무 |
| 기초공제 2억 원 | | 공제 | |
| 감정평가 수수료 공제 | | 공제 | |
| 그 외 모든 공제 | | 공제별 요건 충족 시 공제 | 공제 불가 |

되는 경우에는 거주자로 보아 상속세를 산정할 수 있다.

또한 비거주자의 사망에 대해서는 상속세 신고 이후 해외 계좌에 대한 자금 추적을 통해 사전증여재산이나 추정상속재산에 대한 세무조사가 발생될 가능성이 매우 높다는 점도 염두에 두어야 한다.

## 비거주자에게 현금 증여할 때 꼭 기타 자본거래 신고하기

### 1) 비거주자의 해외 계좌로 송금하는 경우

먼저 한국은행에 '기타 자본거래 신고' 후 신고필증을 수령한다. 기타 자본거래 신고의 처리기한은 신고서에 문제가 없다면 3영업일이다. 신고필증을 외국환은행에 제출한 후 증여 대상 현금 송금 및 증여세를 신고 및 납부하면 된다.

**2) 비거주자의 국내 계좌에 이체 후 수증자가 해외 재산 반출 송금하는 경우**

수증자가 외국인 비거주자(외국 시민권자)인 경우라면 한국은행에 '기타 자본거래 신고' 후 신고필증을 수령하여 증여 송금 및 증여세 신고와 납부를 하면 된다. 그리고 수증자가 세무서에서 예금 등 자금 출처확인서를 발급한 후 외국환은행에 제출해야 해외 재산 반출 송금을 할 수 있다.

## 국외 재산 국내 반입 시 증여세 과세가 제외되는 경우

국내에 주소를 둔 상속인이 국외에 주소를 둔 피상속인의 국외 재산을 상속받아 동 재산을 국내로 반입하거나, 동 재산으로 국내 재산을 취득하는 경우 동 재산에 대하여는 증여세를 부과하지 않는다.

  또한 국외에 주소를 둔 자가 자기 소유 재산(증여 받은 국외 소재 재산 포함.)을 국내로 반입하거나 동 재산으로 국내 재산을 취득하는 경우 동 재산에 대하여는 증여세를 부과하지 않는다.

# 가족 간 상속과 증여, '특수관계인' 간 거래다

상속세와 증여세를 살펴보면 '특수관계인'이란 표현을 자주 보게 된다. 법에서 '특수관계인'이란 본인과 친족 관계, 경제적 연관 관계 또는 경영지배 관계 등 관계에 있는 자를 말한다. 이 경우 본인 역시 상대방 입장에서 특수관계인으로 볼 수 있다.

결국 부의 이전의 가장 일반적인 방식인 상속과 증여는 가족이라는 울타리에서 벌어지는 내부거래가 대부분이므로 '특수관계인' 간의 거래가 된다. 그리고 법에서는 특수관계인 간의 무상 또는 유상의 거래가 발생하면 세법적 요건과 제재를 더 엄격하고 넓게 적용하는 것이 일반적이다. 그렇지 않다면 꼼수를 써서 누구나 쉽게 세금을 회피하여 부의 이전을 할 수 있기 때문이다.

그러므로 특수관계인의 정의를 익혀 법 적용에 있어 요건 검토를 더 까다롭게 살펴봐야 한다는 사실을 잊지 말아야 한다. 법에 나열된 특수관계인의 범위는 다음과 같다.

(1) 「국세기본법 시행령」 제1조의2 제1항 제1호부터 제4호까지의 어느 하나에 해당하는 자(이하 '친족'이라 한다) 및 직계비속의 배우자의 2촌 이내의 혈족과 그 배우자

---

**「국세기본법 시행령」 제1조의2 제1항 제1호부터 제4호**

① 법 제2조 제20호 가목에서 "혈족·인척 등 대통령령으로 정하는 친족 관계"란 다음 각 호의 어느 하나에 해당하는 관계(이하 "친족 관계"라 한다)를 말한다.

1. 4촌 이내의 혈족

2. 3촌 이내의 인척

3. 배우자(사실상의 혼인관계에 있는 자를 포함한다.)

4. 친생자로서 다른 사람에게 친양자 입양된 자 및 그 배우자·직계비속

5. 본인이 「민법」에 따라 인지한 혼인 외 출생자의 생부나 생모(본인의 금전이나 그 밖의 재산으로 생계를 유지하는 사람 또는 생계를 함께하는 사람으로 한정한다)

---

(2) 사용인(출자에 의하여 지배하고 있는 법인의 사용인을 포함한다. 이하 같다.)이나 사용인 외의 자로서 본인의 재산으로 생계를 유지하는 자.

(3) 다음 각 목의 어느 하나에 해당하는 자

① 본인이 개인인 경우 : 본인이 직접 또는 본인과 제1호에 해당하는 관계에 있는 자가 임원에 대한 임면권의 행사 및 사업 방침의 결정 등을 통

하여 그 경영에 관하여 사실상의 영향력을 행사하고 있는 기획재정부령으로 정하는 기업집단의 소속 기업. 해당 기업의 임원(「법인세법 시행령」 제40조 제1항에 따른 임원을 말한다. 이하 같다.)과 퇴직 후 3년(해당 기업이 「독점 규제 및 공정거래에 관한 법률」 제31조에 따른 공시 대상 기업집단에 소속된 경우는 5년)이 지나지 않은 사람(이하 "퇴직 임원"이라 한다.)을 포함한다.

② 본인이 법인인 경우 : 본인이 속한 기획재정부령으로 정하는 기업집단의 소속 기업(해당 기업의 임원과 퇴직 임원을 포함한다.)과 해당 기업의 임원에 대한 임면권의 행사 및 사업방침의 결정 등을 통하여 그 경영에 관하여 사실상의 영향력을 행사하고 있는 자 및 그와 제1호에 해당하는 관계에 있는 자.

(4) 본인, 제1호부터 제3호까지의 자 또는 본인과 제1호부터 제3호까지의 자가 공동으로 재산을 출연하여 설립하거나 이사의 과반수를 차지하는 비영리법인.

(5) 제3호에 해당하는 기업의 임원 또는 퇴직 임원이 이사장인 비영리법인.

(6) 본인, 제1호부터 제5호까지의 자 또는 본인과 제1호부터 제5호까지의 자가 공동으로 발행주식총수 또는 출자총액(이하 '발행주식총수 등'이라 한다.)의 100분의 30 이상을 출자하고 있는 법인.

(7) 본인, 제1호부터 제6호까지의 자 또는 본인과 제1호부터 제6호까지의 자가 공동으로 발행주식총수 등의 100분의 50 이상을 출자하고 있는 법인.

(8) 본인, 제1호부터 제7호까지의 자 또는 본인과 제1호부터 제7호까지의 자가 공동으로 재산을 출연하여 설립하거나 이사의 과반수를 차지하는 비영리법인.

# 부동산 이전할 때 체크 사항, '취득세'

취득세는 부동산 등 취득세 과세 대상 물건을 취득한 경우 취득하는 자가 납부하는 지방세로, 무상취득 또는 증여자의 채무를 인수하는 부담부 증여로 인한 취득의 경우는 취득일이 속하는 달의 말일부터 3개월, 상속으로 인한 경우는 상속개시일이 속하는 달의 말일부터, 실종으로 인한 경우는 실종선고일이 속하는 달의 말일부터 각각 6개월 이내에 관할 시군구청에 신고 및 납부해야 한다. 만약 신고기한을 경과하여 기한후신고를 하는 경우라면 20%의 신고불성실가산세와 1일 당 0.022%의 납부지연 가산세가 추가된다.

## 취득세 일반 사항

[표 1-16] 취득세 일반 사항

| 구분 | 내용 |
|---|---|
| 납세의무자 | 부동산, 차량 등의 과세 대상 물건을 취득한 자 |
| 과세 대상 | 부동산, 차량, 기계장비, 항공기, 선박, 입목, 광업권, 어업권, 양식업권, 골프회원권, 승마회원권, 콘도미니엄회원권, 종합체육시설 이용회원권, 요트회원권 |

| 과세표준 | – 취득 당시의 가액<br>– 상속에 따른 무상취득 : 시가표준액<br>– 일반적인 증여에 따른 무상 취득 : 시가인정액<br>– 시가표준액 1억 원 이하인 부동산 증여에 따른 무상취득 : 시가인정액과 시가표준<br>  액 중 납세자가 정하는 가액 |
|---|---|
| 취득 시기 | – 유상승계 취득 : 계약서상 잔금지급일(잔금지급일 전에 지급 시에는 사실상 지급일)<br>– 무상승계 취득 : 계약일<br>– 취득일 전 등기 또는 등록 : 등기 또는 등록일<br>– 건축물 신축 : 사용승인서 교부일, 임시사용승인일 또는 사실상 사용일 중 빠른 날<br>– 상속 또는 유증 취득 : 상속 또는 유증 개시일 |
| 신고 및<br>납부기한 | – 취득세 과세물건을 취득한 날로부터 60일<br>– 23년 1월 1일부터 증여는 취득일이 속하는 달의 말일부터 3개월 이내<br>– 상속은 상속개시일이 속하는 달의 말일부터 6월 이내 |

## 주택 이외의 부동산 취득세율

취득세율은 과세표준에서 다음의 세율을 적용하게 된다.

[표 1–17] 주택 이외의 부동산 취득세율

| 구분 | | | 취득세 | 농어촌<br>특별세 | 지방<br>교육세 | 합계 |
|---|---|---|---|---|---|---|
| 부동산<br>취득 | 상속취득 | 농지 | 2.3% | 0.2% | 0.06% | 2.56% |
| | | 기타 | 2.8% | 0.2% | 0.16% | 3.16% |
| | 상속 외의 무상취득(증여) | | 3.5% | 0.2% | 0.3% | 4% |
| | 원시취득(공유수면 매립, 간척) | | 2.8% | 0.2% | 0.16% | 3.16% |
| | 그 밖의 원인으로<br>인한 취득<br>(매매, 교환, 현물출자) | 농지 | 3% | 0.2% | 0.2% | 3.4% |
| | | 2년 이상 자경 | 1.5% | 비과세 | 0.1% | 1.6% |
| | | 기타 | 4% | 0.2% | 0.4% | 4.6% |

## 주택 취득세율

### 1) 조정대상지역 매매 취득

[표 1-18] 조정대상지역에서 주택 매매 취득 시 취득세율

| 구분 | 전용면적 85㎡ 이하 | | | 전용면적 85㎡ 초과 | |
|---|---|---|---|---|---|
| | 취득세 | 지방교육세 | 합계 | 농특세 | 합계 |
| 1주택 | 1~3% | 0.1~0.3% | 1.1~3.3% | 0.2% | 1.3~3.5% |
| 2주택* | 8% | 0.4% | 8.4% | 0.6% | 9.0% |
| 3주택 이상 | 12% | 0.4% | 12.4% | 1.0% | 13.4% |

* 일시적 1세대 2주택으로 신규 주택 취득 후 종전 주택을 3년 이내 처분하는 경우에는 1주택과 같이 일반 세율을 적용한다.

## 2) 비조정대상지역 매매 취득

[표 1-19] 비조정대상지역에서 주택 매매 취득 시 취득세율

| 구분 | 전용면적 85㎡ 이하 | | | 전용면적 85㎡ 초과 | |
|---|---|---|---|---|---|
| | 취득세 | 지방교육세 | 합계 | 농특세 | 합계 |
| 1주택 | 1~3% | 0.1~0.3% | 1.1~3.3% | 0.2% | 1.3~3.5% |
| 2주택 | 1~3% | 0.1~0.3% | 1.1~3.3% | 0.2% | 1.3~3.5% |
| 3주택 | 8% | 0.4% | 8.4% | 0.6% | 9.0% |
| 4주택 이상 | 12% | 0.4% | 12.4% | 1.0% | 13.4% |

## 3) 상속과 증여 취득

상속 주택 취득 시 무주택자가 주택을 상속받아 1주택자가 되면 주택 상속취득에 대한 취득세율이 0.96%에 불과하다. 하지만 조정대상지역 내 시가표준액 3억 원 이상인 주택을 증여하면 증여취득세로 중과된다. 다만, 증여자가 1주택 세대이면서, 배우자나 직계존비속에게 증여하는 경우 중과되지 않는다.

[표 1-20] 상속과 증여로 인한 주택 취득 시 취득세율

| 구분 | | 취득세 | 농특세 | 지방교육세 | 합계 |
|---|---|---|---|---|---|
| 상속취득 | 85㎡ 이하 | 2.8% | – | 0.16% | 2.96% |
| | 85㎡ 초과 | 2.8% | 0.2% | 0.16% | 3.16% |
| | 무주택자 | 0.8% | | 0.16% | 0.96% |
| 증여취득 | 85㎡ 이하 | 3.5% | – | 0.3% | 3.8% |
| | 85㎡ 초과 | 3.5% | 0.2% | 0.3% | 4.0% |
| 조정대상지역 내 증여취득 | 85㎡ 이하 | 12% | – | 0.4% | 12.4% |
| | 85㎡ 초과 | 12% | 1% | 0.4% | 13.4% |

## 2023년부터 취득세 부담 커졌다

2021년 8월 행정안전부에서 지방세 관계 법률 개정안을 내놨다. 많은 안건 중에서 유독 눈에 띄는 건 '실질 가치 반영 강화를 위한 취득세 과표 개선' 부분이다.

최근 부동산실거래신고제도 운영, 지방세정보화시스템의 고도화 및 금융거래정보 활용 등을 통해 실제 거래가액이 쉽게 확인됨에 따라 과세표준 제도의 개선 필요성이 지속적으로 대두되어왔다.

이에 취득세 과세표준을 납세자가 이해하기 쉽도록 유상취득·무상취득 등 취득 원인별로 규정하여 유상취득에서는 개인과 법인의 구분 없이 원칙적으로 '사실상의 취득 가격'을 적용하고, 증여 등 무상취득의 경우에는 '시가인정액'을 적용하겠다는 것이다.

2022년까지는 「지방세법」에서 무상 취득인 상속과 증여의 경우에 시가표준액인 공시지가(주택의 경우 공동주택가격 또는 개별주택가격)를 그 과세표준으로 삼았기 때문에 「상속세및증여세법」상 '시가'보다는 낮은 가액

을 과세표준으로 하여 취득세가 납부됐다.

그러나 2023년부터 적용되는 증여의 경우 취득세 과세표준을 기존 시가표준액에서 '취득일로부터 6월 이전과 취득일로부터 3월 이후 매매사례가액, 감정가액, 공매가액 중 가장 최근 거래가액'인 '시가인정액'으로 적용하면 증여 시 취득세가 증가할 것이다. 여기서 '취득일로부터 6월 이전과 취득일로부터 3월 이후 매매사례가액, 감정가액, 공매가액 중 가장 최근 거래가액'은 「상속세및증여세법」의 시가평가 내용을 차용하였다고 볼 수 있다.

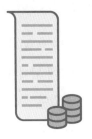

# 다양한
# 납부 방식
# 활용하기

상속세와 증여세는 그 세액이 대부분 거액인 경우가 많으므로 납부 방식을 최대한 활용해야 한다. 납부 방식으로는 자진 납부, 분납, 연부 연납 및 물납이 있다.

### 자진 납부와 분납

자진 납부란 원칙적인 납부로, 일시에 납부하는 것을 의미한다. 자진 납부에 따른 과중한 세 부담을 분산시켜 상속 및 증여재산을 보호하고 납세 의무의 이행을 쉽게 이행하기 위하여 납부할 세액이 1,000만 원을 초과하는 때에 신고납부기한이 지난 후 2개월 이내에 다음과 같이 분할하여 납부할 수 있다. 다만 연부연납을 허가받은 경우에는 분납을 할 수 없다.

- 납부할 세액이 2,000만 원 이하일 때 : 1,000만 원을 초과하는 금액
- 납부할 세액이 2,000만 원 초과할 때 : 그 세액의 50% 이하의 금액

## 최대 10년간 나눠 납부하는 연부연납

세액이 거액인 경우가 많으며 취득 재산이 부동산이라면 현금으로 환가(집이나 토지 따위를 바꿀 때 치르는 값)하는 시간이 필요하기 때문에 납세의무자에게 편익을 제공하는 취지로 연부연납제도를 활용할 수 있다. 신고시 납부해야 할 세액이나 납세고지서상의 납부세액이 2,000만 원을 초과하는 때에는 아래 요건을 모두 충족하는 경우에 신청을 통해 관할 세무서장으로부터 연부연납을 허가받아 최대 5년(2022.1.1. 이후 상속개시분은 최대 10년, 가업상속공제를 받았다면 최대 20년, 2024.1.1. 이후 증여분부터 가업승계 증여세 과세특례를 받았다면 최대 15년) 동안 분할 납부할 수 있다.

---

**✳ 연부연납 신청 요건**

① 상속세 및 증여세 납부세액이 2,000만 원 초과

② 연부연납 신청 기한(법정 신고기한) 내 연부연납허가신청서 제출

③ 연부연납을 신청한 세액에 상당하는 납세담보 제공

---

연부연납은 각 회분의 분납 세액이 1,000만 원을 초과해야 한다. 즉, 각 회분의 분납 세액이 1,000만 원을 초과하도록 연부연납 기간을 정해야 한다. 5년으로 연부연납을 신청한다면 최초 신고기한에 1/6분을 납부하고, 그 이후 5년간 1/6씩 총 5/6를 납부한다.

연부연납은 과세기간을 늘려주는 대신 매년 남은 세액에 일정 이자율(연 3.5%, 2024년 4월 현재)을 곱한 가산금을 추가로 납부해야 한다. 이러한 연부연납 가산금의 산정은 분납하는 상속세 원금에 가산하는 것이므로 직전 회에 납부한 연부연납 가산금에는 추가적인 가산금이 발생하지 않는다.

부의 이전

연부연납은 신청만으로 적용되는 것이 아니다. 신청 후 관할 세무서에서 납세담보의 적정성 판단 후 허가결정통지를 받아야만 허가된 것으로 인정된다. 이때 납세담보로는 금전, 유가증권, 납세보증보험증권, 납세보증서, 토지, 보험에 든 등기 또는 등록된 건물·공장재단·광업재단·선박·항공기·건설기계를 제공할 수 있다. 납세담보는 납부할 상속세나 증여세의 120% 이상에 해당하는 가액으로 제공해야 하며, 현금이나 납세보증보험증권의 경우 110% 이상이면 된다.

상속재산 중 향후 급등할 것으로 예상되어 보유 가치가 충분히 있다고 판단되는 부동산이 있거나, 일시에 납부는 불가능하지만 근로소득 등을 모아 장기간에 걸쳐 분할된 세금은 낼 수 있는 상태라면 연부연납을 통해 상속재산의 직접적인 매각을 피할 수 있다.

또 타인의 부동산을 활용해 납세담보를 제공하는 것도 가능하다. 법에서는 타인의 부동산을 무상으로 담보 이용해 금전 등을 차입함에 따라 이익을 얻었을 때, 그에 상당하는 금액을 증여재산가액으로 하여 증여세를 과세하는 규정이 있다. 다만, 연부연납 시 부모 명의 등 타인 부동산을 담보로 제공한 때에는 과세하지 않는다.

## 물건으로 납부할 수 있는 물납

물납은 상속의 대상이 된 당해 부동산 등으로 상속세를 납부할 수 있도록 한 제도를 말한다. 국세 징수 절차상 현금 납부가 원칙이지만 이의 예외로서 납세자에게 물납의 권익을 법으로 보장하고 있다. 물납은 상속세에만 신청 가능하며, 연부연납과 물납을 동시에 신청할 수도 있다.

물납하기 위해서는 다음의 신청 요건을 전부 충족해야 한다.

① 상속재산 중 국내 소재하는 부동산과 유가증권의 가액이 해당 상속재산가액의 절반을 초과할 것.

② 상속세 납부세액이 2,000만 원을 초과할 것.

③ 상속세 납부세액이 상속재산가액(사전증여재산 제외) 중 금융재산가액을 초과할 것.

상속세 신고 시 물납을 함께 신청한 후 관할 세무서장의 허가를 득하면 물납을 활용할 수 있다. 세무서장은 관리·처분상 부적당하다고 인정되는 경우 그 재산에 대한 물납을 허가하지 않거나 관리·처분이 가능한 다른 물납 대상 재산으로 변경을 명할 수 있다.

본인의 선택으로 물납 재산을 선택할 수 있는 것이 아니며, 물납에 충당하는 다음의 재산 순서에 따라 물납된다는 점을 기억하자.

① 국채 및 공채

② 물납 충당이 가능한 한국거래소에 상장된 유가증권

③ ⑥을 제외한 국내 소재 부동산

④ ①②⑤를 제외한 유가증권

⑤ 물납 충당이 가능한 비상장주식 등

⑥ 상속개시일 현재 상속인이 거주하는 주택 및 부수토지

부동산 물납의 경우 양도가 이루어지므로 양도소득세가 필연적으로 발

생하게 된다. 하지만 대부분의 경우 물납 재산의 양도가액은 국세에 수납되는 가액으로 산정되고, 취득가액 역시 상속 당시 과세 가액에 따르기 때문에 서로 동일하여 양도차익이 발생하지 않는 것이 일반적이다.

주의할 사항은 물납하는 부동산의 감정가액이나 유사매매사례가액이 없다면 평가액이 시가가 아닌 기준시가로 되기 때문에 시세보다 낮은 가액으로 인정될 수 있다는 점이다. 이때 물납 대상 부동산의 법상 기준시가가 아닌 '시세'가 더 높다면 물납하였을 때 그 차이만큼 손해를 보게 된다.

반대로 '시세'가 기준시가보다 낮은 임야, 소각장 인근 토지의 경우는 오히려 물납을 활용한다면 예상되는 재산 가치보다 더 높은 가액을 물납으로 충당할 수 있고, 처분하기 어려웠던 재산을 정리할 수 있는 기회가 될 수도 있다.

물납은 물납 신청 세액의 한도에 걸리지는 않는지 상속세 신고기한 내에 확인해야 한다. 상속재산 중 금융재산가액이 많다면 물납하고 싶어도 할 수 없는 상황이 발생하기 때문이다. 물납 신청 세액의 한도는 다음의 계산식으로 한다.

Min(①, ②)

① 상속세 납부세액 × $\dfrac{\text{물납에 충당할 수 있는 부동산 + 유가증권가액}}{\text{상속재산가액}}$

② 상속세 납부세액 − (상속재산 중 순금융 재산의 가액 + 상장유가증권의 가액)

상속인이 보유하는 자산 중에 금전 등으로 환가하기 어려운 대표적인 자산이 바로 문화재 및 예술품이다. 기존에는 문화재나 미술품 등에 대해서는 상속세 물납을 허용하지 않았다. 하지만 2023년 1월 1일 이후 상속이 개시되는 분부터는 일정한 요건을 갖춘 미술품 등에 대해서도 물납을 허용하고 있다.

## 납부 능력이 없는 자녀의 증여세를 대납한다면?

부를 이전하기 위해 자녀에게 부동산을 증여했는데 증여세 납부 능력이 없어서 부모가 대납한 경우에는 어떨까? 이때 대납액만큼 자녀에게 재차 증여한 것으로 보아 증여세가 추가 부과된다.

다시 추가 부과된 증여세를 대신 납부한다면, 그 추가 대납액만큼 자녀에게 재차 증여한 것으로 보는 식이다. 동일인에게서 10년 내 증여받은 재산은 합산하여 과세하기 때문이다.

이 굴레는 대납액이 과세 최저한인 과세표준 50만 원 미만이 될 때까지 무한 반복되어 증여세를 증가시키게 된다. 그러므로 부모 세대가 부동산을 증여한 후 자녀가 증여세를 납부할 재원이 부족한 경우라면 조부모 세대가 증여세만큼을 별도로 현금 증여하는 것이 유리하다. 동일인으로부터 합산 증여에 대한 증여세 누진세율 부담을 피할 수 있기 때문이다.

다만, 수증자가 비거주자이거나 정상적인 조세채권(국가 또는 지방 자치단체가 조세를 징수하는 권리)의 납부 이행 능력이 없다고 인정되는 경우 연대납세의무에 따라 증여자가 대납하여도 이를 증여재산으로 보지 않는다. 증여자에게 증여세 연대납세의무가 발생하는 경우는 다음과 같다.

① 수증자의 주소나 거소가 분명하지 아니한 경우로서 증여세에 대한 조세채권을 확보하기 곤란한 경우
② 수증자가 증여세를 납부할 능력이 없다고 인정되는 경우로서 강제징수를 하여도 증여세에 대한 조세채권을 확보하기 곤란한 경우

③ 수증자가 비거주자인 경우

## 상속세는 상속인만 납부하는 건가요?

상속인 또는 수유자는 상속재산 중 각자가 받았거나 받을 재산의 비율에 따라 계산한 금액을 상속세로 납부할 의무가 있으며, 각자가 받았거나 받을 재산을 한도로 연대하여 납부할 의무를 진다.

그러나 생전에 사전증여를 받은 상속인 이외의 손주, 사위, 며느리, 사실혼 배우자에게는 상속세 납부의무 및 연대납세의무가 없다. 결국 상속인 이외의 자에게 5년 내 사전증여한 재산은 상속재산에 합산되어 상속세로 과세된다. 하지만 상속세는 상속인만 납부하는 아이러니한 상황이 펼쳐진다.

## 선순위 상속인의 상속 포기 시 상속세 납부 의무

상속인 중 상속순위가 선순위인 단독상속(상속 형태의 하나. 상속인 한 사람이 신분이나 재산에 관한 법률적 지위를 단독으로 물려받는 것)인 또는 동순위의 공동상속인 전원이 「민법」 제1019조에 따라 상속을 포기함으로써 그다음 순위에 있는 상속인(이하 '후순위 상속인')이 재산을 상속받게 되는 경우에는 후순위 상속인이 받았거나 받을 상속재산의 점유 비율에 따라 상속세를 납부할 의무를 지며, 증여세는 과세하지 않는다. 이 경우 후순위 상속인이 피상속인의 1촌 외의 직계비속인 경우 세대를 건너뛴 상속에 대한 할증 과세에 따라 계산한 금액을 가산한다.

이때 선순위 상속인에게 상속재산에 가산되는 증여재산이 있는 경우, 상속 포기와 관계없이 그 가액에 상당하는 상속세액에 대하여 납부할 의무를 진다. 또한, 다른 상속인들이 납부할 상속세액에 대해서도 연대하여 납부할 의무를 진다.

# 절세의 기본, 무조건 피해야 하는 가산세

절세하기 위한 가장 기본적인 것은 기한을 지켜 세금을 신고 및 납부하는 것이다. 기한을 지키지 않았을 때 발생하는 가산세를 허투루 봤다가는 원래 세액의 100%가 넘는 금액이 추징될 수도 있다.

'가산세'란 세법에서 규정하는 의무의 성실한 이행을 확보하기 위하여 세법에 따라 산출한 세액에 가산하여 징수하는 금액을 의미한다. 이러한 가산세는 납부할 세액에 가산하거나 환급받을 세액에서 공제된다. 특히 신고와 납부는 별도로 법적 적용을 받으므로 신고 관련 가산세와 납부 관련 가산세가 별도로 존재한다.

## 신고불성실가산세

법정신고기한 내에 상속세 또는 증여세 과세표준 신고 의무를 이행하지 않았거나, 과소 신고한 세액에 대해서는 세법상 부정행위 여부에 따라 10~40%의 가산세율을 적용한다. 다만, 법상의 각종 공제 적용에 착오가 있거나, 평가에 따른 차이로 발생한 과소 신고 부분에 대해서는 과소 신고가산세를 적용하지 않는다.

[표 1-21] 무신고와 과소 신고에 따른 가산세율

| 사유 | 무신고 | 과소 신고 |
|---|---|---|
| 일반 | 무신고 납부세액 × 20% | 과소 신고 납부세액 × 10% |
| 부정행위 | 무신고 납부세액 × 40% | 과소 신고 납부세액 × 40% |

\* '부정행위'라 함은 이중장부 작성, 장부 거짓 기장, 거짓 증빙, 재산의 은닉·은폐 등의 행위로서 조세 부과와 징수를 불가능하게 하거나 현저히 곤란하게 하는 적극적 행위 등을 말한다. 참고로 국제 거래에서 발생한 부정 행위로 인한 무신고 시에는 60%의 가산세가 발생한다.

## 빨리 신고해서 신고불성실가산세 감면받자

법정신고기한이 지난 후 기한후신고하거나 수정신고를 하는 경우 신고 불성실가산세를 감면해준다. 이는 조속한 자기 시정을 유도하고 납세자 부담을 경감시키기 위해서다. 신고불성실가산세의 감면은 수정·기한후 신고만 이행해도 적용되므로, 납부 여부와는 무관하게 적용된다.

### 1) 무신고에 따른 기한후신고 시 가산세 감면

| 법정신고기한이 지난 후 | 감면율 |
|---|---|
| 1개월 이내 | 50% 감면 |
| 1개월 초과 3개월 이내 | 30% 감면 |
| 3개월 초과 6개월 이내 | 20% 감면 |

## 2) 과소 신고에 따른 수정신고 시 가산세 감면

| 법정신고기한이 지난 후 | 감면율 |
|---|---|
| 1개월 이내 | 90% 감면 |
| 1개월 초과 3개월 이내 | 75% 감면 |
| 3개월 초과 6개월 이내 | 50% 감면 |
| 6개월 초과 1년 이내 | 30% 감면 |
| 1년 초과 1년 6개월 이내 | 20% 감면 |
| 1년 6개월 초과 2년 이내 | 10% 감면 |

## 납부지연가산세와 환급불성실가산세

신고기한 내에 신고했다고 모든 세금 업무가 마무리된 것이 아니다. 신고서상 내야 할 세액을 납부기한 내에 납부해야 완료되었다고 볼 수 있다. 만약 납부기한 내 납부하지 않았다면 당연히 가산세가 발생한다.

| 구분 | 납부지연 · 환급불성실가산세 |
|---|---|
| 납부지연가산세 | 미납부세액(이자 상당 가산액 포함.) × 미납부 일수 × 0.022%(연 8.03%) |
| 환급불성실가산세 | 초과 환급세액(이자 상당 가산액 포함.) × 초과 환급 일수 × 0.022%(연 8.03%) |

다만, 재산 평가 방법의 차이로 인해 과소 납부한 세액이 발생하는 경우 신고불성실가산세 및 납부지연가산세를 적용하지 않는다. 가령, 증여받은 아파트를 매년 공시되는 기준시가인 공동주택 가격을 적용해 증여세를 신고하였으나, 평가 기간 내 증여 대상인 아파트와 비교 대상 아파트의 유사매매사례가액이 존재하여 시가로 결정되는 경우 과소 납부한 세액이

발생하게 된다. 이렇게 평가 방법의 차이로 인해 발생한 과소 납부 세액에 대해서는 신고불성실가산세 및 납부지연가산세가 적용되지 않는다.

이는 신고기한 내 신고 의무를 이행한 경우에 한정하므로 무신고자의 경우라면 가산세 면제 규정이 적용되지 않는다. 따라서 추후 수정신고를 하게 되더라도 신고기한 내 신고 의무를 이행하는 것이 불필요한 가산세 부담을 피할 수 있는 방법이다.

# 세금 안 내고 '5년만' 버티면 된다?

상속세는 피상속인이 일생 동안 축적한 경제적 이익 전체에 대해 납부하는 세금인 만큼 그 세액 크기도 상당하다. 더욱이 상속인 수가 많지 않은 경우 상속인 입장에서는 거액의 상속세를 단독으로 부담해야 하는 상황이 발생할 수 있다. 이런 사유로 세금을 안 내고 몇 년만 버티면 세금을 안 내도 된다고 알고 있는 경우도 있다. 그러나 이는 세무서가 국세를 부과할 수 있는 부과권은 부과할 수 있는 날부터 규정된 기간이 끝난 날 이후에는 세금을 부과할 수 없다는 '국세부과제척기간'의 세법 조항을 자의적으로 해석한 결과라 할 수 있다.

국세부과제척기간은 국세에 대한 채권, 채무 관계를 무한정 불안정한 상태로 두면 납세 안정성을 해치기 때문에 만들어진 조항이다. 일반 국세의 경우 사기나 기타 부정한 방법으로 국세를 포탈하는 등 부정한 경우가 아니라면 국세부과제척기간은 5년이다. 하지만 상속세나 증여세는 이와 조금 다르다.

소득세나 부가가치세 등 일반 국세에 비해 상속세 및 증여세의 국세부

부의 이전

과제척기간은 상대적으로 길다. 상속세와 증여세는 그 특성상 세원 포착이 매우 어렵고, 조세 면탈 유인이 높은 세목이기 때문에 이를 방지하고, 그 면탈을 추적할 수 있도록 하기 위해서다. 상속세와 증여세의 부과제척기간은 국세를 부과할 수 있는 날부터 10년으로 하되 다음에 해당하는 경우에는 15년으로 하고 있다.

- 납세자가 부정행위로 상속·증여세를 포탈하거나 환급·공제받은 경우
- 상속·증여세를 무신고한 경우
- 상속·증여세를 '거짓 신고 또는 누락 신고 한 경우'로서 그 거짓 신고 또는 누락 신고를 한 부분만 해당함.

**'거짓 신고 또는 누락 신고의 경우'란?**

- 상속재산가액 또는 증여재산가액에서 가공(架空)의 채무를 빼고 신고한 경우
- 권리의 이전이나 그 행사에 등기, 등록, 명의개서 등이 필요한 재산을 상속인 또는 수증자의 명의로 등기 등을 하지 아니한 경우로서 그 재산을 상속재산 또는 증여재산의 신고에서 누락한 경우
- 예금, 주식, 채권, 보험금, 그밖의 금융 자산을 상속재산 또는 증여재산의 신고에서 누락한 경우

또한, 다음의 경우에는 해당 사유가 발생한 것을 안 날로부터 1년 이내에 상속세 및 증여세를 부과할 수 있는 국세부과제척기간의 특례 규정이 적용된다. 하지만 이 경우에도 상속인이나 증여자 및 수증자가 사망한 경우와 포탈 세액 산출의 기준이 되는 재산가액이 50억 원 이하인 경

우에는 원칙적인 국세부과제척기간이 적용된다.

- 제3자의 명의로 되어 있는 피상속인 또는 증여자의 재산을 상속인이나 수증자가 취득한 경우
- 계약에 따라 피상속인이 취득할 재산이 계약 이행 기간에 상속이 개시됨으로써 등기·등록 또는 명의개서가 이루어지지 아니하고 상속인이 취득한 경우
- 국외에 있는 상속재산, 증여재산을 상속인이나 수증자가 취득한 경우
- 등기·등록 또는 명의개서가 필요하지 아니한 유가증권, 서화(書畵), 골동품 등 상속재산 또는 증여재산을 상속인이나 수증자가 취득한 경우
- 수증자의 명의로 되어 있는 증여자의 「금융실명거래 및 비밀보장에 관한 법률」 제2조 제2호에 따른 금융자산을 수증자가 보유하고 있거나 사용·수익한 경우
- 비거주자인 피상속인의 국내 재산을 상속인이 취득한 경우
- 명의신탁재산의 증여의제에 해당하는 경우

가령 차명계좌를 통한 증여세 포탈을 방지하기 위해 수증자 명의로 되어 있는 증여자의 금융재산을 수증자가 사용하거나 제3자 명의로 보유 중인 피상속인 또는 증여자의 재산을 상속인이나 수증인 명의로 실명전환을 하는 등 불법성이 큰 경우가 이에 해당한다.

사유 발생을 안 날로부터 1년이기 때문에 사실상 제척기간이 무제한이라고 볼 수 있으므로 단순히 부과제척기간을 경과하여 상속세 또는 증여세의 납세의무에서 벗어났다고 생각하면 안 된다.

부의 이전

# 세금을 **초과 납부**했다면 **경정청구**로 돌려받자

경정청구는 당초 신고된 내용이 신고해야 할 과세표준 및 세액을 초과하는 경우 또는 신고하여야 할 결손금액(수입보다 지출이 많아 금전상에서 발생하는 손실액을 말함.) 및 환급세액에 미치지 못하는 경우 납세의무자가 권리구제를 받을 수 있는 제도다. 납세자 권익을 보호하고 이의신청, 심사청구, 심판청구 등 각종 불복청구로 인한 행정 부담 간소화에 의의가 있다.

## 경정청구의 3가지 기본 요건

### 1) 경정청구 가능 기한

당초 신고의 법정신고기한이 지난 후 5년 이내에 관할 세무서장에게 청구할 수 있다. 단, 후발적인 사유에 해당하는 경우 5년이 지나도 그 사유가 발생한 것을 안 날로부터 3개월 이내에 경정청구가 가능하다.

### 2) 경정청구 대상자

법정신고기한까지 청구의 대상이 되는 상속세 또는 증여세를 신고한 자

와 결정되기 전 기한후신고한 납세자

### 3) 경정청구의 확정력

경정청구는 '신고 및 납부한 세금이 과다하니 돌려 달라'는 의미다. 그래서 법정신고기한까지 청구의 대상이 되는 상속세 또는 증여세 신고를 한 자라도 경정청구 자체로는 확정력이 없고, 관할 세무서장으로부터 해당 경정청구의 뜻에 대한 별도의 통지를 받아야 한다. 경정청구를 받은 세무서장은 그 청구를 받은 날로부터 2개월 이내에 결정 등을 하거나 또는 할 이유가 없다는 뜻을 청구자에게 통지하여야 한다.

## 경정청구 사유
### 1) 일반적인 사유

- 과세표준신고서 또는 기한후과세표준신고서에 기재된 과세표준 및 세액이 세법에 따라 신고하여야 할 과세표준 및 세액을 초과할 때
- 과세표준신고서 또는 기한후과세표준신고서에 기재된 결손금액 또는 환급세액이 세법에 따라 신고하여야 할 결손금액 또는 환급세액에 미치지 못할 때

### 2) 후발적인 사유

과세표준신고서를 법정신고기한까지 제출한 자 또는 국세의 과세표준 및 세액의 결정을 받은 자가 다음 중 어느 하나에 해당하는 사유가 발생했을 때 원칙적인 경정청구 기간에도 불구하고 그 사유가 발생한 것을

안 날부터 3개월 이내에 결정·경정을 청구할 수 있다.

- 최초의 신고·결정 또는 경정에서 과세표준 및 세액의 계산 근거가 된 거래 또는 행위 등이 그에 관한 소송에 대한 판결(판결과 같은 효력을 가지는 화해나 그 밖의 행위를 포함한다.)에 의하여 다른 것으로 확정되었을 때
- 소득이나 그 밖의 과세 물건의 귀속을 제3자에게로 변경시키는 결정 또는 경정이 있을 때
- 조세조약에 따른 상호합의가 최초의 신고·결정 또는 경정의 내용과 다르게 이루어졌을 때
- 결정 또는 경정으로 인해 그 결정 또는 경정의 대상이 된 과세표준 및 세액과 연동된 다른 세목(같은 과세기간으로 한정한다)이나 연동된 다른 과세기간(같은 세목으로 한정한다)의 과세표준 또는 세액이 세법에 따라 신고해야 할 과세표준 또는 세액을 초과할 때
- 최초의 신고·결정 또는 경정을 할 때 ① 과세표준 및 세액의 계산 근거가 된 거래 또는 행위 등의 효력과 관계되는 관청의 허가나 그 밖의 처분이 취소된 경우 ② 과세표준 및 세액의 계산 근거가 된 거래 또는 행위 등의 효력과 관계되는 계약이 해제권의 행사에 의하여 해제되거나 해당 계약의 성립 후 발생한 부득이한 사유로 해제되거나 취소된 경우 ③ 장부 및 증거서류의 압수, 그 밖의 부득이한 사유로 과세표준 및 세액을 계산할 수 없었으나 그 후 해당 사유가 소멸한 경우

## 경정 등의 청구 특례

### 1) 상속세 경정청구 특례

상속세 과세표준 및 세액을 신고하거나 결정·경정을 받은 자에게 다음 중 어느 하나에 해당하는 사유가 발생한 경우 그 사유가 발생한 날부터 6개월 이내에 결정이나 경정을 청구할 수 있다.

① 상속재산에 대한 피상속인 또는 상속인과 그 외의 제3자와의 분쟁으로 인한 상속회복청구소송 또는 유류분반환청구소송의 확정판결을 사유로 상속개시일 현재 상속인 간에 상속재산가액이 변동된 경우

② 상속 개시 후 1년이 되는 날까지 다음을 사유로 상속재산의 가액이 크게 하락한 경우

　㉠ 상속재산이 수용·경매 또는 공매된 경우로서 그 보상가액·경매가액 또는 공매가액이 상속세과세가액보다 하락한 경우

　㉡ 상속·증여세법에 따라 주식 등을 할증 평가하였으나 일괄하여 매각(피상속인 및 상속인과 일정한 특수관계에 있는 자에게 일괄하여 매각한 경우는 제외)함으로써 최대주주등 등의 주식 등에 해당되지 아니하는 경우

　㉢ 상속재산이 다음 각 목의 주식에 해당하여 그 주식을 의무적으로 보유해야 하는 기간의 만료일부터 2개월 이내에 매각한 경우로서 그 매각가액이 상속세과세가액보다 낮은 경우로서 보유하고 있었던 사실을 증명할 수 있는 서류를 국세청장에게 제출한 경우로 한정함.

• 자본시장과 금융투자업에 관한 법률에 따라 처분이 제한되어 의무적으로 보유해야 하는 주식

• 채무자 회생 및 파산에 관한 법률 및 기업 구조조정 촉진법에 따른 절차에 따라 발행된 주식으로서 법원의 결정에 따라 보호예수해야 하는 주식

## 2) 증여세 경정청구 특례

증여세 과세표준 및 세액을 신고하거나 결정·경정을 받은 자에게 다음 중 어느 하나에 해당하는 사유가 발생한 경우에는 그 사유가 발생한 날부터 3개월 이내에 결정이나 경정을 청구할 수 있다.

- 부동산 무상 사용에 따른 이익의 증여세를 결정 또는 경정받은 자가 대통령령으로 정하는 부동산 무상 사용 기간 중 부동산 소유자로부터 해당 부동산을 상속 또는 증여받거나 대통령령으로 정하는 사유로 해당 부동산을 무상으로 사용하지 아니하게 되는 경우
- 금전 무상 대출에 따른 이익의 증여세를 결정 또는 경정받은 자가 대출기간 중에 대부자로부터 해당 금전을 상속 또는 증여받거나 대통령령으로 정하는 사유로 해당 금전을 무상으로 또는 적정 이자율보다 낮은 이자율로 대출받지 아니하게 되는 경우
- 타인의 재산을 무상으로 담보 제공하고 금전 등을 차입함에 따라 증여세를 결정 또는 경정받은 자가 재산의 사용 기간 중 재산 제공자로부터 해당 재산을 상속 또는 증여받거나 대통령령으로 정하는 사유로 무상 또는 적정 이자율보다 낮은 이자율로 차입하지 않게 되는 경우

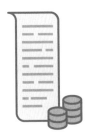

# 세금 **과소 신고**, 빠른 **수정신고**로 **가산세 감면** 받자

수정신고는 납세의무자가 과세표준과 세액을 신고한 후에 그 신고 내용에 오류·누락 등으로 인하여 과세표준과 세액의 증액이 발생하는 경우에 납세의무자로 하여금 스스로 보정할 수 있도록 하는 제도다.

착오로 공제를 과대 적용하여 세액을 과소신고한다면 추후 세무서에서는 개별적 판단을 통해 과소 신고된 사항에 대해 해명 요청 및 세액 추징을 할 수 있다. 그러므로 세액이 결정되기 전, 수정신고 대상자가 수정신고 절차를 통해 처음에 미달하게 납부한 세액에 소정의 가산세를 합하여 자발적으로 추가 납부할 수 있다.

자진 신고하지 않으면 추후 세무서의 적발로 자진 신고에 따른 가산세 감면도 불가능해 더 큰 추징액이 발생하게 된다. 그러니 잘못된 신고로 과소 납부하였다면 빠른 수정신고를 통해 가산세를 감면받는 것이 손실을 최소화하는 방법이다.

## 수정신고 기본 요건

### 1) 수정신고 가능 기한

관할 세무서장이 당초 신고한 과세표준과 세액을 결정하여 통지하기 전으로서 국세부과제척기간이 끝나기 전까지 수정신고를 할 수 있다.

### 2) 수정신고 대상자

법정신고기한까지 청구의 대상이 되는 세목을 신고한 자뿐만 아니라 신고기한을 아예 놓쳐서 기한후신고한 납세자

## 수정신고 사유

1) 과세표준신고서 또는 기한후과세표준신고서에 기재된 과세표준 및 세액이 세법에 따라 신고해야 할 과세표준 및 세액에 미치지 못할 때

2) 과세표준신고서 또는 기한후과세표준신고서에 기재된 결손금액 및 환급세액이 세법에 따라 신고해야 할 결손금액이나 환급세액을 초과할 때

## 수정신고 시 가산세 감면

수정신고는 납세의무자 스스로 당초 신고에 미비한 점을 발견하여 세법에 맞게 신고 및 납부하는 제도이므로, 일정한 기간 이내에 수정신고를 이행한 경우라면 다음과 같이 가산세를 감면하는 규정이 있다.

## [표 1-22] 수정신고 시 가산세 감면율

| 법정신고기한이 지난 후 | 감면율 |
|---|---|
| 1개월 이내 | 90% 감면 |
| 1개월 초과 3개월 이내 | 75% 감면 |
| 3개월 초과 6개월 이내 | 50% 감면 |
| 6개월 초과 1년 이내 | 30% 감면 |
| 1년 초과 1년 6개월 이내 | 20% 감면 |
| 1년 6개월 초과 2년 이내 | 10% 감면 |

# 어려운 세금, 어디에 물어보죠?

세금을 미리 준비하는 자산가는 부동산 대책이 나오거나 부의 이전을 고민할 때 본인 자산을 관리하는 세무사와 건강검진 받듯이 주기적으로 상담을 받는다.

그러나 자산 관리 전담 세무사가 준비된 자산가는 많지 않은 것이 현실이다. 나아가 정말 급한 상황에서 세무사를 통한 정확한 세금 상담을 제때 받을 수 있을지도 미지수다. 미리 국세청에서 제공하는 다양한 상담 창구를 통해 본인의 상황에 맞는 답변을 받고 공부하는 습관을 익히는 것이 좋다.

## 1. 국세상담센터 전화번호 126

전국 어디서나 국번 없이 126번(평일 9:00~18:00)으로 전화한 후 음성 안내에 따라 상담 분야(세목 번호)를 선택하면 국세청 상담원과 연결되어 전화 상담이 가능하다. 단, 상속세 및 증여세 관련 문의는 항상 대기시간이 긴 편이다. 이때 음성 안내에 따라 상담 가능한 연락처를 남겨두면 추후 상담을 더 편히 받을 수 있다.

(ARS 연결 후, 세법상담 2번 → 상속증여세 7번)

## 2. '국세청 홈택스' 사이트 내 인터넷 상담 코너

'국세청 홈택스'(www.hometax.go.kr)에서 핫이슈나 인터넷 상담 사례, 자주 묻는 질문 등 유사 사례를 검색하면서 궁금증을 해결할 수 있다. 만일 검색 결과에 만족하지 못한 경우 '상담/제보'탭의 '인터넷 상담하기' 게시판에 궁금한 내용을 질문하면 48시간(토요일, 공휴일 제외) 이내에 신속히 답변해준다. 다만, 최근 부동산 관련 세금 문의가 폭발적으로 증가해 답변시간이 길어지는 경우가 많다.

## 3. 방문 상담

제주특별자치도 서귀포시 서호북로 36(서호동 1514번지) 방문상담실로 방문하면 친절하게 상담받을 수 있다. 기타 지역 거주자는 가까운 세무서 납세자보호담당관실을 방문해도 상담받을 수 있다.

## 4. '국세법령정보시스템' 인터넷 사이트

국세법령정보시스템에서는 국세와 관련된 세법령, 심사·심판청구 결정문과 법원 판례, 질의회신문 등 다양한 세무 정보를 무료로 제공하여 납세자가 세법을 이해하고 해석하는 데 도움을 주는 전산시스템이다. 다만 세법 관련 용어에 익숙하지 않은 초보자가 접하기에는 다소 어려울 수 있다.

부의 이전

## 5. 서면질의 및 세법 해석 사전 답변 제도

서면질의란 납세자가 국세청장에게 일반적인 세법 해석과 관련하여 문서로 질의하면 서면으로 답변을 주는 제도다. 본인 또는 위임받은 대리인이 신청 가능하고, 신청 기한의 제한은 없다.

세법 해석 사전 답변은 납세자가 '실명'으로 자신과 관련된 특정한 거래의 세무 관련 궁금한 사항에 대해 사전(법정신고기한 전)에 구체적인 사실관계를 명시하여 질의할 경우 국세청장이 명확하게 답변을 주는 제도다. 세법 해석 사전 답변 제도는 전화 상담, 인터넷 상담 등과 다르게 답변에 대한 구속력이 있다. 그만큼 국세청에서는 답변을 신중하게 하므로 답변을 받기까지 긴 시간이 걸릴 수 있다는 점을 꼭 알아두어야 한다.

[표 1-23] 세법 상담 방식 구분

| 구분 | 전화 상담 | 인터넷 상담 | 서면질의 | 세법 해석 사전 답변 |
|---|---|---|---|---|
| 질의·회신 방법 | 전화 | 인터넷 | 서면 | 서면 |
| 질의 기한 | 없음 | | | 법정신고기한 전 |
| 질의 내용 | 단순 세법 상담 | | 일반적 세법 해석 | 개별적·구체적 세법 해석 |
| 구속력 | 없음 | | | 있음 |

# 유산 과세형 vs 유산 취득형

① 유산 과세형(대한민국) : 피상속인의 전체 상속재산가액을 기준으로 과세하기 때문에 피상속인이 남긴 총 상속재산을 기준으로 상속세액이 계산되고, 이렇게 계산된 상속세액을 상속인들이 공동 부담한다.

② 유산 취득형(일본, 독일, 프랑스 등) : 총 상속재산을 상속인에게 분할 후 각 상속인에게 분할된 상속재산 각각에 대하여 상속세액이 계산된다. 상속세가 초과 누진 세제이기 때문에 상속인의 인원 및 과세 방식에 따라 세 부담 차이가 발생한다. 기획재정부에서는 상속세 개편 테스크포스를 꾸려 유산취득세 전환 검토 작업을 하고 있다. 앞으로 상속세 과세방식의 개편을 눈여겨볼 필요가 있다.

**과세 방식별 세 부담 차이 예시**

| 과세 방식 | 유산 과세형 | | 유산 취득형 | |
|---|---|---|---|---|
| 상속인 | 자녀 2명 | 자녀 4명 | 자녀 2명 | 자녀 4명 |
| 인별 상속재산 | 10억 원 | 5억 원 | 10억 원 | 5억 원 |
| 인별 부담세액 | 3억 2,000만 원 | 1억 6,000만 원 | 2억 4,000만 원 | 9,000만 원 |
| 총 부담세액 | 6억 4,000만 원 | | 4억 8,000만 원 | 3억 6,000만 원 |

＊계산 가정 : 상속재산 20억 원, 공제제도는 고려하지 않음.

## 신고세액공제 적용 방법

상속세와 증여세 모두 납부와 별개로 과세표준 신고기한 내에 신고의무만 이행하면 산출세액의 3%를 신고세액공제로 적용받을 수 있다. 그러나 기한 내 신고 및 납부를 하지 않으면 도리어 가산세가 발생하게 된다. 신고세액공제 적용 방법에 대해서 살펴보자.

① 상속 또는 증여재산평가가액의 차이 및 각종 공제액의 적용상 오류 등으로 과세표준을 과다 신고한 경우에는 과다 금액을 제외하고 계산한 산출세액을 기준으로 신고세액공제를 적용한다.

② 공동상속인이 상속재산 신고 시 각자의 지분별로 각각 신고한 경우에는 상속재산을 합산하여 상속세 신고세액공제를 적용한다.

③ 상속세 신고 시 증여재산을 합산하여 신고하지 않은 경우 증여세 신고를 법정기한 내에 하였더라도 그 금액에 대하여 신고세액공제를 적용하지 않는다.

④ 신고기한 내 상속재산 일부를 신고 누락한 경우 신고세액공제는 결정산출세액 중 신고한 과세표준에 대한 산출세액을 기준으로 한다.


## 억울한 세금 부과는 조세 불복으로 해결하자

조세는 국가권력에 의하여 개별적인 반대급부 없이 국민으로부터 강제로 징수한다는 점에서 조세권이 남용되면 국민의 재산권을 침해할 가능성이 있다. 따라서 세무서의 위법부당한 처분에 대하여 그 권리 또는 이익을 침해받은 자를 구제해주기 위한 조세불복제도가 있다.

조세불복제도는 국가의 재정권에 대한 국민의 권익을 보호할 뿐만 아니라 조세 행정의 권리남용을 방지하고 위법·부당한 과세 처분에 대하여 국민의 권리와 이익을 구제하며, 조세법 질서의 유지와 조세 정의를 기하는 데 의의가 있다.

조세 불복 방식은 이의신청, 심사청구, 심판청구, 행정소송이 있고, 여기서 심사청구로는 국세청장에게 심사를 청구하는 '심사청구'와 감사원에 심사를 청구하는 '감사원 심사청구'가 있다.

국세청장은 심판청구를 한 처분 외의 처분에 대해서는 그 처분의 전부 또는 일부를 취소 또는 변경하거나 새로운 처분의 결정을 하지 못하며(불고불리의 원칙), 심판청구를 한 처분보다 청구인에게 불리한 결정을 하지 못한다(불이익변경금지의 원칙). 그러므로 국가를 상대로 싸우게 되면 나중에 불이익이 생기는 것 아닌가라는 걱정은 하지 않아도 된다.

## 「부동산소유권 이전등기 등에 관한 특별조치법」에 따른 등기의 제척기간은?

2020년 8월부터 2년간 한시적으로 「부동산소유권 이전등기 등에 관한 특별조치법」이 시행되었다. 특별조치법은 '부동산등기법'에 의해 소유권 보존등기가 돼 있지 않거나 등기부 기재가 실제 권리관계와 일치하지 않는 부동산에 대해 한시적으로 용이한 절차를 거쳐 등기할 수 있도록 조치한 법이다.

특별조치법에 따라 부동산을 등기할 때는 대표적으로 '상속', '증여', '매매'의 형식으로 등기하게 된다. 이 등기의 형식이 중요한데 '상속'으로 등기 시 당초 소유자의 상속인이라면 사망 시점에 상속받은 것으로 보아 상속세를 납부하고, 당초 소유자의 상속인이 아니라면 '증여'받은 것으로 보아 증여세를 납부해야 하기 때문이다. 물론 당초 소유자의 상속 개시일로부터 제척기간이 경과했다면 납세의무는 발생하지 않는다.

재산 평가는 '시가'를 원칙으로 하며, 시가를 산정하기 어려운 경우 해당 재산의 종류·규모·거래 상황 등을 고려하여 법 제61조부터 제65조까지에 규정된 보충적 평가 방법에 따른 가액으로 평가한다. 이때 '시가'란 불특정 다수의 사람들 사이에 자유롭게 거래가 이루어지는 경우 통상적으로 성립된다고 인정되는 가액을 의미하고, 재산의 평가기준일과 평가 방식을 잘 활용하면 능동적인 절세가 가능하다.

## 제2장

# 절세의 핵심,
# '시가' 정확히 알기

시가의 정의와 범위

**절세**하려면
**시가를**
**활용**하라

상속세와 증여세는 상속재산 또는 증여재산의 경제적 가치를 화폐액으로 환가하여 그 가액을 결정하고, 이를 기초로 과세하게 되므로 재산 평가는 세액의 산출에 있어 가장 중요한 일이다. 그래서 재산 평가에 관한 문제는 과세 대상 포착 못지않게 납세자와 과세 관청의 이해가 가장 첨예하게 대립되는 분야로 납세자로부터 빈번하게 불복이 제기되어왔다. 반대로 이는 곧 재산의 평가기준일과 평가 방식을 잘 활용하면 능동적인 절세가 가능하다는 말이기도 하다.

## 법상 부동산 시가의 정의

재산 평가는 '시가'를 원칙으로 하며, 시가를 산정하기 어려운 경우 해당 재산의 종류·규모·거래 상황 등을 고려하여 법 제61조부터 제65조까지에 규정된 보충적 평가 방법에 따른 가액으로 평가한다.

이때 '시가'란 불특정 다수의 사람들 사이에 자유롭게 거래가 이루어지는 경우 통상적으로 성립된다고 인정되는 가액을 의미하고, 매매가액·

수용가액·공매가액·감정가액 등을 시가로 인정한다.

시가로 인정되는 매매가액·수용가액·공매가액·감정가액 등이란 상속개시일 전후 6개월, 증여일 전 6개월부터 증여일 후 3개월 이내의 기간 중 매매·감정·수용·경매 또는 공매가 있는 경우에 확인되는 가액을 말한다.

상속개시일은 피상속인의 사망일을 말하고, 증여일은 증여에 의하여 재산을 취득하는 때로 대표적으로 부동산은 소유권이전등기 접수일, 입주권과 분양권 등 부동산을 취득할 수 있는 권리는 권리의무 승계일을 말한다. 여기서 상속개시일과 증여일을 평가 기간의 중심이 되는 '평가기준일'이라고 한다.

다만, 평가 기간에 해당하지 아니하는 기간으로서 평가기준일 전 2년 이내의 기간에 매매 등이 있거나, 상속세 과세표준 신고기한 이후 9개월(상속세 결정기한) 또는 증여세 과세표준 신고기한 이후 6개월(증여세 결정기한) 내에 매매 등이 있는 경우 평가심의위원회의 심의를 거쳐 확인되는 가액을 시가에 포함할 수 있다. 평가심의위원회 심의신청은 납세자와 세무서 둘 다 신청이 가능하다.

그러므로 평가 기간이 경과하였더라도 시가가 존재하는 경우, 시가 적용이 가능하다. 따라서 재산평가액을 낮게 하고자 무조건 보충적 평가방법인 기준시가를 적용하는 것은 오히려 추후 과세관청의 결정 과정이나 세무조사에서 세금 추징으로 이어질 가능성을 높일 수 있다.

## 왜 시가 평가가 중요한가?

첫 번째 이유는 '시점'에 따라 시가가 달라질 수 있기 때문이다. 물론 상속의 경우 시점을 조율하는 것이 불가능에 가깝다. 하지만 증여의 경우

부의 이전

시점을 조율하여 원하는 재산가액으로 증여가 가능하다. 예를 들어, 부동산 증여 시점에 너무 높은 가액이 시가로 설정되어 있다면 증여 시점을 미루어서 가액이 낮아진 시점에 하여 증여세를 낮출 수 있다.

두 번째 이유는 시가를 '조절'할 수 있다는 것이다. 부동산 증여의 대표적 형태인 아파트의 경우 유사매매사례가액이 존재할 때가 많다. 그러나 증여일 이후 밝혀지지 않은 유사 매매가 발생하게 되면 시가의 불안정성 및 예측하지 못한 증여세가 발생할 수 있다. 그러므로 부동산 가격이 급등락하는 지역의 부동산은 선순위 시가인 감정가액을 활용하여 안정적이고, 납세자에게 조금 더 유리한 가액으로 부동산 시가를 산정할 수 있다.

세 번째는 미래의 세액을 고민하기 위해 필요하다. 부의 이전 방식인 상속과 증여는 상속인과 수증자 입장에서는 부동산의 취득 단계로 상속재산가액 또는 증여재산가액이 미래 취득가액이 된다. 상속 또는 증여받은 부동산을 미래에 결국 양도로 처분할 계획이라면 현재 눈앞의 상속세와 증여세만 관심을 둘 것이 아니라 미래에 예상되는 양도소득세도 고려하여 시가를 평가하는 것이 현명한 부의 이전이라고 할 수 있다.

## 시가의 산정 기준

시가를 재산가액으로 적용할 때 매매가액·수용가액·공매가액·감정가액이 평가기준일 전후 6개월(증여재산의 경우에는 평가기준일 전 6개월부터 평가기준일 후 3개월까지) 이내에 해당하는지는 다음 기준으로 판단하며, 시가로 보는 가액이 둘 이상이면 평가기준일을 전후하여 가장 가까운 날에 해당하는 가액(그 가액이 둘 이상이면 그 평균액)을 적용한다.

① 매매가액 : 매매계약일

② 감정가액 : 가격산정 기준일과 감정가액평가서 작성일

③ 수용가액·경매가액 : 보상가액·경매가액 또는 공매가액이 결정된 날

## 시가의 평가 방법

### 1) 당해 재산의 매매가액

당해 재산이 평가 기간 내에 거래된다면 그 매매가액은 가장 정확한 시가에 해당한다. 다만, 특수관계인과의 거래로 정상적인 거래 가격이 아닌 경우 시가로 보지 않는다.

### 2) 감정가액

공신력 있는 감정기관이 평가한 감정가액이 둘 이상 있는 경우 그 감정가액의 평균액이 시가가 된다. 다만, 토지, 건물, 오피스텔 및 상업용 건물, 주택의 기준시가가 10억 원 이하면 하나의 감정기관에서 평가한 감정가액으로도 시가를 인정받을 수 있다.

다만, 증여재산을 지분으로 증여하는 경우로서 지분에 해당하는 기준시가는 10억 원 이하지만 전체 재산가액의 기준시가가 10억 원을 초과하는 경우에는 지분 별로 판단하지 않고 전체를 기준으로 판단하여 둘이상의 감정평가 대상인지 판단한다.

### 3) 수용가액 등

해당 재산에 대하여 수용·경매 또는 공매 사실이 있는 경우 그 보상가

액·경매가액 또는 공매가액을 시가로 본다. 보상가액 등이 평가 기간 내에 존재하는지 여부는 보상가액 등이 결정된 날을 기준으로 한다. 보상가액이 결정된 날은 수용보상계약을 체결한 날을 의미한다.

### 4) 유사매매사례가액

유사매매사례가액은 평가 대상이 되는 재산과 면적, 위치, 용도, 종목 및 기준시가가 동일하거나 유사한 다른 재산의 가액을 말한다. 주로 아파트, 오피스텔 등 공동주택 건물이 유사매매사례가액 적용을 받는다.

### 5) 담보 등으로 제공되어 있는 경우

매매가액·수용가액·공매가액·감정가액 등의 가액이 있더라도 해당 부동산에 저당권 등의 가액과 비교해야 한다. 저당권·담보권·질권·근저당권·전세권 등이 설정되어 있다면, 설정된 전체 담보채권액의 합계액과 매매가액·수용가액·공매가액·감정가액 등의 가액 중 큰 금액을 해당 부동산의 시가로 평가한다.

> \* 시가 : Max(① 매매가액·수용가액·공매가액·감정가액 등, ② 담보채권액)

# 점점 확장되는
# 평가 기간,
# 점점 커지는 세금

재산의 평가는 상속개시일 또는 증여일에 따라 과세가액이나 세액의 크기가 결정되기 때문에 공평 과세의 측면에서 통일된 방법으로 재산을 평가하는 것이 바람직하다. 이를 위하여 법에서는 재산 평가 시 시가평를 원칙으로 한다. 그리고 이 '시가'에 대한 공평 과세 실현을 위해 지속적인 세법 개정이 된 결과 평가 기간이 확장됐으며, 이는 결국 더 많이 과세될 수 있다는 점을 내포하고 있다.

## 원칙적인 평가 기간

### 1) 상속재산의 평가 기간 : 상속개시일 전 6개월~후 6개월

부의 이전

### 2) 증여재산의 평가 기간 : 증여일 전 6개월~후 3개월

## 평가기준일 전 2년 확장

원칙적인 평가 기간의 예외로 2014년 2월 21일 추가적인 세법 개정을 통해 다음과 같이 각 평가기준일 전 2년의 기간으로 그 예외적인 범위를 명확하게 했다.

그러나 2년의 기간 내에 존재하는 '시가'를 인정받기 위해서는 가격 변동의 특별한 사정이 없다고 보이는 경우로 납세자, 지방국세청장 또는 관할 세무서장이 평가심의위원회에 심의 신청하여 심의를 거쳐야 한다.

### 1) 상속재산의 평가 기간 : 상속개시일 전 2년~후 6개월

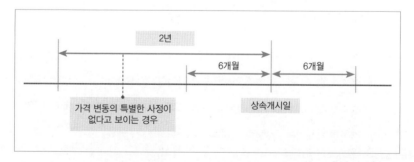

## 2) 증여재산의 평가 기간 : 증여일 전 2년~후 3개월

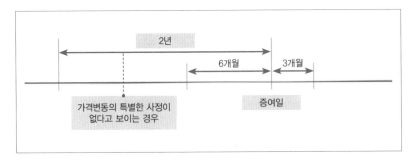

## 평가 기간 경과 후 결정기한까지 확장

앞선 내용이 평가기준일의 소급 확장이라면 2019년 2월 12일 개정 내용은 평가기준일을 기준으로 하는 전진적 확장이라는 데 의미가 있다. 상속세 및 증여세는 정부 부과 세목이므로 신고기한 이후 국가가 해당 세목을 자체적으로 조사하여 결정하는 기간이 존재한다. 이러한 결정기한이 존재하는 이유는 아무리 국가라도 이미 신고 및 납부가 완료된 상속세를 수년 뒤에 다시 결정한다는 것은 납세자의 법적 안정성을 심하게 훼손하기 때문이다.

- 상속세 결정기한 : 상속세 과세표준 신고기한부터 9개월

  (상속세 과세표준 신고기한 : 상속개시일이 속한 달의 말일부터 6개월 이내)

- 증여세 결정기한 : 증여세 과세표준 신고기한부터 6개월

  (증여세 과세표준 신고기한 : 증여일이 속한 달의 말일부터 3개월 이내)

평가 기간 경과 후 결정기한까지 확장하는 경우도 가격 변동의 특별한

사정이 없다고 보이는 경우로 납세자, 지방국세청장 또는 관할 세무서장
이 평가심의위원회에 심의신청하여 심의를 거쳐야만 시가로 인정받을
수 있다.

### 1) 상속재산의 평가 기간 : 상속개시일 전 2년~결정기한

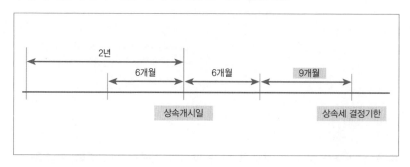

### 2) 증여재산의 평가 기간 : 증여일 전 2년~결정기한

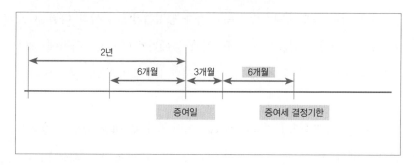

# 아파트는 당연히 유사매매사례가액이 시가?

많은 납세자가 부동산 보충적 평가 방법인 기준시가로 하면 세금을 줄일 수 있다고 생각한다. 하지만 이러한 보충적 평가 방법은 해당 재산의 실제 거래 가치를 반영하지 못하는 경우가 대부분이다. 따라서 법에서는 면적·위치·용도·종목 및 기준시가가 동일하거나 유사한 다른 재산에 대한 매매가액·감정가액·수용·경매·공매가액 중 어느 하나에 해당하는 가액이 있는 경우 해당 가액을 유사매매사례가액으로 보아 시가로 인정한다.

유사매매사례가액의 적용은 사례가액의 확인에 대한 실무상 쟁점이 많으며, 과세 형평성에 대한 문제 제기도 지속되고 있다. 그래서 법에서는 재산가액을 평가함에 있어 제3자와 정상적인 거래에 있어 객관적인 교환가치를 반영해야 함을 전제로 시가를 인정하고 있다.

유사매매사례가액이 적용되는 대표적 형태인 아파트는 동일 단지, 동일 평형, 동일 층수, 동일한 입지 환경 등 비교 우위나 비교 열위에 있는 비교 대상군이 풍부하므로 유사매매사례가액을 적용하기 용이하다. 반면 농지나 개별주택은 지세, 형상, 주변 환경, 사실상 운용 형태 등이 모두 다르므로 유사매매사례가액을 적용하기가 쉽지 않다. 단순히 거리상 인접한 토지의 유사매매사례가액을 객관적인 가액으로 인정하는 것은 부적절하기 때문이다.

## 아파트의 유사매매사례가액이 여러 개라면 어떤 가액을 적용해야 할까?

아파트와 같은 공동주택의 유사매매사례가액은 다음 요건을 모두 충족해야 한다.

① 평가 대상 주택과 동일한 공동주택 단지 내에 있을 것

② 평가 대상 주택과 주거전용 면적의 차이가 5% 이내일 것

③ 평가 대상 주택과 공동주택 가격의 차이가 5% 이내일 것

해당 주택이 둘 이상인 경우 평가 대상 주택과 공동주택 가격 차이가 가장 적은 주택을 시가로 보는 유사매매사례가액으로 인정한다. 또 시가로 보는 유사매매사례가액이 둘 이상인 경우 평가기준일을 전후하여 가장 가까운 날에 해당하는 가액(그 가액이 둘 이상인 경우 그 평균액)을 적용한다.

납세자가 법정신고기한 내에 신고한 경우라면 신고 이후에 또 다른 유사매매사례가액이 존재하더라도 납세자의 예측 가능성을 보호하기 위해 신고일 이후에 발생한 유사매매사례가액은 시가로 적용하지 않는다. 따라서 재산 가치가 단기간 내 급격히 변동될 것으로 예상된다면 평가기

준일로부터 가급적 단기간에 신고하는 것이 안정적인 신고 방법이라 할 수 있다. 아니면 이후 발생할 수 있는 다른 유사매매사례가액의 적용을 배제할 수 없기 때문이다.

평가 기간 내 유사매매사례가액이 존재하더라도 평가 대상 재산에 대하여 매매가액·수용가액·공매가액·감정가액 등 우선순위에 해당하는 시가가 있는 경우에는 후순위가 된다. 따라서 평가 기간 내 유사매매사례가액이 있더라도 무조건 적용하기보다 감정평가를 통해 목적에 더 부합하는 감정가액이 산정될 수 있도록 하는 것이 좋다. 우선순위에 해당하는 감정가액으로 재산을 평가하는 것이 절세에 더욱 유리할 수 있기 때문이다.

## 다른 재산도 유사매매사례가액이 적용될까?

유사매매사례가액은 객관적인 비교 대상군이 풍부한 공동주택에 많이 적용되지만 다음의 경우 예외적으로 토지나 상가에도 유사매매사례가액이 적용될 수 있다.

### 1) 토지

토지의 경우 공익 수용사업 등에 따라 일부 토지만 편입되는 경우로 기존의 토지를 분필하여 새로운 지번은 토지보상에서 제외되는 경우가 빈번하다. 이 경우 모번지에서 떨어져 나온 지번에 대한 재산가액은 모번지의 수용가액을 유사매매사례가액으로 적용할 수 있다. 이는 모번지와의 취득 시기, 도로 인접성 등 주변 현황, 개발제한구역 등의 설정으로 지가 변동폭 등이 유사하거나 동일한 경우로 인정되기 때문이다.

## 2) 상가

상가의 경우 상행위를 하는 장소이므로 이웃 호실과 면적당 단가를 합리적으로 비교할 수 있다. 따라서 동·면적·층·향이 유사하고, 매매계약일부터 평가기준일까지 상가로 사용되어 재산의 형태·이용 상황·주변의 환경 변화가 없으며, 기준시가도 차이가 크지 않다면 이는 유사매매사례가액으로 적용할 수 있다.

## 유사매매사례가액이 뒤늦게 발견될 수 있다?

유사매매사례가액은 국토교통부 실거래가 공개시스템에서 2006년 1월부터 거래된 주택, 오피스텔, 토지, 상업용 부동산 등의 내역을 확인할 수 있다.

그러나 이렇게 확인한 유사매매사례가액으로 신고하였는데, 세무서에서 다른 사례가 나왔다는 연락을 받을 수 있다. 물론 신고일 후에 생긴 매매사례가액은 시가로 보지 않지만, 매매계약일이 신고일 이전이면서 평가기준일과 더 가까운 날에 발생한 다른 유사매매사례가액이 나올 수 있기 때문이다. 이러한 상황은 부동산실거래 가격 신고 기간 때문에 발생하는데, 부동산 실거래가 신고는 계약일로부터 30일 이내만 하면 되다 보니 공인중개사나 계약 당사자가 늦게 신고하는 경우 발생할 수 있다. 매매계약일은 빠른데, 부동산실거래 가격 신고만 늦어진 경우다.

실무상으로 간혹 발생하는 경우로 억울하지만 어떻게 할 수 없는 면이다. 그러므로 가격이 급등락하는 곳의 부동산을 증여할 때에는 재산가액을 확정할 수 있게 감정평가를 통해 신고하는 것이 안전하다.

## 국세청 홈택스의 '상속·증여재산 평가하기' 활용법

국세청 홈택스에서도 '상속·증여재산평가하기'를 통해 유사매매사례가액을 확인할 수 있다. 국토교통부 자료는 거래 물건의 면적과 거래 가격, 층수만 알 수 있기 때문에 평가 재산과 비교해서 기준시가를 평가하기 어렵다. 이런 경우에는 국세청 홈택스를 활용하면 기준시가 차이가 적은 유사매매사례가액을 확인할 수 있다. 즉, 가장 유사한 매매사례가액을 제공하고 있기 때문에 정확도가 높다.

그러나 국세청 홈택스에서 확인할 수 있는 정확한 자료는 실거래가로 계약된 양도 건에 대한 양도소득세 신고가 완료된 후 관할 세무서에서 신고서 검토가 완료된 뒤에야 올라온다. 그러다 보니 그 시기가 대부분 증여세 신고기한 이후가 될 수도 있다. 그러므로 사실상 아파트 증여 신고 때에는 국세청 홈택스의 '상속·증여재산 평가하기' 자료를 활용하기 어려워 국토교통부에서 제공하는 실거래가 정보를 함께 참고하는 것이 좋다.

# 안정적이고
# 유리한 감정가액을
## 찾아라

앞서 살펴봤던 유사매매사례가액을 비롯하여 수용·경매가액 등은 그 가액이 고정적이어서 '시가'를 활용한 절세가 사실상 어렵다. 그렇다고 본인이 원하는 유사매매사례가액이 나올 동안 하염없이 증여 시점을 미룰 수만은 없다.

그럴 때 바로 감정가액이 절세를 위한 일등공신이 된다. 감정가액은 부의 이전 대상 부동산의 특성에 맞는 맞춤형 시가가 되고, 이 시가의 탄력성이 유사매매사례가액에서 ±10% 정도는 운신의 폭을 가져갈 수 있기 때문에 원하는 '시가'로 설정하여 절세를 극대화할 수 있다.

감정가액이 시가로 인정되기 위해서는 평가기준일 전후 6개월(증여의 경우 평가기준일 전 6개월, 후 3개월)이내에 가격산정기준일과 감정가액평가서 작성일이 모두 존재할 것을 요건으로 한다.

가령 2024년 3월 2일 상속이 개시된 경우라면 상속세 신고 및 납부기한은 2024년 9월 30일이다. 하지만 감정가액을 시가로 인정받기 위해서는 가격산정기준일과 감정평가서 작성일이 모두 상속개시일 후 6개월인 2024년 9월 2일 이내에 도래하는 감정평가서에 의한 감정가액만 인정된다. 따라서 감정가액으로 재산 가치를 평가하고자 하는 경우 감정평가 시점과 신고 및 납부기한을 혼동하지 않도록 주의해야 한다.

## 감정평가기관이 평가한 가액이라도 다 인정하는 건 아니다

평가기관을 통한 감정가액이 모두 시가로서 인정되는 것은 아니다. 다음에 해당하는 감정가액은 시가로 인정하지 않거나 제한을 받을 수 있다.

- 일정한 조건에 충족될 것을 전제로 납부 목적에 적합하지 않게 감정평가하는 경우
- 평가기준일 현재 해당 재산의 원형대로 감정하지 않은 경우
- 납세자 감정가액이 과세관청 의뢰 감정가액의 80%에 미달인 경우
- 국세청 심사평가심의위원의 자문을 거쳐 감정평가 목적 등을 감안하여 감정가액이 부적당하다고 인정되는 경우

또한 세무서장 등이 재감정을 의뢰할 수도 있다. 납세자의 감정가액이 보충적 평가 방법 및 유사매매사례가액의 90% 가액 중 적은 금액인 '기준금액'에 미달하는 경우 세무서장은 다른 감정기관에 의뢰하여 감정한 가액으로 하되, 그 가액이 납세자가 제시한 감정가액보다 낮은 경우 납세자가 제공한 당초 감정가액을 시가로 인정한다.

이는 서울이나 수도권 소재 아파트처럼 거래량이 많고, 단기간 내 가격 변동폭이 큰 경우 증여일 전후 감정가액과 신고기한에 근접한 시점에서 변동된 가격 기반의 감정가액 차가 클 때 발생할 수 있다.

## 공유물의 타인 지분 감정가액은 인정될까?

평가 대상 재산이 공유물인 경우 이 재산의 타인 지분에 감정가액이 있는 경우 이를 공유물의 감정가액으로 볼 수 있다. 다만, 공유물이 현실적으로 각자가 별도로 관리·처분할 수 있고 이에 대한 계약 등에 의하여 그 사실이 확인되거나 상호 명의신탁재산에 해당하여 사실상 이를 공유물로 볼 수 없는 경우에 타인 지분에 내한 감정가액을 평가 대상 감정가액으로 보지 않는다.

## 아파트는 감정평가를 통해 절세할 수 있다

아파트의 증여 또는 상속 시점에서 조회한 최근 유사매매사례가액이 본인 아파트보다 더 프리미엄이 높은 동호수의 거래로 인해 높게 측정되어 있을 수 있다. 해당 가액을 쓴다면 취득가액이 높아져 미래의 양도소득세를 줄일 수는 있지만, 눈앞의 세금이 부담될 수 있다. 이럴 때에는 본인의 아파트를 감정평가하여 가액을 낮추는 방법을 고려해볼 수 있다.

특히 부동산이 조정을 받는 시기에는 현재의 유사매매사례가액보다 더 낮은 가액으로 시세가 형성되어 있을 수 있는데, 거래량은 극히 드물어서 새로운 유사매매사례가액이 나오기만을 마냥 기다릴 수 없을 때 감정평가를 통해 시가를 조율할 수 있다.

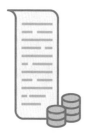

# 시가가 없다면 보충적 평가를 활용하자

시가를 산정하기 어려운 경우에는 해당 재산의 종류, 규모, 거래 상황 등을 고려하여 법상 분류된 재산마다 규정된 방법으로 평가한 가액을 보충적으로 인정하여 재산가액으로 산정한다.

## 부동산의 보충적 평가 방법

(1) 토지의 보충적 평가 방법

「부동산 가격공시에 관한 법률」에 따른 개별공시지가

(2) 건물의 보충적 평가 방법

건물(오피스텔이나 상업용 건물, 주택을 제외한 일반 건물을 의미)의 신축 가격, 구조, 용도, 위치, 신축 연도 등을 고려하여 매년 1회 이상 국세청장이 산정·고시하는 가액을 적용한다.

(3) 오피스텔 및 상업용 건물의 보충적 평가 방법

건물의 종류, 규모, 거래 상황, 위치 등을 고려하여 매년 1회 이상 국세청장이 토지와 건물에 대하여 일괄하여 산정·고시한 가액을 적용한다.

(4) 주택의 보충적 평가 방법

「부동산 가격공시에 관한 법률」에 따른 개별주택 가격 및 공동주택 가격

(5) 임대료 환산가액

사실상 임대차계약이 체결되거나 임차권이 등기된 재산의 경우에는 임대료 등을 기준으로 하여 다음과 같이 산정한 임대료 등의 환산가액과 위 (1)부터 (4)까지의 규정에 따라 평가한 가액 중 큰 금액을 그 재산의 가액으로 한다.

> 임대료 환산가액 = (1년간의 임대료 ÷ 12%) + 임대 보증금
>
> \* 간편 계산식 = 월세 × 100 + 임대 보증금

(6) 담보 등으로 제공되어 있는 경우

보충적 평가액과 임대료 환산가액 중 큰 금액으로 재산가액을 산정하였더라도 해당 부동산에 저당권 등의 가액과 비교해야 한다. 저당권·담보권·질권·근저당권·전세권 등이 설정되어 있다면 설정된 전체 담보채권액의 합계액, 보충적 평가액, 임대료 환산가액 중 큰 금액을 해당 부동산의 시가로 평가한다.

> \* 보충적 평가 방법 = Max(① 보충적 평가액, ② 임대료 환산가액, ③ 담보채권액)

## 임대료 환산가액 활용법

### 1) 임대료에서 제외되는 것

실제 상속 및 증여 상황에서는 임대료 환산가액에 대한 이슈가 제법 발

생한다. 우선 임대료에는 임차인이 임대 기간 동안 부담하는 실비 변상적인 성격의 관리비는 포함하지 않는다. 따라서 수도세, 전기세 등 임대인이 징수하여 대행하는 수준의 관리비는 임대료에 포함하지 않기 때문에 재산가액을 구성하지 않는다.

또한 임대사업자로서 임차인인 사업자에게 월세를 수령하고 발급하는 세금계산서 등에 포함되는 부가가치세는 월세에 포함되지 않는다. 부가가치세는 부가가치가 발생하는 각 거래 단계에서 공급자가 징수하여 국가에 납부 의무를 이행하는 것에 불과하므로, 이를 월세소득으로 인정하지 않기 때문이다.

### 2) 임대부동산의 일부가 공실이면 어떻게 될까?

다가구주택의 경우 일부 호실에 대해서는 임대차계약이 체결되지 않고 공실인 경우가 있다. 이렇듯 일부 미임대 면적이 있는 경우, 해당 증여재산이 호수별·층별로 구분되어 있지 않은 경우 전체 증여재산에 대하여 임대료 등 환산가액과 기준시가 중 큰 금액을 당해 부동산 가액으로 하는 것이다.

그러나 호수별·층별 구분이 가능하다면 다가구도 호별에 따라 임대된 부분은 임대료환산가액을 활용하고, 임대되지 아니한 부분은 기준시가로 평가하여 평가 기준을 달리 해야 한다.

### 3) 토지와 건물의 소유 현황에 따라서는 어떻게 계산할까?

토지와 건물의 소유자가 동일한 경우라면 토지 및 건물의 소유자가 임차인으로부터 받은 임대료 등의 환산가액을 토지와 건물의 기준시가로 나누어 계산한 금액을 각각 토지와 건물의 평가가액으로 한다.

토지와 건물의 소유자가 달라 각각 제3자와의 임대차계약 당사자인 경우 각자에게 구분되어 귀속되는 임대료 등의 환산가액을 각각 토지와 건물의 평가가액으로 한다.

그러나 토지 소유자와 건물 소유자 중 어느 한 사람만 제3자와의 임대차계약의 당사자인 경우 토지 소유자와 건물 소유자 사이의 임대차계약의 존재 여부 및 그 내용에 상관없이 제3자가 지급하는 임대료와 임대보증금을 토지와 건물 전체에 대한 것으로 보아 제3자가 지급하는 임대료 등의 환산가액을 토지와 건물의 기준시가로 나누어 계산한 금액을 각각 토지와 건물의 평가가액으로 한다.

### 4) 임대료 환산가액을 활용한 절세 방법

첫 번째로 공실인 부동산의 평가액이 기준시가로 너무 낮다면, 추후 양도를 고려했을 때, 양도차익이 커져 양도소득세가 부담으로 다가올 수 있다. 이 상황에서 부동산 시가를 높이기 위해 감정평가를 할 수도 있지만 감정평가 금액이 유의미하게 나오지 않을 수도 있다. 그렇다면 새로운 임차인을 둘 때 임차인의 임대료 환산가액이 추후 양도소득세를 절세할 수 있을 정도로 유의미한 가액으로 설정하여 임대한 후 부의 이전을 할 수 있다. 물론 임대를 둔 상황에서는 공실이 아니므로 임대보증금 채무 승계가 이루어지는 증여의 경우에는 순수 증여가 아닌 부담부증여로 계산해야 한다. 하지만 미래의 양도소득세를 줄이기 위한 지금의 증여재산가액, 즉 미래의 취득가액을 높일 수 있다.

두 번째로는 오히려 지금의 임대료 환산가액이 너무 높아서 증여세가 부담되는 상황일 수 있다. 그렇다면 기존 임차인의 임대차 기간이 종료되는 시점에 월세와 보증금의 가액을 조정하여 임대료 환산가액이 낮아지게 설정하는 방안이다. 이를 통해 부의 이전에 적합한 가액으로 맞춰서 부동산을 증여할 수 있다.

## 4월 말 이전에 증여하여 취득세 및 보유세를 절세하자

공동주택기준시가, 개별주택 기준시가 및 개별공시지가는 매년 3월 15일 전후하여 그 가액에 대한 예정안을 발표하고, 대략 3월 중순부터 4월 초까지 열람할 수 있다. 이 열람 기간 동안 소유자의 의견 청취 및 이의 신청을 제출하면 전문가의 검증과 심의를 거쳐 공동주택과 개별주택의 기준시가는 4월 말, 개별공시지가는 5월 말에 공시된다. 다만, 2022년부터 개별공시지가 또한 주택가격 공시일과 동일하게 한 달 빨라져 4월 말에 공시되는 것으로 변경되었다.

만일 시가가 존재하지 않는 단독주택, 상가건물 또는 일반 토지를 증여한다면 새로운 기준시가가 반영되기 전에 증여하여 증여세뿐만 아니라 취득세를 줄이는 것이 현명하다. 나아가 부모가 다주택자라면 새로운 기준시가를 통해 재산세와 종합부동산세를 예측해보고, 세 부담이 크다면 재산세와 종합부동산세 과세 기준일인 매년 6월 1일 전에 배우자나 자녀에게 증여해 세 부담을 낮추는 전략을 고민해볼 필요가 있다.

# 상속이 일어나면 부동산 매각 여부를 고민하자

**상속 부동산을 상속개시일 후 6개월 이내 양도하는 경우**

피상속인의 사망 후 상속개시일로부터 6개월 이내 상속 부동산을 양도하는 경우라면 양도소득세는 발생하지 않는다. 앞서 살펴본 대로 평가기준일 후 6개월 이내 상속 부동산을 매각하면 부동산의 양도가액은 상속세 신고 시 상속재산가액이 됨과 동시에 양도소득 계산 시 취득가액이 된다. 결국 양도소득세 계산 시 양도가액과 취득가액이 같으므로 양도차익이 발생하지 않아 양도소득세는 발생하지 않는다. 이 경우 상속세 납부로 납부의무가 마무리된다.

상속세 납부를 위한 재원이 부족하여 납부 가능한 현금을 확보해야 하거나, 부동산 현황에 따라 부동산 상속이 상속인에게 불리하다면 바로 피상속인의 부동산을 양도하는 것이 좋은 방법일 수 있다.

[표 2-1] 상속개시일 후 6개월 이내 부동산 양도 시 상속세·양도소득세 계산  (단위: 백만 원)

| 상속세 | | 양도소득세 | |
|---|---|---|---|
| 항목 | 가액 | 항목 | 가액 |
| 상속재산가액(매매가액) | 1,000 | 양도가액(매매가액) | 1,000 |
| 상속공제액 | - | 취득가액(상속재산가액) | 1,000 |
| 과세표준 | - | 양도차익 | 0 |

## 상속 부동산을 미래에 양도하는 경우

아파트와 같은 부동산은 유사매매사례가액이 존재하기 때문에 시가와 유사하게 재산가액이 반영될 것이다. 그러나 일반적으로 시가가 존재하지 않는 토지라면 의사결정이 필요하다. 시가가 존재하지 않다면 기준시가로 상속재산가액이 반영될 것이고, 이는 상속세 부담을 덜 수 있는 방법이 된다.

하지만 추후 해당 부동산을 양도할 때에는 상속 시 기준시가로 평가된 낮은 취득가액을 통해 양도소득세를 계산하게 되어 세 부담 증가를 초래하게 된다. 이는 기본적으로 배우자가 있으면 10억 원까지, 배우자가 없다면 5억 원까지 상속세를 납부할 필요가 없으니 상속재산가액이 이보다 낮은 경우 상속세 신고를 대부분 생략해도 된다는 단편적인 지식에서 비롯된다. 그러므로 현재 상속세의 부담이 크지 않고, 미래에 지가 급등이 예상되는 지역의 부동산을 상속받거나 현 시세와 기준시가의 차이가 크다면 감정평가로 신고하여 추후 발생할 양도소득세를 절세할 수 있다.

예를 들어, 상속개시일 현재 기준시가 5억 원인 나대지 소유자가 사망하여 배우자와 자녀는 협의상속으로 배우자에게 등기를 이전하고, 가치가 높지 않아 상속세 신고는 할 필요가 없다는 주변의 조언에 따라 상속세 신고를 하지 않았다고 가정해보자.

상속 후 3년이 지나 해당 부동산이 10억 원으로 양도된다면 상속세 신고를 하지 않은 대부분의 나대지는 상속개시일 당시 시가가 존재하지 않으므로 배우자의 취득가액은 보충적 평가 방법인 기준시가 5억 원으로 결정된다. 배우자는 결국 양도가액 10억 원에서 취득가액이 된 기준시가 5억 원의 차이인 5억 원의 양도차익에 대해서 양도소득세를 납부해야 한다. 5억 원의 양도차익에 대한 기본세율 양도소득세는 약 1억 8,000만 원에 달한다.

[표 2-2] 상속재산가액이 기준시가 5억 원인 경우 (단위: 백만 원)

| 상속세 | | 양도소득세 | |
|---|---|---|---|
| 항목 | 가액 | 항목 | 가액 |
| 상속재산가액(기준시가) | 500 | 양도가액 | 1,000 |
| 상속공제액(배우자상속공제) | 1,000 | 취득가액(상속재산가액) | 500 |
| 상속세 | - | 양도소득세 | 180 |

만약 상속세 신고기한 내에 해당 나대지를 감정평가하여 상속세를 신고했다면 어떨까? 해당 나대지를 8억 원에 감정평가하여 상속세 신고를 하였다면 일괄 공제와 배우자상속공제를 적용받아 상속세는 전혀 발생하지 않는다.

기준시가로 상속받은 경우와 마찬가지로 상속세는 발생하지 않지만 나대지의 양도 시 취득가액은 상속재산가액인 8억 원이 되어 양도 시 양도차익은 2억 원으로 줄어든다. 2억 원의 양도차익에 대한 기본 세율 양도소득세는 약 5,500만 원에 불과하여 상속세 신고를 하지 않아 기준시가로 취득가액이 결정된 경우와 비교하면 약 1억 2,500만 원의 절세를 할 수 있게 된다.

이 절세 플랜의 핵심은 부동산을 감정평가하여 이를 신고서에 반영하는 상속세 신고를 해야 한다는 것이다. 상속세가 나오지 않는다고 상속세 신고를 안 한다면 미래에 뒤늦은 후회를 하게 된다. 그러므로 상속이 일어나면 상속세가 나오지 않더라도 세무사를 찾아가 꼭 상담을 받길 바란다.

[표 2-3] 상속재산가액이 감정평가 8억 원인 경우                    (단위: 백만 원)

| 상속세 | | 양도소득세 | |
|---|---|---|---|
| 항목 | 가액 | 항목 | 가액 |
| 상속재산가액(감정가액) | 800 | 양도가액 | 1,000 |
| 상속공제액(배우자상속공제) | 1,000 | 취득가액(상속재산가액) | 800 |
| 상속세 | – | 양도소득세 | 55 |

## 감정평가를 하는 게 무조건 유리한 것은 아니다

상속 개시 발생 후 먼 미래에 부동산을 양도할 계획이다. 그렇다면 앞서 살펴본 바와 같이 감정평가를 통해 취득가액을 높이는 것이 능사일까?

아니다. 상속재산이 단독주택 또는 농지라면 비과세와 감면을 같이 검토할 수 있어야 한다. 단독주택과 농지의 경우는 '시가'가 거의 형성되어 있지 않기 때문에 보충적 평가 방법인 기준시가를 통해 상속재산가액을 산정할 수 있다. 물론 기준시가는 '시가'보다 낮은 가액으로 설정되기 때문에 상속세를 줄이는 역할을 할 수 있다.

여기서 단독주택의 경우 무주택자인 상속인이 상속받아 미래에 1세대 1주택 요건을 충족하여 양도한다면 12억 원까지는 비과세를, 12억 원 초과분에 대해서는 고가주택에 대한 양도소득세 계산 방식이 적용돼 낮은 세액만 납부하면 된다. 이 경우 절세 면에서 큰 혜택을 받을 수 있다. 추가로 피상속인과 같은 세대에 속한 상속인의 경우 피상속인의 보유 및 거주 기간과 상속인의 보유 및 거주 기간을 통산하므로 비과세 요건을 충족하는 것이 어렵지 않다.

농지의 경우도 마찬가지다. 피상속인이 8년 농지자경 감면 요건을 충족한 상황이라면 상속인은 농사를 짓지 않더라도 상속 개시 후 3년 이내에 양도 시 양도 당해 연도에 최대 1억 원, 양도일이 속하는 연도까지 누적 5년 동안에 최대 2억 원의 양도소득세를 감면받을 수 있다.

이처럼 부동산의 종류에 따라 비과세나 감면 적용 시 양도소득세가 미비할 것이라고 판단되면, 상속세 신고 시 감정평가가 아닌 기준시가로 신고하여 상속세를 줄이는 것이 더 큰 절세 효과를 얻을 수 있다.

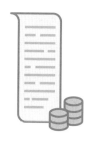

# 비주거용 부동산은 기준시가로 신고해도 감정평가로 과세될 수 있다

### 기준시가로 신고해도 감정평가로 과세한다고?

꼬마빌딩 같은 비주거용 소형 상가건물은 건축물의 구조, 용도, 신축 연도 및 관리 상태와 다른 용도로의 전환 가능성 및 위치적 요인의 차이로 합리적인 비교 대상 후보군을 산정하기가 현실적으로 매우 힘들다. 또한 물건별 개별적인 특성이 강하며, 거래가 빈번하지 않아 해당 부동산에 대한 감정평가 이외에 보충적 평가 방법이 비주거용 부동산을 평가하는 가장 일반적이고 접근하기 쉬운 평가 방법으로 받아들여지고 있다.

이에 따라 일반적으로 상속·증여재산을 낮은 금액으로 평가받고자 하는 납세자들은 시가가 반영된 감정평가보다 비교적 낮은 가액으로 평가되는 보충적 평가 방법을 선호하였다. 결과적으로 비주거용 부동산 평가금액의 실거래가 반영률이 60~70% 수준에 불과하게 되면서 과세 형평성 논란이 발생하였다.

이를 해소하고자 국세청은 상속·증여세 과세 형평성 제고를 위해 상속·증여세 법정 결정기한 이내의 꼬마빌딩 등 일부 비주거용 부동산에 대해 둘 이상의 공신력 있는 감정기관에 평가를 의뢰하여 감정가액을 시가로 산정하여 과세하겠다고 밝혔다.

## 부동산은 전부 감정평가 대상일까?

감정평가 대상은 2019년 2월 12일 이후 상속 및 증여받은 부동산 중 법정 결정기한 이내의 비주거용 부동산과 지목의 종류가 대지 등으로 지상에 건축물이 없는 토지를 대상으로 한다. 또한 국세청은 배정된 예산 범위 내에서 보충적 평가 방법에 따라 재산을 평가해 신고한 부동산 중 시가와 차이가 큰 부동산을 중심으로 감정평가를 실시할 계획이라고 밝힌 바 있다. 하지만 지목이 대지라고 하더라고 실제 이용 현황이 농지나 과수원인 경우 등 대지 외의 용도 대로 사용 중인 경우라면 감정평가 실시 대상 부동산에 해당하지 않는다.

대상에 선별되면 안내문을 발송하고, 공신력 있는 둘 이상의 감정기관에 감정평가를 의뢰하며 완료된 감정가액의 적정성, 가격 변동의 특별한 사정 유무 등을 감안해 감정가액을 시가로 인정할 것인지를 재산평가심의위원회에서 심의한다.

## 기준시가가 얼마 정도면 감정평가를 하는 걸까?

국세청은 능력에 따른 부담의 원칙을 바탕으로 과세 형평성이 제고될 것이며, 이에 대해 성실 납세 문화 확산에도 일조할 것이라고 기대효과를 내비쳤다. 하지만 신고가액과 시가의 차액이 큰 경우의 '구체적인 가액 기준'에 대해서는 외부로 공개될 경우 조세 회피 목적에 악용되어 공정한 업무 수행에 큰 지장을 초래할 우려가 있으므로 공개하지 않고 있다.

물론 고가의 상속·증여 물건을 대상으로 하고 있어 그 대상이 극히

제한적이다. 또 일반 중산층과 서민들의 조세 부담에는 영향을 미치지 않을 것이라고 밝혀 감정평가를 통한 증액의 두려움은 일부 해소했다. 하지만 세무사도 알 수 없는 '구체적인 가액 기준'을 토대로 상속·증여에 대한 상담과 신고를 한다는 것이 쉽지만은 않다.

상황이 이렇다 보니 고가의 비거주용 부동산 즉 꼬마빌딩에 대한 비공개 선별 감정평가 사업에 대하여 납세자와 세무 대리인은 소급 감정 여부 다툼과 '누군 받고, 누군 안 받는' 납세자의 예측 가능성 및 조세 평등주의를 위배하였다고 주장하여 불복 등 절차를 밟는 경우가 발생하고 있다.

2020년 국세청 예산 중에 비거주용 부동산에 대한 감정평가 사업비로 책정된 예산이 24억 2,400만 원이기 때문에 이 금액 범위 내에서 감정평가수수료를 지급하려면 몇 건을 감정 의뢰할 수 있을지를 추정할 수 있다. 가령 기준시가가 100억 원 정도인 비주거용 부동산의 감정평가에 1,000만 원이 소요된다. 이 경우 기준시가가 10억 원 이상인 부동산은 두 명 이상의 감정평가업자의 감정가액 산술평균액을 적용하기 때문에 한 건당 2,000만 원이 소요된다.

실제로 2020년 신규로 산정된 비주거용 부동산 감정평가에 사용된 예산 사용액은 19억 3,800만 원으로 약 100여 건을 수행했음을 추산해 볼 수 있다. 하지만 2021년에는 예산이 배로 증액되어 비주거용 부동산 감정평가사업 예산은 46억 2,200만 원으로 약 230여 건을 수행할 것으로 추정된다. 2022년의 예산 역시 2021년 예산과 같이 46억 2,200만 원으로 편성되었고, 2023년과 2024년에도 45억 원가량으로 비슷한 예산이 편성되었다.

그렇다고 모든 비주거용 부동산에 대해 자발적인 감정평가를 권할 수도 없는 상황이라 거액의 비주거용 부동산 상속·증여 시에는 항상 이 점을 염두에 두고 실행해야 한다. 국세청의 감정가액을 토대로 시가 산정됨에 따라 추가 납부할 세액이 발생하더라도 다행히 신고불성실 및 납부지연가산세는 면제된다. 다만, 이는 상속세 또는 증여세 과세표준 신고기한 이내에 신고한 납세자에 한해 면제되는 것이므로, 무신고하는 경우 감정평가에 따른 재산가액의 산정과 별개로 가산세가 부과된다.

위에서 살펴봤듯이 국세청의 감정평가는 공개되지 않은 가액 기준이 있다. 그 가액을 넘지 않기 위해 비주거용 건물이나 나대지의 경우 일부는 분할 증여하고, 일부는 상속을 통해 부를 이전하는 방법으로 감정평가 과세를 피하는 방법도 고려해볼 수 있다.

## 2023년 새로 추가된 감정평가 기준

깜깜이로 진행되었던 국세청의 감정평가 추정에 하나의 기준점을 마련한 것은 2023년 7월 3일 개정된 상속세 및 증여세 사무처리규정이다. 이는 국세청의 깜깜이 감정평가 추정에 대한 납세자와의 다수 쟁송으로 인해 국세청 내부의 업무처리 지침을 만든 것으로 보여진다. 해당 기준은 다음과 같다.

> 지방국세청장 또는 세무서장은 다음 각 호의 사항을 고려하여 비주거용 부동산 감정평가 대상을 선정할 수 있으며, 이 경우 대상 선정을 위해 5개 이상의 감정평가법인에 의뢰하여 추정시가(최고값과 최소값을 제외한 가액의 평균값)를 산정할 수 있다.
> 1. 추정시가와 법 제61조부터 제66조까지 방법에 의해 평가한 가액(이하

'보충적 평가액'이라 한다)의 차이가 10억 원 이상인 경우

2. 추정시가와 보충적 평가액 차이의 비율이 10%이상[(추정시가-보충적평가
   액)/추정시가]인 경우

결국 부동산은 기준시가와 감정평가 가액 차이가 기본적으로 10% 이상은 나기 마련인데 이 10% 이상의 차이가 발생하면 감정평가 대상자로 선정될 수 있고, 모든 기준시가 증여에 대한 추징의 불안감을 안고 있어야 한다는 말이 된다. 국세청의 사무처리 과정에서는 폭넓은 감정평가를 통한 과세 행정업무의 추진력을 얻을 수 있을 것으로 보이지만, 납세자 입장에서는 5곳에서 감정평가를 받고 기준점 부합여부를 확인한다는 것이 시간과 자금 여력상 쉽지 않다. 결국 실무에서 이에 대한 논란은 더욱 뜨거워질 것으로 보인다.

# 상장 주식과 비상장 주식 평가 방법

### 상장 주식 평가 방법

유가증권시장 및 코스닥에서 거래되는 주권상장법인(해당 법인이 발행한 유가증권이 증권 거래소의 유가증권 매매 시장에 상장되어 있는 법인)의 주식 등은 평가기준일 이전·이후 각 2개월 동안 공표된 매일의 거래소 최종 시세가액의 평균액을 시가로 본다.

다만, 평가기준일 이전·이후에 증자·합병 등의 사유가 발생한 경우 평가기준일 이전 동 사유가 발생한 날의 다음 날부터 평가기준일 이후 동 사유가 발생한 날의 전일까지의 기간에 따라 계산한 평균액으로 평가한다.

단, 매매 거래가 정지되거나 관리 종목(사고팔 수는 있으나 신용 거래가 안 되고 대용 증권으로 활용할 수 없도록 지정한 증권 종목)으로 지정된 기간의 일부 또는 전부가 포함되는 주식은 비상장 주식의 보충적 평가 방법을 적용한다. 물론 당해 주식을 발행한 법인의 지분 분산도 및 거래량 등을 감안할 때 적정하게 시가를 반영하여 정상적으로 매매 거래가 이루어지는 것으로 볼 수 있는 경우 상장 주식의 평가 방법으로도 가능하다.

## 1) 평가기준일 이전에 증자·합병 등의 사유가 발생한 경우

## 2) 평가기준일 이후에 증자·합병 등의 사유가 발생한 경우

## 3) 평가기준일 전·후에 증자·합병 등의 사유가 발생한 경우

## 비상장 주식 평가 방법

현재 대한민국 전체 법인사업자의 99%는 중소기업이면서 비상장된 법인이다. 피상속인 또는 증여자가 법인사업자의 주식을 가지고 있다면 해당 법인의 주식 가치를 산정해야 한다.

비상장 주식의 가액 역시 평가기준일 현재의 시가를 따르며, 여기서 시가는 불특정 다수인 사이에 자유롭게 거래가 이뤄지는 경우 통상적으로 성립된다고 인정되는 가액으로 수용가격·공매가격 및 감정가격 등을 말한다. 그러나 비상장 주식은 평가 기간 내 거래가 존재하지 않는 경우가 대부분이므로 법상 평가 방법에 따라 평가한다.

시가를 산정하기 어려운 경우 1주당 순손익 가치와 1주당 순자산 가치를 각각 3과 2의 비율로, 부동산 과다 보유 법인의 경우에는 1주당 순손익 가치와 1주당 순자산 가치를 각각 2와 3의 비율로 가중 평균한 가액으로 한다. 다만, 그 가중평균한 가액이 1주당 순자산 가치에 80%보다 낮은 경우에는 1주당 순자산 가치의 80%를 비상장 주식 등의 가액으로 한다.

비상장 주식의 보충적 평가 방법은 굉장히 복잡한 구조이기에 납세자가 직접 적용하기는 현실적으로 쉽지 않다. 따라서 핵심적인 정의와 계산 구조를 이해하고, 법인의 업무를 살펴주는 수임 세무사의 설명을 이해할 기초 지식을 쌓는 데 목적을 두는 것이 좋다.

## 1) 1주당 순손익 가치 계산

순손익 가치란 평가 대상 주식의 발행 법인을 '계속기업'이라고 가정하여 과거의 수익 추세가 장래에도 지속될 것을 전제한 개념으로 주식 발행법인의 '수익가치'를 나타내는 지표를 말한다. 즉, 기업의 미래 수익력을 나타내는 지표로 법에서는 최근 3년간의 순손익액을 '가중 평가한 평균액'을 계산하도록 규정하고 있다.

다음 4가지의 산식을 순차로 적용하여 최근 3년간의 순손익을 토대로 1주당 순손익 가치를 계산할 수 있다.

① 각 사업연도별 순손익액 =

(각 사업연도의 소득금액 + 각 사업연도소득에 가산할 금액 – 각 사업연도소득

에서 공제할 금액) ± 유상증(감)자 시 반영액

② 각 사업연도별 1주당 순손익액 = $\dfrac{\text{각 사업 연도별 순손익액}}{\text{각 사업연도 종료일 현재 발행주식 총수}}$

③ 1주당 최근 3년간의 순손익액의 가중평균액 =

[(평가기준일 이전 1년 되는 사업연도의 1주당 순손익액 × 3) +

(평가기준일 이전 2년 되는 사업연도의 1주당 순손익액 × 2) +

(평가기준일 이전 3년 되는 사업연도의 1주당 순손익액 × 1)] × 1/6

④ 1주당 순손익 가치 = $\dfrac{\text{1주당 최근 3년간 순손익액의 가중평균액}}{\text{순손익 가치 환원율(10\%)}}$

## 2) 1주당 순자산 가치 계산

① 평가 차액 = 법에 의한 평가액 – B/S(재무상태표)상 금액

② 순자산가액 = [자산 총계(+B/S상 자산가액 가산 항목 – 제외 항목) – 부채

총계(+B/S상 부채가액 가산 항목 – 제외 항목)] + 영업권

③ 1주당 순자산가치 = $\dfrac{\text{순자산가액}}{\text{발행주식 총수}}$

순자산 가치란 평가기준일 시점에서 기업의 '청산가치'를 전제한 개념으로 주식 발행법인의 '자산가치'를 나타내는 지표다. 즉, 일정 시점에서 당해 기업이 '과거 기업 활동으로 축적한 순자산액'을 나타내는 지표로 법

에서는 평가기준일 현재의 재무상태표를 기준으로 계산하도록 규정하고 있다.

### 3) 1)과 2)를 통한 1주당 평가액 계산

1주당 평가액은 법인의 형태에 따라 크게 세 종류로 나누어서 가중 평균의 비율을 달리하여 평가한다. 여기서 순손익 가치 또는 순사산 가치가 마이너스인 경우 0원으로 한다. 결국 1주당 순손익 가치와 순자산 가치가 모두 마이너스인 경우 그 평가액은 0원이 된다.

① 일반 법인

1주당 평가액＝Max(가. 1주당 가중평균액, 나. 1주당 순자산 가치×80%)

가. 1주당 가중평균액＝(1주당 순손익 가치×3 + 1주당 순자산 가치×2)×1/5

② 부동산 과다 보유 법인(자산 총액 중 부동산 비율이 50% 이상인 법인)

1주당 평가액＝Max(가. 1주당 가중평균액, 나. 1주당 순자산 가치×80%)

가. 1주당 가중평균액＝(1주당 순손익 가치×2+1주당 순자산 가치×3)×1/5

③ 순자산가치 평가 대상 법인[*]

1주당 평균액＝1주당 순자산 가치

[*] ③'순자산 가치 평가 대상 법인'은 순자산 가치만으로 평가하게 된다. 이에 해당하는 법인은 사업 개시 전의 법인, 사업 개시 후 3년 미만의 법인, 휴업·폐업 중에 있는 법인, 부동산 또는 주식 등의 비율이 자산 총액 중 80% 이상인 법인, 청산 절차가 진행 중인 법인, 사업자의 사망 등 사업의 계속이 곤란하다고 인정되는 법인, 설립 시부터 존속 기한이 확정되어 있고 평가기준일 현재 잔여 존속 기한이 3년 이내인 법인을 말한다.

대부분 비상장 법인의 주주가 사망하게 되어 주식의 가치를 보충적 평가하면 생각보다 높게 비상장 주식 가치가 계산되어 놀라는 경우가 많다.

그만큼 상속재산에서 신경 쓰지 않았던 부분에서 높은 재산평가액이 설정될 수 있는 재산이 비상장 주식이다.

그렇다면 비상장 주식을 증여하기에 가장 적기는 언제일까? 바로 결산일이 속하는 분기로 대한민국에서는 10월부터 12월 사이인 4/4분기가 대표적이다. 일반적으로 비상장 법인의 경우 12월 말 결산법인(일정 회계 연도의 사업 내역에 대하여 결산을 마친 법인. 또는 결산을 해야 하는 법인)이 대부분이기 때문이다. 그러므로 4/4분기에는 당해 연도 기업의 실적이 대략 예상되는 시점이다. 따라서 당해 연도의 순손익 가치를 예상해 이를 반영하면 주식의 가치가 높아지는지 낮아지는지 예측해볼 수 있다. 당해 연도의 순손익이 껑충 뛰어서 순손익 가치에 반영된다면 주식 가치도 높아지게 된다. 이 경우 그해가 가기 전에 비상장 주식을 증여하여 당해 연도 순손익 가치를 반영하지 않은 낮은 주식 가치로 증여세를 납부하고, 가업도 승계하는 등의 전략을 짤 수 있다. 비상장 주식은 증여 시점이 제일 중요하다. 그래서 부의 이전을 고민 중이라면 매년 4/4분기에 주식 가치를 계산해본 후 증여하는 것이 바람직하다.

## 평가된 비상장 주식 가액이 너무 높거나 낮다면, 평가심의위원회를 적극 활용하자

실무에서 비상장 주식의 보충적 평가 방법에 대한 적정성 논의가 계속되고 있다. 이러한 한계점을 개선하고, 적정한 평가가액의 시가 적용을 위해 평가심의위원회가 설치되었다. 이 평가심의위원회에게 심의, 제시하는 평가가액으로 평가할 수 있는데, 이때 보충적 평가가액의 70%~130% 범위 안에서 비상장 주식 1주당 가액을 설정할 수 있다.

평가 방법으로는 유사 상장 법인 주가 비교 평가 방법, 현금흐름할인

법, 배당할인법, 그밖에도 이와 유사한 방법으로 일반적으로 공정하고 타당하다고 인정되는 것들이 있다. 납세자는 평가가 필요한 경우에 상속세 과세표준 신고기한 만료 4개월 전(증여는 신고기한 만료 70일 전)까지 관련 자료를 첨부하여 신청할 수 있다.

## 최대주주의 주식은 할증된다

상장 주식과 비상장 주식 구분 없이 최대주주 또는 최대 출자자 및 그의 특수관계인에 해당하는 주주의 주식을 평가할 때에는 그 1주당 평가액에서 20%를 할증하여 평가한다. 이는 정당한 조세를 부과하여 공정한 평가를 하고자 하는 데 입법 취지가 있다. 최대주주 등이 보유하는 주식 등은 그 가치에 더하여 당해 회사의 경영권 내지 지배권을 행사할 수 있는 특수한 가치를 지니고 있다고 보기 때문이다.

다만 이는 비중소기업에 해당할 경우에만 할증 평가를 적용받고, 중소기업의 경우에는 배제된다. 여기서 중소기업은 「중소기업기본법」 제2조에 따른 중소기업을 말한다. 그 외 직전 3개년도 계속 결손법인, 청산확정법인 등도 할증 평가에서 배제된다.

# 가상 자산, 미술품 및 정기적금은 어떻게 평가될까?

## 가상 자산 평가 방법

최근 비트코인(Bitcoin, 블록체인 기술을 기반으로 만들어진 온라인 암호화폐), 이더리움(Ethereum, 블록체인 기술을 기반으로 스마트 계약 기능을 구현하기 위한 분산 컴퓨팅 플랫폼이자, 플랫폼의 자체 통화명) 등 가상 자산에 대한 열풍이 불면서 국세청은 가상 자산에 대한 과세 근거 마련을 위해 많은 고심을 해왔다. 그래서 가상 자산 양도 등에 따른 기타소득세가 2025년 1월 1일 이후부터 과세될 예정이다.

그런데 양도에 따른 기타소득과 혼동하여 가상 자산의 상속과 증여도 2025년부터 과세가 적용된다고 잘못 알고 있는 경우가 많다. 하지만 가상 자산의 양도와는 별도로 상속과 증여는 이미 과세 대상으로 과세되고 있었다. 최근에는 피상속인이 종잣돈으로 5년 전 매수한 가상 자산이 최근 8배 이상 오른 상태로 사망한 경우, 그 자산을 상속재산에 포함해야 하는지에 대한 문의 등이 많아졌다.

이러한 가상 자산 평가는 2021년 12월 31일 이전에는 평가기준일인

거래일의 최종 시세가액으로 평가하였다. 그 후 지난 2021년 2월 17일 시행령 신설을 통하여 2022년 1월 1일 이후 상속·증여되는 가상 자산에 대해서는 다음과 같은 평가 방법이 마련되었다.

> - 「특정 금융거래 정보의 보고 및 이용 등에 관한 법률」 제7조에 따라 신고가 수리된 가상 자산사업자 중 국세청장이 고시하는 가상자산사업자[*]의 사업장에서 거래되는 가상 자산 : 평가기준일 전·이후 각 1개월 동안에 해당 가상 자산 사업자가 공시하는 일평균 가액의 평균액
> - 그 밖의 가상 자산 사업자의 사업장에서 거래되는 가상 자산 : 해당 사업장에서 공시하는 거래일의 일평균 가액 또는 종료시각에 공시된 시세가액 등 합리적으로 인정되는 가액
>
> [*] ③국세청장이 고시하는 가상 자산 사업자 : 두나무 주식회사의 업비트, 주식회사 빗썸코리아의 빗썸, 주식회사 코빗의 코빗, 주식회사 코인원의 코인원

국세청장 고시 사업자의 사업장인 4개 거래소에서 거래되는 가상 자산은 그곳에서 공시한 일평균 가액의 평균액을 '가상 자산 일평균 가액'으로 보아 평가기준일 전·이후 각 1개월 동안의 평균액을 계산한다.

'평가기준일 전후 각 1개월 동안의 평균액'을 직접 계산하는 것은 어렵고 번거로운 과정이다. 이를 돕기 위해 국세청 홈택스에서는 '가상 자산 일평균 가격 조회'를 신설하여 정보를 제공하고 있다.

## 미술품 평가 방법

고 이건희 회장의 상속 이후 일명 '이건희 컬렉션'이 한동안 화제가 되었

다. 이렇듯 피상속인의 취미에 따라 생전에 수집한 골동품이나 미술품의 경우도 상속재산가액에 포함된다. 이미 '아트테크(Art Tech)'라는 말이 생길 정도로 고미술이나 고서화 등 재산적 가치가 있는 서화 등을 구입한 뒤 프리미엄이 붙으면 웃돈을 받고 되파는 리셀링이 자산 증식 수단으로 많이 활용되기 때문에 상속재산에서 누락되지 않도록 주의해야 한다.

그렇다면 이러한 고미술품 등은 어떻게 평가할까? 예술 작품의 특성 상 한 점당 가치를 매기기 매우 어렵다. 더구나 일반적인 자산 평가의 원칙에 따라 시가가 형성되어 있는 경우가 거의 없다. 따라서 전문 분야별로 2인 이상의 전문가가 감정한 가액의 평균액에 따르는 게 일반적이다. 다만, 전문가가 평가한 가액으로서 점당 평균 가격이 1,000만 원 이상인 경우에는 추가적으로 국세청장이 위촉한 3인 이상의 전문가로 구성된 감정평가심의회에서 감정한 가액과 비교하여 전문가가 감정한 가액이 심의에서 정한 가액에 미달하는 경우 감정평가심의회에서 감정한 가액을 상속재산가액으로 한다.

## 현재 가치로 평가하는 정기금 받을 권리

자녀 명의로 정기적금이나 적립식 펀드에 적립하는 방식의 증여 재산은 어떻게 평가될까? 이런 형태의 재산을 '정기금을 받을 권리'라고 한다. 일정 기간 정기적으로 일정액의 금전이나 기타의 물품의 급부를 받는 권리를 말하며, 법에서는 유기정기금·무기정기금 및 종신정기금으로 구분하여 평가하고 있다. 다만, 평가기준일 현재 계약의 철회, 해지, 취소 등을 통해 받을 수 있는 일시금이 평가한 가액보다 큰 경우 그 일시금의 가액에 의한다.

(1) 유기정기금은 일정 기한까지 정기적으로 주어지는 일정액의 금전이나 기타의 물품을 말한다. 유기정기금은 잔존 기간에 각 연도에 받을 정기 금액을 기준으로 다음 계산식에 따라 계산한 금액의 합계액으로 한다.

> Max(① 이익의 현재 가치 할인금액, ② 계약 철회·해지·취소 등에 따른 일시금의 가액)
>
> ① = Min(가. 각 연도에 받을 정기금액 / $(1+3\%)^n$, 나. 1년분 정기금액×20)
>
> n = 평가기준일부터의 경과 연수

이렇게 일정 기간 동안 매회 일정한 금액을 적립하는 재산에 대한 증여세를 신고할 때 처음 입금한 날을 기준으로 추후 넣을 금액들을 현재 가치로 할인해서 증여가액을 구하면 된다. 그러면 입금 시점을 증여 시기로 인정받을 수 있다.

이는 지금의 1만 원과 미래의 1만 원의 가치가 다르기 때문이다. 법에서는 증여재산가액을 구할 때 돈의 가치가 떨어지는 만큼 차감해준다. 이때 할인율은 3년 만기 회사채 유통수익률(증권거래 등 현재 시장에서 유통되는 해당 채권의 수익률)을 감안해 고시하는데, 현재는 연 3%다. 만약 증여재산가액 1억 2,000만 원을 유기정기금으로 매년 1,200만 원씩 10년간 증여한다면 현재 가치는 1억 236만 원 가량으로 일시에 증여받을 경우보다 증여재산가액을 낮출 수 있어서 절세에 도움이 된다.

다만 평가기준일 현재 계약의 철회, 해지, 취소 등을 통해 받을 수 있는 일시금이 일정 기준에 따라 평가한 가액보다 큰 경우에는 그 일시금의 가액에 의한다. 또한 증여세를 신고하지 않은 경우에는 만기 해약 등을 통해 금전을 인출하여 자녀가 사용하는 시점이 증여 시기가 되며, 그 사용한 금전 전액에 대해서 증여세가 과세된다.

(2) 무기정기금은 급부 기간이 무기한인 것으로 정기적으로 주어지는 일정액의 금전이나 기타의 물품을 말한다. 계산식은 다음과 같다.

Max(① 1년분 정기금액×20, ② 계약 철회·해지·취소 등에 따른 일시금의 가액)

(3) 종신정기금은 당사자 한쪽이 자기·상대방 또는 제3자의 종신까지 정기적으로 금전이나 그 밖의 물건을 상대방이나 제3자에게 지급하기로 약정함으로써 효력이 생긴다. 따라서 통계청장이 고시하는 통계표에 따른 성별·연령별 기대 여명의 연수까지의 기간 중 각 연도에 받을 정기금액을 기준으로 계산한다.

Max(① 이익의 현재 가치 할인 금액, ② 계약 철회·해지·취소 등에 따른 일시금의 가액)
① = 각 연도에 받을 정기금액 / $(1+3\%)^n$
n = 평가기준일부터의 경과 연수

이러한 상품을 증여할 때 유의할 점은 신고 및 납부를 마친 이후 정해진 기간을 다 채우지 못하고 중간에 그만둘 때다. 이미 낸 증여세를 돌려받을 수 없기 때문에 미래에 납입할 돈을 현재 가치로 계산하여 신고할 때에는 끝까지 납입할 수 있을지 신중히 생각하고 결정해야 한다.

부의 이전

## 국외 재산에 대한 평가 방법

① 국외 재산의 가액은 평가기준일 현재 「외국환거래법」에 따른 기준환율 또는 재정환율에 의하여 환산한 가액으로 평가한다.

→ 기준환율 : 외환 시세에서 어느 한 나라의 통화와의 관계가 다른 외환 시세의 기준이 되는 환율. 일반적으로 미국의 달러에 대한 환율을 기준으로 하여 세계 각국의 통화와의 환율을 계산함.

→ 재정환율 : 기준환율을 통해서 간접적으로 계산한 1국 통화와 제3국 통화 사이의 환율

② 외국에 있는 상속 또는 증여재산으로서 시가 또는 보충적 평가액을 적용하는 것이 부적당한 경우에는 당해 재산이 소재하는 국가에서 양도소득세, 상속세 또는 증여세 등의 부과 목적으로 평가한 가액을 평가액으로 한다.

③ 평가 대상 재산의 소재국에 상속·증여세 등 부과 목적의 평가액이 없는 경우에는 세무서장 등이 2 이상의 국내 또는 외국의 감정기관에 의뢰하여 감정한 가액을 참작하여 평가한 가액에 의한다.

## 입주권과 분양권은 어떻게 평가할까?

부동산을 취득할 수 있는 권리 및 특정시설물 이용권의 가액은 평가기준일까지 납입한 금액과 평가기준일 현재의 프리미엄에 상당하는 금액을 합한 금액으로 한다.

가장 일반적인 입주권의 경우 관리처분계획을 기준으로 하여 조합원 권리가액과 평가

기준일까지 납입한 계약금, 중도금 등을 합한 금액에 평가기준일 현재의 프리미엄을 합하면 된다.

실무에서 프리미엄은 결국 유사매매사례가액 또는 감정가액을 통해 구할 수밖에 없다. 입주권 또는 분양권의 실거래가를 확인 후 실거래가에서 전체 공급가격을 차감한 가액이 프리미엄이 될 것이기 때문이다.

재개발조합원으로서 평가기준일 현재 상환하지 않은 시유지 불하대금 및 평가기준일까지 발생한 이자 중 미지급금액을 합한 금액을 수증자가 인수하는 경우 당해 금액은 채무로서 공제된다.

증여세는 동일인으로부터 10년 이내 증여받은 1,000만 원 이상의 재산을 합산하여 계산하도록 되어 있다. 또한, 상속 발생 시 상속개시일 전 5년과 10년 이내에 증여한 가액을 상속재산에 합산하여 계산하도록 되어 있다. 증여로 인해 발생하는 위 두 합산 규정이 상속세와 증여세를 폭발 적으로 증가시키는 주범이다. 그러므로 우리는 기본적인 증여세 계산법을 익혀서 현행법상 10년 주기의 증여 설계가 얼마나 큰 파급력이 있는가를 이해하여 하루라도 빠른 증여를 실행하는 데 목적이 있다.

## 제3장

# 증여 10년 주기
# 절세 플랜 세우기

—

미리 준비하는 절세 증여법의 모든 것

# 증여세, '완전포괄주의'로 모두 과세한다

증여세에 대한 과세 체계는 열거주의, 유형별 포괄주의, 완전포괄주의 등 3가지 방식으로 크게 분류할 수 있다. 열거주의는 세법에 과세 요건을 구체적으로 열거한 경우에만 과세가 가능한 것을 말하며 소득세의 과세 체계가 이에 해당한다. 반면 포괄주의는 과세 대상이 되는 소득이나 재산을 포괄적으로 규정하고 있는 것을 의미한다. 현행 증여세는 사실상의 경제적 이익이 발생하는 모든 행위에 대해 과세되는 완전포괄주의 방식이 적용된다.

2004년부터 시행되는 증여세 포괄주의 과세 제도는 적정한 세 부담 없는 부의 세습을 효율적으로 차단하여 공평 과세의 실현과 부의 재분배를 통한 사회계층 간의 갈등 해소에 기여하기 위함이다. 그 이후 2015년 12월 15일 법 개정 때, 증여세 완전포괄주의 제도를 대폭 보완했다. 납세자가 법령을 쉽게 이해할 수 있도록 법령 체계를 정비하고, 증여세 완전포괄주의 원칙에 부합하도록 증여 및 증여재산의 개념과 과세 대상 범위를 다음과 같이 명확히 하며, 각 증여 시기를 구체화했다.

① 상속세 및 증여세법 제2조 [정의(2015. 12. 15 신설)]

　6. "증여"란 그 행위 또는 거래의 명칭·형식·목적 등과 관계없이 직접 또는 간접적인 방법으로 타인에게 무상으로 유형·무형의 재산 또는 이익을 이전(移轉)(현저히 낮은 대가를 받고 이전하는 경우를 포함한다.)하거나 타인의 재산가치를 증가시키는 것을 말한다. 다만, 유증, 사인증여, 유언대용신탁 및 수익자연속신탁은 제외한다.

　7. "증여재산"이란 증여로 인하여 수증자에게 귀속되는 모든 재산 또는 이익을 말하며, 다음 각 목의 물건, 권리 및 이익을 포함한다.

　　가. 금전으로 환산할 수 있는 경제적 가치가 있는 모든 물건

　　나. 재산적 가치가 있는 법률상 또는 사실상의 모든 권리

　　다. 금전으로 환산할 수 있는 모든 경제적 이익

② 민법 제554조(증여의 의의)

　증여는 당사자 일방이 무상으로 재산을 상대방에 수여하는 의사를 표시하고 상대방이 이를 승낙함으로써 그 효력이 생긴다.

위와 같이 「민법」상의 증여와 구별하여 완전포괄주의의 뜻을 담은 증여의 개념을 새롭게 마련했다. 이와 더불어 제3자를 통한 간접적인 방법이나 둘 이상의 행위 또는 거래를 거치는 방법으로 상속세나 증여세를 부당하게 감소시킨 것으로 인정되는 경우 그 경제적인 실질에 따라 당사자가 직접 거래한 것으로 보거나 연속된 하나의 행위나 거래로 보아 증여에 해당되는지 여부를 판단하도록 했다.

그러면서 증여 의제 규정을 예시 규정으로 전환하고, 포함되지 아니한

것에 대해 그밖의 이익의 증여를 규정했다. 이와 같은 증여세 포괄주의 과세 제도는 법령에서 구체적으로 예시 규정을 열거하지 아니한 사례의 경우 과세 여부 및 과세가액 산정 방법 등이 불분명하여 과세 당국의 입장에서는 집행상의 어려움이 발생되었고, 납세자의 경우에도 납세의무 이행에 많은 어려움을 겪었다.

예시 규정이 없음에도 「상속세 및 증여세법」상 '증여'의 개념에 해당되면 다른 예시 규정을 준용하여 과세할 수 있다는 판례와 불가능하다는 판례가 상반되게 나오는 것이 이를 방증하는 사례다.

그러므로 실무에서는 제3자를 개입시키거나 여러 단계의 거래를 거치는 등의 방법이 최종적인 경제적 효과나 결과만을 가지고 그 실질이 직접 증여에 해당한다고 쉽게 단정하여 증여세의 과세 대상으로 삼으면 안될 것인지, 아니면 증여세 부담을 줄이려는 목적 이외에 다른 합당한 이유를 찾을 수 없는 점을 들어 그 실질에 맞게 재구성하여 서로 교차 증여한 것을 직접 증여로 보고 증여세를 부과한 처분이 적법한지에 대해서는 세법 전문가의 심도 있는 비교 및 검토가 필요하다.

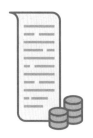

# 증여세의 '계산 구조'를 알아야 절세한다

증여세는 동일인으로부터 10년 이내 증여받은 1,000만 원 이상의 재산을 합산하여 계산하도록 되어 있다. 또한, 상속 발생 시 상속개시일 전 5년 이내에 상속인 이외의 자, 10년 이내에 상속인에게 증여한 가액을 상속재산에 합산하여 계산하도록 되어 있다. 증여로 인해 발생하는 위 두 합산 규정이 상속세와 증여세를 폭발적으로 증가시키는 주범이다.

그러므로 우리는 기본적인 증여세 계산법을 익혀서 현행법상 10년 주기의 증여 설계가 얼마나 큰 파급력이 있는가를 이해하여 하루라도 빠른 증여를 실행하는 데에 목적이 있다.

'합산'으로 높은 세액이 부담되는 것을 피하기 위해서는 하루라도 빨리 증여를 고민하라고 말할 수밖에 없는 절세 전략의 한계는 분명히 존재하지만, 현행 세법의 변화가 없는 이상 이를 적법하게 지켜야 한다는 점을 잊지 말자.

## [표 3-1] 증여세 계산 구조

| 증여재산가액 | • 증여일 현재 시가 평가(시가 없을 시 보충적 평가액) |
|---|---|
| (-)증여세<br>과세가액 불산입 | • 비과세 재산, 과세가액 불산입 재산<br>• 과세가액 불산입재산은 국가로부터 증여받은 재산, 공익법인 등이 출연받은 재산 등(일반적인 증여에는 해당 사항 없음) |
| (-)채무 부담액 | • 증여재산에 담보된 채무인수액<br>(채무 승계 시 부담부증여가 되며 채무액은 양도소득세 과세 대상이 됨.) |
| (=)증여세과세가액 | |
| (+)증여재산<br>가산가액 | • 증여 전 동일인으로부터 10년 이내 증여받은 1,000만 원 이상의 재산<br>• 증여자가 직계존속일 경우 배우자 포함. |
| (-)증여재산공제<br>(10년간 누계 한도) | • 배우자 : 6억 원<br>• 직계존속 : 5,000만 원<br>• 직계비속 : 5,000만 원(미성년자 2,000만 원)<br>• 기타 친족 : 1,000만 원 |
| (-)감정평가<br>수수료 공제 | • 부동산과 서화·골동품 등 유형 재산은 각각 500만 원 한도<br>• 비상장 주식은 평가 대상 법인, 의뢰기관 수별로 각각 1,000만 원 한도 |

| 과세표준<br>(누진세율 및 누진 공제 적용) | 과세표준 | 세율 | 누진 공제 |
|---|---|---|---|
| | 1억 원 이하 | 10% | |
| | 1억 원 초과~5억 원 이하 | 20% | 1,000만 원 |
| | 5억 원 초과~10억 원 이하 | 30% | 6,000만 원 |
| | 10억 원 초과~30억 원 이하 | 40% | 1억 6,000만 원 |
| | 30억 원 초과 | 50% | 4억 6,000만 원 |

| (+)세대 생략 가산액 | | • 산출세액×30% (미성년자이면서 증여가액 20억 원 초과 시 40%) |
|---|---|---|
| (-)세액<br>공제 | 기납부<br>세액공제 | • 기납부 증여 산출세액 공제 |
| | 외국 납부<br>세액공제 | • 외국에 있는 증여재산에 대하여 외국의 법령에 따라 부과받은 증여세 |
| | 신고<br>세액공제 | • 증여일이 속하는 달의 말일로부터 3개월 이내 신고 시 산출세액의 3% |
| (+)가산세 | 신고,<br>납부가산세 | • 신고 : 과소 신고는 산출세액의 10%, 무신고는 산출세액의 20%<br>• 납부 : 1일당 2.2/10,000 (연 8.03%) |
| (=)납부할 세액 | | |

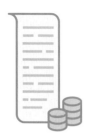

# 증여 절세를 위한 기본 설계 방향

증여를 누구에게 어떻게, 무엇을 해야 할까? 증여 설계를 위한 방향성을 생각해봐야 한다. 일반적인 사전증여 절세 설계 방향은 다음과 같다.

### 현금vs부동산

현금은 즉각적인 유동성이 확보되므로 현금 증여 후 자녀가 필요한 용도로 현금을 사용해 부의 상승을 이룩할 수 있다. 예를 들어, 자녀가 사업 또는 투자를 하거나 아니면 본인 명의로 주택을 취득하는 데 일부 자금이 필요하다면 부동산보다는 현금을 증여하는 것이 목적에 적합하다.

그러나 증여자인 부모가 다주택자인 상황이어서 다주택자에 대한 각종 보유세 및 양도소득세를 줄이면서 무주택자인 자녀에게는 주택의 가치 상승분을 주고 싶다면 주택 증여가 더 적합하다. 또한 당장 줄 수 있는 현금이 없어서 부동산을 증여하는 경우도 있다. 결국 증여 대상을 설정하는 것은 증여자와 수증자의 현재 상황과 앞으로의 계획에 따라 다를 수 있다.

부의 이전

## 임대 수익률 높은 부동산vs가치 상승 커질 부동산

증여 이후 임대부동산의 임대료는 수증자의 소득이 되므로 일상생활 영위와 추후 상속세 재원 마련을 위한 현금 유동성 확보가 가능하다. 그러나 상가건물이나 원룸 형태의 빌라는 미래에 재산 가치 상승이 높지 않을 수 있다. 현재 자녀가 소득이 있다면 유동성을 확보할 수는 없더라도 미래 재산 가치 상승이 커질 것으로 예상되는 부동산을 증여하는 것을 생각해볼 수 있다.

## 토지와 건물의 증여 우선순위를 정하자

일반적으로 토지는 매년 공시지가가 상승하고, 건물은 감가상각으로 인해 증여재산가액이 하락한다. 건물의 임대소득이 증여의 주목적이라면 건물만 먼저 증여하는 방식을 활용할 수 있다. 일반적으로 건물 부분의 증여재산가액은 토지보다 소액인 경우가 많기 때문에 현재의 증여세 부담을 최대한 낮추면서 임대소득을 확보할 수 있다. 물론 토지소유자에게 토지 사용에 따르는 적정 임대료는 별도로 지급해야 한다. 그러나 추후 언젠가는 증여받을 토지의 공시지가 상승이 부담스럽다면 토지를 먼저 증여하거나 건물과 동시 증여하는 것을 고려해야 한다.

## 단독주택vs아파트

실거래가액이 존재하는 아파트는 공동주택 가격보다 높은 시가로 증여돼 증여세도 높다. 물론 추후 양도하는 시점에서는 높은 취득가액으로 인정받아 양도소득세를 줄이는 효과를 볼 수 있다. 하지만 지금 당장의 증여세가 부담된다면 유사매매사례가액이 존재하지 않는 단독주택을 개별주택 가격으로 증여받아 증여세 납부 금액을 낮출 수 있다. 그러나 어떤 주택이 미래에 증여자와 수증자 모두에게 더 큰 이익을 주는지를 꼭 비교 및 검토해봐야 한다.

## 최대 절세 효과를 위한 부담부증여

채무를 승계시키는 부담부증여는 채무 부분만큼은 증여자가 양도소득세를 부담하고, 나머지 무상 증여 부분에 대해서만 수증자가 증여세를 부담하게 된다. 그러므로 수증자의 증여세 재원이 부족하다면 부담부증여를 활용하여 절세 및 세 부담을 분산시키는 것이 좋다.

나아가 취득세 부분도 채무 부분은 유상취득세율, 증여 부분은 무상 취득세율로 구분하여 적용받기 때문에 증여자와 수증자의 보유 주택 수 및 현황에 따라 취득세액도 크게 차이가 날 수 있다. 그러므로 취득세까지 상세하게 계획된 절세 컨설팅을 한다면 세액을 더 많이 줄일 수 있다.

# 증여재산공제,
## 적용받을 수 있을까?

증여가 예정됐다면 증여재산가액 다음으로 많이 고려하는 것이 증여자와 수증자의 관계에 따른 증여재산공제 범위다. 먼저 증여재산공제는 수증자가 거주자인 경우에만 공제가 가능하다. 그래서 「소득세법」상 거주자인지 비거주자인지 선행 판단 후 적용해야 한다.

### 수증자별 증여재산공제

### 1) 배우자 증여재산공제

배우자는 10년간 증여재산가액 6억 원까지 증여재산공제가 된다. 우선 '배우자'의 범위는 어떻게 될까? 법에서 규정하는 증여재산공제 대상인 배우자는 「민법」상 혼인 관계에 있는 배우자를 의미한다. 따라서 사실혼 관계에 있는 자는 법률상 배우자가 아니므로, 배우자에 대한 증여재산공제를 적용받을 수 없다.

극단적인 예로 협의이혼신고서를 접수한 날과 부동산의 증여일이 동일한 경우 시차를 구분하여 법률혼에 따른 배우자 여부를 먼저 판단하여 배우자에 대한 증여재산공제를 적용한다.

## 2) 직계존속과 직계비속 증여재산공제

부모 및 조부모 등 직계존속에 대해서는 10년간 증여재산가액에 대해 5,000만 원을 공제하고, 자녀나 손주 등 직계비속에 대해서도 10년간 5,000만 원(수증자가 미성년자인 경우 2,000만 원)을 공제한다. 하지만 직계존비속으로부터 증여받거나 증여하는 경우 다음과 같이 증여 시점에 따라 증여재산공제액이 달라진다.

- ■ 수증자가 자녀 등 직계비속인 경우
- · 1997. 1. 1. 이후 증여하는 경우 : 3,000만 원(미성년자인 경우 1,500만 원)
- · 2014. 1. 1. 이후 증여하는 경우 : 5,000만 원(미성년자인 경우 2,000만 원)
- ■ 수증자가 부모 등 직계존속인 경우
- · 1997. 1. 1. 이후 증여하는 경우 : 3,000만 원
- · 2016. 1. 1. 이후 증여하는 경우 : 5,000만 원

「민법」에서는 만 19세에 이르면 성년으로 규정하므로 증여일 현재 만 19세 미만인 자는 미성년자로 보아 증여재산공제를 달리 적용한다. 하지만 「민법」상 미성년자가 혼인을 하면 성년자로 보는 경우에도 「상속세 및 증여세법」에서는 미성년으로 보아 증여재산공제를 적용한다.

미성년자에게 1차 증여 후 해당 자녀가 성년이 된 이후 2차 증여를 한다면 그 시점에 증여재산공제 가능액이 2,000만 원에서 5,000만 원으로 증액되며, 남은 증여재산공제 내에서 추가 공제가 가능하다.

직계존비속의 여부는 「민법」상 자기의 직계존속과 직계비속인 혈족을 의미하므로 외조부모와 외손주의 관계도 직계존비속에 해당한다. 추가로 「민법」 개정으로 2008년 1월 1일 이후 시행되는 친양자입양제도에 의하면 친양자는 입양한 부부가 혼인 중에 출생한 것으로 보므로 양가 부모와의 관계에서만 직계존비속에 해당한다.

일반적으로 증여재산공제는 증여받은 재산에 대해 증여 시점에 따른 증여재산공제 한도액을 적용한다. 하지만 증여세과세가액에는 증여받는 당해 자산뿐만 아니라 동일인으로부터 소급하여 10년 이내에 이미 증여받은 재산이 있는 경우 기증여 재산도 포함된다. 그렇다면 기증여 재산이 있는 경우 수증자별 증여재산공제는 어떻게 적용될까?

[표 3-2] 수증자별 증여재산 공제 계산 예

### 계산 가정

- 증여자 : 모친
- 1차 증여일 : 2013. 12. 31.
- 수증자 : 성인 자녀
- 2차 증여일 : 2014. 1. 2.

직계비속에 대한 증여재산공제는 2014년 1월 1일 이후 증여분부터는 증여재산공제 한도가 종전 3,000만 원에서 5,000만 원으로 증대되었으므로, 그전까지는 3,000만 원, 그 이후는 5,000만 원으로 적용해야 한다.

| 구분 | 사례① | 사례② | 사례③ |
|---|---|---|---|
| 1차 증여재산가액 | 3,000만 원 | 1,000만 원 | 5,000만 원 |
| 2차 증여재산가액 | 1,000만 원 | 6,000만 원 | 3,000만 원 |
| 계 | 4,000만 원 | 7,000만 원 | 8,000만 원 |
| 1차 증여재산공제 | △3,000만 원 | △1,000만 원 | △3,000만 원 |
| 2차 증여재산공제 | △1,000만 원 | △4,000만 원 | △2,000만 원 |
| 계 | △4,000만 원 | △5,000만 원 | △5,000만 원 |

사례 ① : 1차 증여와 2차 증여 모두 각 증여재산가액이 증여재산공제 범위 이내이므로 증여세과세가액은 없다.

사례 ② : 1차 증여는 증여재산공제 범위 이내이나, 2차 증여의 경우 증여재산공제액 5,000만 원 중 기증여분 1,000만 원을 공제한 4,000만 원만 공제된다.

사례 ③ : 1차 증여의 경우 증여재산공제액만큼 공제받고, 2차 증여의 경우 잔여공제액인 2,000만 원만 공제된다.

### 3) 기타 친족 증여재산공제

거주자가 직계존비속 이외의 6촌 이내의 혈족 또는 4촌 이내의 인척으로부터 증여를 받는 경우 수증자별로 1,000만 원을 증여재산가액에서 공제한다. 수증자 기준이므로 고모에게 1,000만 원을 증여받은 상황이라면 그다음 기타 친족의 증여분은 바로 증여세가 과세된다. 다음은 실무상 헷갈리기 쉬운 대표적인 기타 친족의 범위다.

- 시부모와 며느리의 관계 : 기타 친족에 해당한다. 따라서 직계존비속 관계가 아니다. 만약 증여자의 자녀와 그 배우자가 이혼하여 법률상 부부 관계가 아닌 경우 증여재산공제를 적용받지 않는 무관계가 된다.
- 시동생과 형수의 관계 : 기타 친족에 해당한다. 따라서 직계존비속 관계가 아니다.

## 부모에게 증여받고, 조부모에게도 증여받으면 공제 계산은 어떻게 할까?

동일자에 조부와 부로부터 각각 증여 받은 경우 증여재산공제는 각각의 증여세과세가액에 대하여 안분하여 공제한다. 그럼 자녀가 부모에게 이미 증여재산공제 한도액만큼 모두 증여받은 상태에서 조부모에게 증여를 추가로 받는다면 어떻게 될까? 법에서는 직계존속으로부터의 증여 거래인 경우 수증자 입장에서 부모와 조부모, 증조부모 등 직계 혈족인 경우 모두 직계존속에 해당한다. 따라서 조부모로부터 추가로 증여받는 경우 증여재산공제 범위 내에서 종전에 적용받은 공제액을 차감한 후 계산해야 한다. 즉, 부모와 조부모가 각각 5,000만 원의 증여재산공제를 적용받는 것이 아니라, '직계존속'으로 묶여 통산 5,000만 원만 적용 가능하다.

이는 조부모로부터 증여받기 이전에 먼저 증여한 부모가 이미 사망한 경우라도 증여재산공제는 누적 공제되는 것에 주의해야 한다. 증여재산공제는 수증자를 기준으로 해당 증여를 받기 전 10년 이내에 공제받은 금액과 해당 증여가액에서 공제받을 금액을 합한 금액이 5,000만 원을 초과할 수 없기 때문이다.

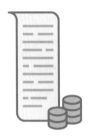

# 2024년, 혼인 및 출산하면 1억 원 더 증여받는다

2023년의 결혼 평균 자금은 3억 3,000만 원. 비현실적인 결혼 준비 자금으로 인해 결혼을 준비하는 것 자체도 쉽지 않은 현실이다. 그에 따라 삶의 기반을 마련하지 못한 자녀 세대의 혼인율과 출산율은 바닥으로 거세게 곤두박질치고 있으며, 이에 국가에서도 부랴부랴 조세 지원 대책을 마련했다. 2024년 1월 1일부터 직계존속이 직계비속에게 1억 원의 공제를 한도로 증여(혼인 및 출산 증여재산공제)할 수 있게 된 것이다. 기존 성인 자녀는 10년간 5,000만 원의 공제를 받을 수 있는데, 이와 별개로 추가로 1억 원의 공제를 더 받을 수 있으니 사실상 결혼자금의 부담을 혼인출산공제를 통해 많이 덜 수 있게 되었다고 볼 수 있다. 그리고 '직계존속'으로부터 받는 것이기 때문에 부모 세대뿐만 아니라 조부모 세대로부터도 받을 수 있으니 이 점을 적극적으로 활용해 보자.

'혼인'이라는 전제 때문에 증여일을 유념할 필요가 있는데, 혼인신고일 이전 2년부터 이후 2년까지의 기간에 증여하여야 하고, 출생은 출생일 또는 입양일로부터 2년 이내에 증여받는 경우를 말한다. 그러니 예비 신혼부부가 혼인 공제를 받았다면 혼인신고를 2년 이내에 해야 한다는 사실을 잊어서는 안 된다. 2024년부터 적용될 혼인출산 공제에서 예측되는 4가지 유의 사항을 살펴보자.

## 혼인 공제받은 남녀가 헤어진다면?

부부의 연을 맺기로 약속했지만 사람의 앞날은 예측하기 어렵기에 이 질문이 가장 먼저 나올 것이다. 이에 대해 과세 관청은 '혼인신고 전'의 상황에 입각해 '반환 특례'를 같이 입법했다. 혼인 공제 적용받은 재산을 혼인할 수 없는 '정당한 사유'가 발생한 달의 말일부터 3개월 이내에 증여자에게 반환 시 처음부터 증여가 없던 것으로 보는 것이다. 여기서 말하는 '정당한 사유'란 약혼자의 사망, 행방불명, 파혼 등이다. 증여재산가액을 다시 모은 후 반환하기 위해 '혼인할 수 없는 정당한 사유'를 연장하는 상황 등이 벌어질 수도 있다. 사실상 예비부부가 헤어졌지만, 세금으로 인해 헤어진 시점을 미루는 식의 상황도 불가피해 보인다. 만약 혼인 공제 후 해당 증여재산가액을 전부 소비했다면 어떻게 될까? 결국 반환을 할 수 없는 상황이 될 것이고, 이 부분에 대해서는 기존의 일반 증여재산공제 5,000만 원만 적용되어 일부 증여세 및 이자 상당액이 부과될 수 있다.

## 혼인 및 출산 용도로만 써야 하나?

혼인 및 출산 자금의 용도 범위를 설정하는 것은 사실상 불가능에 가까워 지출 용도를 제한하지는 않았다. 이러한 범위를 제한하는 순간 납세자도 과세 관청도 엄청난 사후관리를 해야 하므로 불편함과 행정비용이 크게 수반될 수밖에 없다. 아예 사용처에 대해서는 관리를 안 하는 것으로 방향을 잡은 것으로 보인다. 일각에서는 사치품에 대해 제재는 할 것이라는 의견도 있었지만, 사치품의 정의를 내리기 어렵고 증여받은 금액을 어디에 썼는지 일일이 확인해야 하는 번거로움과 이를 피하기 위한 꼼수, 암시장 생성 등의 문제를 미연에 방지하려는 것으로도 보인다.

### 사실혼도 적용받을 수 있나?

결론부터 말하자면 사실혼은 적용받을 수 없다. 그러나 법률혼을 곧 하게 될 예비부부는 포함된다. 이번 입법이 혼인 신고한 자에게만 해당되는 것이 아니라 '혼인신고일 전 2년 이내'에 1억 원의 혼인 공제를 적용하는 것도 포함하기 때문이다. 그러므로 사실혼 관계여도 증여 후 2년 이내에 혼인신고를 한다면 이에 대한 증여재산공제 1억 원을 인정받을 수 있다. 다만 증여일부터 2년 이내에 혼인하지 않으면 추징이 진행된다. 이와 별개로 혼인 후 혼인이 무효가 된다면 혼인무효 소의 확정판결일이 속하는 달의 말일부터 3개월이 되는 날까지 수정신고 또는 기한 후 신고를 해야 한다.

### 재혼한 사람도 적용받을 수 있나?

재혼에 대해서도 혼인 공제를 적용받을 수 있다. 해당 입법의 목적이 혼인율 증가, 나아가 출산율 증가를 도모한다는 취지라면, 초혼에만 국한하는 게 아니라 재혼에도 똑같은 입법제도를 적용하는 것이 바람직하기 때문이다. 2023년 혼인 및 이혼 통계를 보더라도 재혼율이 남녀 모두 15% 내외로 꾸준히 높은 비율을 유지하고 있어서 이를 차별하는 것은 제도의 취지에 어긋난다. 기획재정부가 혼인 공제를 발표하면서 OECD 국가 증여세 최고세율표를 제시했는데, 한국이 최고세율 50%로 2위를 차지했다. 1위인 일본은 이미 혼인 공제 제도를 운용하고 있어서 혼인에 대해서는 대한민국보다 더 유리한 상황이라고 볼 수 있다. 그야말로 세계 최고 수준의 증여세를 내는 상황이므로 이번 혼인 공제가 우리나라의 혼인율과 출산율을 높이는 데 크게 이바지하길 기대한다. 더불어 그동안 신혼부부들이 소명되지 않아서 많은 어려움이 있었는데, 해당 공제를 활용해 자금 소명이 조금이라도 줄어들길 바란다.

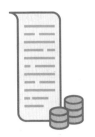

# 증여재산공제를 극대화하는 구간별 증여 설계

## 면세점 증여

면세점 증여는 증여재산공제액만큼만 증여하여 증여세를 발생시키지 않는 방식을 말한다. 부의 이전을 위해 자녀가 태어나는 순간 2,000만 원을 증여한 후 10년 주기로 증여를 한다면 30세의 성년이 될 동안 4회의 증여를 통해 1억 4,000만 원의 재산 형성 기초 자금을 마련해줄 수 있다.

10년 주기 증여 설계를 한 후 매년 4%의 물가상승률 정도로 재산 가치가 증가한다고 가정하면 자녀에게는 증여세가 발생하지 않으면서 2억 3,000만 원 정도의 재산을 축적할 수 있다. 면세점까지는 증여세 신고를 하지 않아도 증여세 과세표준이 없어 당장 증여세 납부액이 발생하지 않는다. 하지만 다음의 이유로 미래를 위해 증여세 신고를 해두면 좋다.

첫째, 증여세 신고를 마친 금액은 수증자의 적법한 재원이 되어 부동산 등 재산 취득에 제약 없이 사용할 수 있다. 대부분 증여의 목적은 수증자가 증여재산을 기반으로 추가적인 재산을 취득, 증식할 수 있도록 돕는 것에 있다. 그러나 증여세 신고를 하지 않으면 해당 금액은 수증자

부의 이전

의 적법한 재원이라고 즉각적으로 인정되지 않을 수 있다.

둘째, 과세관청은 특수관계인 간 금전 거래를 매우 민감하게 인식한다. 이는 상속·증여 세무조사 시 쟁점이 되는 가장 대표적인 항목이다. 이때 과거의 성실한 신고 의무 이행 내역은 과세 관청에 납세의무자로서 신고 성실도를 입증하는 증거가 될 수 있다.

셋째, 대상 기간이 길어질수록 증여자와 수증자 간 거래 건수가 많아져 관리가 어려워진다. 이때 미리 신고를 해둔 경우라면 신고 내역 확인을 통해 간편하게 장기적인 상속·증여 설계를 진행할 수 있다. 만약 신고하지 않으면서 증여 거래가 빈번해진다면 면세점을 넘는 증여를 하였는지 확인하지 못하여 증여세 세무조사 시 가산세를 포함한 추징 세액이 발생할 수 있다.

## 10% 최저 세율 증여

부의 이전 목적에 따라서 '면세점 증여' 방식은 수증자의 재산 형성에 미흡할 수 있다. 그렇다면 증여세 최저 세율인 10% 구간까지만 증여한다면 어떨까? 간단하게 면세점 증여 및 최저 세율의 증여를 비교해보자.

과세표준 1억 원까지는 최저 세율인 10% 구간을 적용받기 때문에 증여재산공제만 적용받는 면세점 증여에 비해 부의 이전 액수가 월등히 높다. 소액의 세금은 납부하겠지만 더 큰 부의 이전이 가능하므로 더 효과적인 증여가 가능한 것을 확인할 수 있다.

[표 3-3] 면세점 증여와 최저 세율 증여의 비교

| 구분 | 면세점 증여 | | 최저 세율 증여 | |
|---|---|---|---|---|
| | 증여재산가액 | 증여세 | 증여재산가액 | 증여세 |
| 0세 | 2,000만 원 | | 1억 2,000만 원 | 1,000만 원 |
| 10세 | 2,000만 원 | 0원 | 1억 2,000만 원 | 1,000만 원 |
| 20세 | 5,000만 원 | | 1억 5,000만 원 | 1,000만 원 |
| 30세 | 5,000만 원 | | 1억 5,000만 원 | 1,000만 원 |
| 합계 | 1억 4,000만 원 | 0원 | 5억 4,000만 원 | 4,000만 원 |
| 부의 이전 액수 | 1억 4,000만 원 | | 5억 원 | |

## 20% 증여세율 증여

더 많은 부의 이전을 생각한다면 과세표준 5억 원까지 적용받는 20% 세율 구간도 고려해볼 수 있다.

[표 3-4] 면세점 증여와 20% 세율 증여의 비교

| 구분 | 면세점 증여 | | 20% 세율 증여 | |
|---|---|---|---|---|
| | 증여재산가액 | 증여세 | 증여재산가액 | 증여세 |
| 0세 | 2,000만 원 | | 5억 2,000만 원 | 9,000만 원 |
| 10세 | 2,000만 원 | 0원 | 5억 2,000만 원 | 9,000만 원 |
| 20세 | 5,000만 원 | | 5억 5,000만 원 | 9,000만 원 |
| 30세 | 5,000만 원 | | 5억 5,000만 원 | 9,000만 원 |
| 합계 | 1억 4,000만 원 | 0원 | 21억 4,000만 원 | 3억 6,000만 원 |
| 부의 이전 액수 | 1억 4,000만 원 | | 17억 8,000만 원 | |

면세점 증여에 비해 부의 이전 액수가 월등함을 알 수 있다. 증여재산 종류가 전부 현금이라면 증여세 납부를 미납할 위험도 없다. 현금 증여 후에는 자녀의 명의로 주식 또는 부동산을 매수하여 원활한 재산 가치의 상승도 같이 준비할 수 있다.

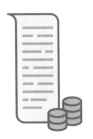

# 증여재산 '**합산 과세**', 과거를 **기억**해야 한다

## 기증여재산 있다면 더욱 조심해야 할 증여세

법에서는 당해 증여일 전 10년 이내에 동일인으로부터 받은 증여재산가액의 합계액이 1,000만 원 이상일 경우 기존 증여재산가액을 합산하여 증여세를 계산한다. 다만, 이미 납부한 증여세는 합산하여 산출된 금액에서 차감하여 이중과세를 방지한다.

이처럼 10년 이내에 이미 증여받은 경우 수증인은 추가적인 증여 계획에 앞서 합산 과세 여부를 살펴보고 증여세 납부 재원 여력도 함께 검토해야 한다.

## 요건 ① : 해당 증여일 전 '10년' 이내 증여받은 재산 확인하기

합산 과세를 위해서는 해당 증여일 전 10년 이내에 이미 증여받은 재산 여부를 먼저 확인해야 한다. 대부분 당사자 본인의 어렴풋한 기억에 의존하여 기증여 여부를 확인한다. 하지만 증여일 전 10년 이내 증여 사실이 있었는지 일일이 기억하기란 쉽지 않다. 이때 국세청 홈택스 또는 본인 신분증을 지참하여 가까운 세무서에 방문하면 최근 10년 이내 증여 신고 내역을 쉽고 정확하게 확인할 수 있다.

## 요건 ② : '동일인'에게 받은 증여인지 확인

증여세 합산 과세가 모든 기증여 거래에 대해 적용되는 것은 아니다. 증여세 합산 과세는 동일 증여자로부터 과거 증여 이력이 있는 재산에 대해 기간 요건(10년)과 가액 요건(1,000만 원)을 충족하는 경우 적용하기 때문이다. 그렇다면 다음과 같이 여러 명에게 증여받는 경우 합산 과세 대상이 되는 동일인의 범위는 어떻게 판단할까?

- 동일인으로 보는 경우
  - 부친과 모친(이혼 후 재결합한 부모 포함.)
  - 조부와 조모
- 동일인으로 보지 않는 경우
  - 장인과 장모
  - 세대 구분이 다른 경우 : 조부와 부친, 조모와 모친
  - 법률혼이 아닌 경우 : 생부와 이혼한 생모
  - 친자 관계가 아닌 경우 : 계부와 친모, 친부와 계모
  - 혼외 출생자의 부와 생모

[표 3-5] 계산 예시

| 구분 | 증여일자 | 증여자 | 증여재산가액 |
|---|---|---|---|
| 1차 증여 | 2017. 8. 15. | 부친 | 2억 원 |
| 2차 증여 | 2019. 2. 28. | 모친 | 3억 원 |
| 3차 증여 | 2021. 1. 20. | 장인 | 1억 원 |
| 4차 증여 | 2022. 10. 18. | 장모 | 1억 원 |
| 계 | | | 7억 원 |

부친과 모친은 동일인이므로 각자로부터 증여받는 2억 원과 3억 원을 합산한다. 증여자가 직계존속인 경우 그 법률상 배우자로부터 받은 증여거래를 포함하여 합산 과세하기 때문이다. 그러나 장인과 장모는 동일인이 아니므로 증여세 산정 시 합산하지 않고, 각자 1억 원에 대해 증여세를 과세한다.

### 요건 ③ : 기증여재산가액과의 합계액이 '1,000만 원' 이상인지 확인

해당 증여일 전 10년 이내 동일인(직계존속은 배우자 포함)으로부터 증여받은 증여재산가액을 합한 금액이 1,000만 원 미만인 경우 합산 과세하지 않는다. 동일인으로부터 증여받은 이력이 있더라도 증여재산가액이 소액으로, 합산하여 1,000만 원 미만인 경우 증여세 합산 대상에서 제외된다. 또한 재산 취득 자금 등의 증여추정 등 법에서 정한 합산 배제 증여재산의 경우에도 합산 대상에서 제외된다.

### 부친이 증여 후 사망한 경우 모친에게 증여받으면?

부친과 모친은 동일인으로 보아 당해 증여일 전 10년 이내의 증여분은 합산하여 과세한다. 그렇다면 다음 사례와 같이 부친이 최초 증여 이후 사망하였고, 모친으로부터 추가적인 증여가 있었다면 망자의 기증여도 모친의 증여세 계산 시 합산될까?

당해 증여일 전에 사망한 자로부터 받은 기증여 재산가액은 합산 과세하지 않는다. 여기는 사망뿐만 아니라 부모님의 이혼으로 인해 각각 증여를 받는 경우도 포함한다. 사례를 통해 살펴보자.

[표 3-6] 계산 예시와 해설

| 구분 | 증여일자 | 증여자 | 증여재산가액 |
|---|---|---|---|
| 1차 증여 | 2017. 8. 15. | 부친 | 2억 원 |
| 2020. 10. 15. 부친 사망 | | | |
| 2차 증여 | 2021. 1. 20. | 모친 | 3억 원 |
| 합계 | | | 5억 원 |

| 구분 | 1차 증여 | 2차 증여 |
|---|---|---|
| 증여재산가액 | 2억 원 | 3억 원 |
| 증여재산 가산액 | – | – |
| 합산 후 증여가액 | 2억 원 | 3억 원 |
| 증여재산공제 | △5,000만 원 | – |
| 과세표준 | 1억 5,000만 원 | 3억 원 |
| 산출세액 | 2,000만 원 | 5,000만 원 |
| 기납부 공제 | – | – |
| 차감 세액 | 2,000만 원 | 5,000만 원 |

증여세 합산 여부를 판정할 때는 부모님을 동일인으로 보아 증여세 합산 과세가 이루어지는 것이 원칙이나 모친으로부터 3억 원을 증여받기 전에 기증여자인 부친이 사망한 경우 부친으로부터 증여받은 2억 원은 합산 대상에 포함하지 않는다.

이때 유의할 점은 직계존속으로부터의 증여재산공제는 순차적으로 이루어지므로 부친으로부터의 1차 증여 시 증여재산공제액 5,000만 원이 이미 적용되었기 때문에, 2차 증여에서는 적용할 수 없다. 즉, 증여재산공제와 증여재산가액 합산은 별도로 판단해야 한다.

부의 이전

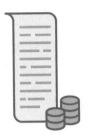

# 세대를 **건너뛴** **증여**

**'할증 과세'를 활용하면 절세가 된다?**

손주에게 증여 시 증여세 산출세액의 30%(손주가 미성년자이면서 증여재산가액이 20억 원을 초과하면 40%)를 가산한다. 다만, 증여자의 최근친인 자녀가 사망하여, 그 손주가 증여받으면 가산되지 않는다.

익히 알고 있는 직계비속에 대한 증여의 할증 과세에 대한 설명이다. 그러면 할증 과세가 어떻게 절세되는 걸까? 30%나 가산되기 때문에 누가 보아도 증여세가 커지므로 절세와는 거리가 멀어 보인다. 하지만 다음 대표적인 4가지 상황에서는 할증 과세를 고려하더라도, 손주 증여의 이점을 발견할 수 있다.

1. 재차 증여할 계획이 있는 경우
2. 부모 세대가 증여할 여력이 안 되는 경우
3. 부모 세대가 이미 증여받은 경우
4. 조부모 세대의 상속세까지 고민하는 경우

## 재차 증여할 계획이 있는 경우

'할아버지 → 아버지 → 성인 손주' 이렇게 단계별로 5억 원을 증여한다면,

① 할아버지 → 아버지 단계에서 증여세 8,000만 원
② 아버지 → 성인 손주 단계에서 증여세 8,000만 원

이렇게 2회에 걸쳐 총 1억 6,000만 원의 증여세가 발생한다. 더구나 증여세를 뺀 금액을 증여하기 때문에 손주에게 증여하는 금액 역시 줄어든다.

그러나 할아버지에서 성인 손주로 5억 원을 증여하면, 1억 400만 원으로 5,600만 원의 증여세를 줄일 수 있다. 또한 증여재산이 부동산이라면 취득세도 한 번만 납부하므로 절세 효과는 더욱 커진다.

## 부모 세대가 증여할 여력이 안 되는 경우

만일 부모가 부를 이전할 여력이 되지 않는다면, 조부모가 대신 손주의 재산 형성에 도움을 줄 수 있다. 손주의 출생을 축하하며 손주 명의 계좌를 만들어 증여하거나, 결혼 시점에 증여하는 경우가 대표적이다.

손주의 출생 시점에는 부모 세대도 사회초년생을 벗어난 지 얼마 되지 않은 시점으로, 증여할 여력이 되지 않는 경우가 대부분이다. 이때 격대교육(隔代敎育, 할아버지와 할머니가 손자, 손녀를 맡아 함께 생활하면서 부모를 대신해 교육시키는 것)하는 마음으로 증여한다면, 손주의 성장 과정에 양분이 되면서도 자녀들의 양육비 부담을 덜어줄 수 있다.

## 부모 세대가 이미 증여받은 경우

증여재산공제는 직계존속이 일괄적으로 10년간 활용하여 조부와 부 통산 5,000만 원이다. 그러나 증여재산가액을 합산해 계산할 때에는 부와 조부를 동일인으로 보지 않는다. 그러므로 세율 계산도 각각 적용한다.

할아버지가 아버지에게 이미 기증여가 30억 원에 달하고, 그 외에 다시 추가 증여한다면 증여세 최대 세율인 50%를 적용받는다. 이 경우 증여의 절세 효과가 크게 발생하지 않는다. 이때 취할 수 있는 전략은 아들에게 증여할 경우 고율의 증여세율을 피할 수 없으므로, 손주에게 증여해 증여세를 낮추는 것이다. 이렇게 아들과 손주로 수증자를 분산한 후 미래의 상속세율을 낮추는 전략을 취하는 것이 누진증여세율을 피할 수 있는 방법이다.

이를 응용하는 방식으로, 아버지가 부동산을 자녀에게 증여하고, 할아버지는 부동산 증여에 따른 증여세를 현금으로 증여하는 방식이 있다. 아버지에게 부동산을 증여받은 자녀의 증여세율은 이미 높다. 이때 만약 자녀가 증여세를 납부할 여력이 안 될 경우 다시 현금을 아버지가 증여하면 세액은 더 높아질 수밖에 없다. 이 경우 부친이 아닌 조부가 손주에게 증여세를 낼 수 있는 현금을 증여하면 높은 누진세율을 피할 수 있기 때문이다.


## 조부모 세대의 상속세까지 고민하는 경우

상속세를 계산할 때 상속개시일 전 5년 이내에 피상속인이 상속인이 아닌 자에게 증여한 재산가액과 상속개시일 전 10년 이내에 피상속인이 상속인에게 증여한 재산가액은 피상속인의 상속세과세가액에 가산하게 되어 있다.

이때 상속인과 상속인이 아닌 자에 대한 구분은 상속개시일 현재를 기준으로 판단하며, 할아버지 상속개시일 현재 아버지가 생존한 경우에 손주는 「민법」상 선순위 상속인이 아니다. 그래서 10년이 아니라 5년의 '상속인이 아닌 자'에게 증여한 재산가액으로 상속재산에 더해지게 된다.

그러므로 증여 후 5년이 지나면 상속세과세가액에 손주에게 이미 증여한 재산은 포함되지 않게 된다. 만약 고령의 조부모 상속재산에 대한 절세 플랜을 계획하고 있다면 꼭 고려해볼 사항이다. 실제로 상속세 절세 측면에서 많은 사람이 선호하는 방법이기도 하다.

# 부동산 지분 증여를 통한
# **부부 공동명의 장단점**은?

부부 중 1인의 명의로 부동산을 소유하고 있을 때와 공동명의로 소유하고 있을 경우의 장단점이 있기 마련이다. 이때 조금이라도 더 절세를 바란다면 부동산을 취득하기 전에 부부 공동명의의 장점과 단점에 따른 세액 차이를 선행해서 예측해보는 것이 좋다.

1인 명의로 부동산을 취득한 후 공동명의가 더 부부에게 장점이 될 것이라고 생각해 뒤늦게 지분 증여하면 최초 취득 시 취득세를 1회 납부한 후 증여 시점에 또 납부하게 되므로 취득 전에 꼭 고민하여 절세하도록 하자.

부동산 지분 증여는 부모가 자녀 내외에게 증여할 때에도 똑같이 응용할 수 있다. 자녀에게만 지분 전부를 증여한다면 증여세의 누진세율이 높아지기 때문에 자녀의 배우자인 사위 또는 며느리에게 지분을 나눠 증여하여 자녀 부부가 지분을 가져가는 방식으로 부동산 지분 증여의 이점을 똑같이 누리게 할 수 있다. 그럼 부동산 부부 공동명의 장단점을 살펴보자.

## 공동명의의 장점

### 1) 증여재산공제를 활용한 상속세 절세

배우자 간에는 10년간 증여재산공제가 6억 원으로 타 관계보다 월등히 높다. 그러므로 10년 주기로 이를 최대한 활용하는 것이 절세에서 상당히 중요하다.

부부가 가진 재산 리스트를 한 번 살펴본 후 그 중 각각 명의로 된 재산 비율을 계산해본 사람은 없을 것이다. 일반적으로 대한민국의 50대 이상 부부 관계에서는 남편 명의로 된 부동산이 좀 더 많은 비율을 차지하고 있다. 그러므로 추후 상속세가 과도할 것으로 예측된다면 미리 배우자에게 6억 원의 증여를 통해 10년 주기별로 미래의 상속세를 절세하는 것은 기본 중의 기본 전략이다.

특히 부동산은 지속적인 가치 상승이 발생하는 재산 형태이므로 최대한 빠른 시일에 공동명의를 통해서 부의 이전을 하고, 이를 통해 미래의 가치 상승분에 대한 추가 증여가 발생하지 않도록 하는 것이 좋다.

### 2) 취득가액을 높여 양도소득세 절세

증여일 당시의 재산가액을 시가 평가하여 증여세가 계산된다. 해당 부동산의 유사매매사례가액이 있다면 활용할 수 있고, 없다면 감정평가를 통해 증여재산공제인 6억 원에 맞추어서 비율을 증여하는 전략을 고민해볼 수 있다.

간혹 부부 공동명의는 무조건 비율을 5:5로 해야 하는 줄 알고 있는 경우가 있다. 부동산의 재산가액이 30억 원이라면 20% 정도만을 배우자에게 증여하여 6억 원의 증여재산공제액에 맞추어서 지분 증여가 가능하며, 이를 통해서도 절세 효과는 충분히 볼 수 있다.

1인 명의에서 부부 공동명의로 증여한 후 10년이 지나서 양도하면(이월과세규정) 인별로 납부하는 양도소득세 계산 구조로 인해 양도차익이 분산된다. 또 증여자보다 높은 취득가액으로 증여받았기 때문에 낮은 양도차익이 산정되어 양도소득세를 절세할 수 있다.

여기서 유의할 점은 증여 예정 부동산의 최초 취득가액보다 현재 증여재산가액이 낮은지 살펴봐야 한다는 점이다. 최초 취득 시 14억 원에 상가건물을 취득하였고, 시세는 20억 원이고, 기준시가는 8억 원이라고 가정하자. 증여 시점에 유사매매사례가액이 없다고 하여 기준시가인 8억 원으로 시가 산정 후 지분 50%를 증여하면 지분 50%에 대해서는 오히려 증여취득가액이 4억 원이 되어 증여자의 최초 취득가액 7억 원보다 더 낮아진다. 이는 미래 양도 시점에 취득가액 분산 및 취득가액을 높여서 양도소득세를 줄이고자 하였던 절세 목적이 달성되지 않을 수 있다.

### 3) 배우자의 경제적 자력 형성

부부 중 1인의 경제적 자력이 없으면서 앞으로 소득 창출이 힘든 상황이라면 배우자 간 증여를 통해 부를 이전한 후 해당 부동산 양도를 통해 현금 유동성을 합법적으로 확보할 수 있다.

특히 증여 시점에는 6억 원까지 증여하였지만 양도 시점에는 재산의 가치 상승으로 인해 더 높은 유동성으로 돌아올 수 있다. 이를 마중물 삼아 추후 재산 형성을 이어간다면 세무서의 자금출처조사 등 소명 요청에도 명확히 대비할 수 있다.

### 4) 1세대 1주택 종합부동산세 선택 가능

「종합부동산세법」상 1세대 1주택이란 거주자로서 세대원 중 1명만이 주택분 재산세 과세 대상인 1주택만을 단독으로 소유한 경우로 그 주택을 소유한 자를 말한다. 우선 1세대 1주택자는 주택 공시가격에서 일반적으로 적용받는 기본공제가 9억 원이 아닌 12억 원을 적용받는다.

또한 1세대 1주택자는 고령자 공제 및 장기보유 공제 2가지의 세액공제를 합산 공제 한도 최대 80%까지 적용받을 수 있다.

| 고령자 공제 | | 장기보유 공제 | |
|---|---|---|---|
| 연 령 | 공제율 | 보유 기간 | 공제율 |
| 60~65세 미만 | 20% | 5~10년 미만 | 20% |
| 65~70세 미만 | 30% | 10~15년 미만 | 40% |
| 만 70세 이상 | 40% | 15년 이상 | 50% |

기존에는 부부 공동명의의 1세대 1주택 경우 각각 지분 소유를 주택 소유로 보아 1주택자임을 부인하였지만, 2021년 종합부동산세 부과 분부터는 1주택자에 대한 혜택을 부여하기 위해 12억 원의 기본공제에서 고령자 및 장기보유 공제를 더한 계산 방식과 1주택자로 인정하여 인별 지분 비율에 따른 일반 종합부동산세 계산 방식 중 부부의 선택으로 적용받을 수 있게 세법이 개정되었다. 이를 통해 부부 공동명의의 경우 2가지 방식 중 부부에게 더 적은 종합부동산세가 나오도록 하는 방식을 선택할 수 있어 절세에 용이하다.

## 공동명의의 단점

### 10년 이내 양도하면 손해 보는 이월과세규정 고려

고액의 양도소득세가 예상되면 이를 회피하기 위해 미리 배우자에게 증여하여 취득가액을 높여서 양도소득세를 줄일 수 있다고 생각할 수 있다. 이를 막기 위해 세법에서는 증여자와 수증자의 관계가 부부라면 이월과세 규정을 적용하여 과세 형평을 도모하고 의도적인 조세 회피를 방지하고 있다.

이월과세란 거주자가 양도일부터 소급하여 10년 이내에 그 배우자 또는 직계존비속으로부터 증여받은 토지, 건물 및 부동산상의 권리 등 자산의 양도차익을 계산할 때 양도가액에서 차감하는 취득가액을 '증여자인 그 배우자 또는 직계존비속의 취득 당시 실제 취득 금액'으로 적용하는 것을 말한다.

이 경우 거주자가 증여받은 재산에 대하여 납부하였거나 납부할 증여세 상당액이 있는 경우에는 양도차익 계산 시 필요경비에 포함하여 양도가액에서 차감하며, 장기보유특별공제, 세율 적용 및 비사업용 토지 판정 시 보유 기간도 당초 증여자의 취득일로 계산한다.

다만, 이월과세규정을 적용하여 계산한 양도소득 결정세액이 적용하지 않고 계산한 금액보다 적은 경우 적용하지 않는다.

참고로 비상장 주식은 이월과세 대상에 해당되지 않으므로, 증여 후 양도 과정을 적극 활용하면 배우자의 다른 재산 취득 자금의 원천을 설명할 수 있다.

상장주식은 2025년부터 이월과세 규정이 적용된다. 다른 자산과 달리 10년이 아닌 1년 이내에 양도할 때 이월과세가 적용되므로 최소 1년 이상 보유한 후에 양도하면 이월과세를 피할 수 있다.

[계산 가정] 2021. 3. 1. 배우자에게 시세 18억 원 부동산 지분 50%인 9억 원을 감정평가하여 증여

| 구분 | 내용 | 구분 | 내용 |
|---|---|---|---|
| 당초 취득 일자 | 2018. 7. 1. | 당초 취득가액 | 10억 원 |
| 양도 일자 | 2024. 3. 20. | 양도가액 | 20억 원 |

## (1) 증여세 계산 내역

| 구분 | | 금액 |
|---|---|---|
| 증여재산가액 | | 9억 원(지분 50%) |
| (−) | 증여재산공제 | 6억 원 |
| (=) | 과세표준 | 3억 원 |
| (×) | 세율 | 20%(누진 공제 1,000만 원) |
| (=) | 산출세액 | 5,000만 원 |
| (−) | 신고세액 공제 | 150만 원 |
| (=) | 부담 세액 | 4,850만 원 |

## (2) 양도소득세 계산 내역

| 구분 | | 이월과세 배제 | 이월과세 적용 |
|---|---|---|---|
| 양도가액 | | 10억 원 | 10억 원 |
| (−) | 취득가액 | △9억 원 | △5억 원(원 배우자 취득가액)+△증여세 5,000만 원 |
| (=) | 양도차익 | 1억 원 | 4억 5,000만 원 |
| (−) | 장기보유특별공제 | − | 4,500만 원 |
| (=) | 양도소득금액 | 1억 원 | 4억 500만 원 |
| (−) | 기본공제 | 250만 원 | 250만 원 |
| (=) | 양도세 과세표준 | 9,750만 원 | 4억 250만 원 |
| (×) | 세율 | 35%−1,544만 원 | 40%−2,594만 원 |
| (=) | 양도세 산출세액 (지방소득세 포함) | 2,055만 원 | 1억 4,856만 원 |

＊ 취득세 등 기타 비용 미반영, 중과세 또는 비과세 가정 제외

계산 내역을 보면 취득가액을 높여 절세하고자 하는 전략은 10년 이내 양도로 인해 이월과세를 적용받아 물거품이 되어버렸다. 증여세는 증여세대로 부과되고, 양도소득세에 대한 큰 혜택을 보지 못했기 때문에 추가적으로 증여받았을 때의 증여취득세까지 고려하면 납부세액만 커진 상황이다. 그러므로 증여 후 10년 이후에 양도해야 이월과세 적용 자체를 받지 않아 취득가액을 높인 양도소득세 절세가 가능하다. 다행인 점은 2022년까지 증여한 분에 대해서는 5년, 2023년 이후 증여분에 대해서는 10년을 적용한다는 점이다. 단, 다음의 경우는 이월과세가 배제되므로 10년 이내에 양도하더라도 무관하다.

① 사업인정고시일부터 소급하여 2년 이전에 증여받은 경우로 「토지보상법」이나 그 밖의 법률에 따라 협의매수 또는 수용된 경우
② 1세대가 1주택을 보유하는 경우로서 비과세 요건을 충족하는 주택을 양도하는 경우(양도소득의 비과세 대상에서 제외되는 고가주택 포함)
③ 이월과세규정을 적용하여 계산한 양도소득 결정세액이 이월과세규정을 적용하지 아니하고 계산한 양도소득 결정세액보다 적은 경우

# 똑똑하게
# '부담부증여'하기

① 주택편

부담부증여는 배우자나 자녀에게 부동산 등 재산을 증여할 때 증여일 현재 증여재산에 담보된 전세보증금이나 주택담보대출과 같은 채무를 포함해서 부를 이전하는 것을 말한다. 해당 채무의 실질적인 채무자는 증여자, 실질적인 채무인수자는 수증자라면 해당 증여세를 산정할 때 채무 부분을 차감한 금액을 기준으로 계산하기 때문에 증여세 부담이 줄어들어 절세 수단으로 활용되고 있다. 여기서 증여일 이후 미래에 발생할 것으로 예상되는 채무는 증여등기접수일 현재 해당 증여재산에 확정된 채무가 아니므로 부담부증여 대상이 되지 않는다.

그렇다고 채무 부분에 세금 부과가 없다는 것은 아니다. 채무는 증여받는 사람에게 유상 양도한 것으로 보기 때문에 증여자가 곧 양도자가 되어 채무액만큼 양도소득세를 납부해야 한다.

### 예시를 통해 살펴보는 주택 부담부증여 절세 원리

예시를 들어 주택 부담부증여의 절세 원리에 대해서 알아보자.

190                                                                                    부의 이전

## 1) 성년 자녀에게 시가 10억 원 주택 순수 증여 시

자녀에게 시가 10억 원의 주택을 순수 증여한다면, 자녀는 2가지 세금을 납부해야 한다.

> (1) 증여세 : 2억 2,500만 원(증여재산가액 10억 원).
> (2) 취득세 : 기준시가의 4%. 증여자가 다주택자이고, 조정대상지역 내에 시가표준액 3억 원 이상인 주택을 증여한다면 12.4%(전용면적 85㎡ 초과는 13.4%).

## 2) 성년 자녀에게 시가 10억 원 주택(전세보증금 및 주택근저당권 합계 6억 원, 취득가액 3억 원, 보유 기간 15년 이상 가정) 부담부증여 시

자녀는 마찬가지로 2가지의 세금을 납부해야 한다.

> (1) 증여세 : 6,000만 원(증여재산가액 4억 원)
> (2) 취득세
> 가) 증여 부분은 기준시가의 4%. 증여자가 다주택자이고, 조정대상지역 내에 시가표준액 3억 원 이상인 주택을 증여한다면 12.4%(전용면적 85㎡ 초과는 13.4%)
> 나) 채무 부분은 임대보증금 및 근저당권 합계액에서 자녀의 독립 세대 여부 및 주택 수와 주택의 조정대상지역 내 유무 등에 따라 1.1%~13.4%로 달라진다.

## 3) 양도소득세

부모는 채무승계 6억 원에 대해서 양도소득세를 납부해야 한다. 해당 양도소득세가 순수 증여 시 발생하는 자녀의 증여세보다 적다면 분명히 절세된다. 3주택 중과세와 일반 과세 시 세액을 비교하면 1억 9,300만 원 이상의 차이가 발생한다.

[표 3-7] 3주택 중과세와 일반 과세 세액비교표

| 구분 | | 3주택 중과세 | 일반 과세 |
|---|---|---|---|
| | 양도가액 | 600,000,000 | 600,000,000 |
| (−) | 취득가액 | 180,000,000 | 180,000,000 |
| (=) | 양도차익 | 420,000,000 | 420,000,000 |
| (−) | 장기보유특별공제 | 0 | 126,000,000 |
| (=) | 양도소득금액 | 420,000,000 | 294,000,000 |
| (−) | 기본공제 | 2,500,000 | 2,500,000 |
| (=) | 과세표준 | 417,500,000 | 291,500,000 |
| (×) | 세율 | 70%−25,940,000 | 38%−19,940,000 |
| (=) | 납부할 세액 (지방소득세 포함.) | 292,941,000 | 99,913,000 |
| 세액 차이 | | 193,028,000 | |

그리고 일반 과세 적용 시 발생하는 증여세와 일반 과세 양도소득세의 합 1억 6,000여만 원이 순수 증여의 증여세액 2억 2,500만 원보다 적어 부담부증여가 절세 면에서 유리한 것을 확인할 수 있다.

나아가 증여세와 취득세는 경제력이 부족한 자녀에게는 부담이 될 수 있는데, 양도소득세는 부모가 납부하므로 세 부담의 당사자 측면에서도 분산 효과를 볼 수 있다.

부담부증여의 이점을 정리하면 다음과 같다.

① 증여자가 다주택자인 경우 부담부증여를 통해 주택 수가 하나 줄어들게 되어 2주택자에서 1주택자가 된다면 종합부동산세 1세대 1주택 적용을 받게 되므로 종합부동산세를 크게 절세할 수 있다.

② 부담부증여 진행 시 발생하는 양도차익은 시가와 채무액의 비율만큼만 산정되기에 주택 전체를 양도하는 때보다 현저히 적다. 처분해야 하는 주택이라면, 부담부증여를 통해 양도차익을 비교적 낮게 처분할 수 있다.

③ 증여자의 재산 상황에 따라 사전증여를 통해 미래의 상속세를 줄이는 효과가 있다. 또한 승계하는 채무 부분은 증여가 아니므로 추후 증여자 사망 시 합산되는 10년 내 증여 부분에도 속하지 않는다.

수증자가 증여받은 주택을 10년 내 양도한다면 이월과세규정이 적용될 수 있는데, 이때에도 승계하는 채무 부분은 증여가 아니므로 이월과세규정을 적용받지 않는다.

④ 수증자가 무주택자였다면 1주택자가 된 후 주택의 재산 가치 상승에 대해서도 온전히 본인의 몫이 되면서 추가적인 증여세가 추징되지 않는다. 또한 미래에 1세대 1주택 비과세 요건을 충족하여 양도한다면 이전된 부를 온전히 보존할 수 있다.

## 주택 부담부증여 절세 전략

부담부증여가 무조건 절세를 보장하는 것은 아니다. 증여세, 양도소득세 그리고 취득세까지 유기적으로 복잡하게 얽힌 주택 세법으로 인해 무작정 부담부증여를 진행한다면 상황에 따라 순수 증여보다 더 높은 세금이 발생할 수 있다. 주택의 부담부증여를 고려 중이라면 실행 전 아래의 사항을 꼭 확인해봐야 한다.

### 1) 증여자가 다주택자라면 과도한 양도소득세를 고려하자

부모 세대가 1세대 1주택 비과세 적용이 가능한 상황이거나, 양도차익이 발생하지 않는 상황에서 독립한 자녀 세대에게 주택을 부담부증여한다면 양도소득세 부담이 적어 최상의 절세 플랜이 될 수 있다.

다만, 부모 세대가 다주택 세대이면서 양도차익이 큰 주택을 부담부증여한다면 장기보유특별공제 배제 및 중과세율 적용으로 인해 고액의 양도소득세를 납부하게 되어 전체 납부세액 측면에서 오히려 더 큰 세액을 납부하는 상황이 될 수 있다.

또한, 부담부증여는 증여를 통한 가족 구성원 간 내부거래이므로 타인에게 양도할 때와는 다르게 외부 유입 자금이 발생하지 않는다. 그러므로 부모가 다주택자여서 고액의 양도소득세가 나오는데, 이를 납부할 여력이 없다면 부담부증여는 세 부담 측면에서 상당히 부담스러울 수 있다.

현재는 윤석열 대통령의 공약에 맞춰 보유 기간 2년 이상인 주택에 한해 한시적으로 2025년 5월 9일까지 양도소득세 중과가 배제되고 있다. 이렇게 부동산 정책에 맞춰 개정이 잦은 것이 부동산 세금이므로 이에 대해서 관심을 가지면서 본인에게 적합한 절세를 이룰 수 있는 때를 맞춰 부의 이전한다면 절세를 이룰 수 있다.

### 2) 취득세 중과를 고려하자

조정대상지역 내 다주택자의 취득세는 이제 부의 이전인 증여를 진행할 때 필수적으로 검토해야 한다. 취득세의 차이가 1억 원 이상인 경우가 심심치 않게 발생하고 있기 때문이다.

순수 증여 시 만일 부모가 2주택 이상 보유한 상황에서 조정대상지역 내 공시지가 3억 원 이상 주택을 증여하는 경우라면 취득세율은 12.4%(전용면적 85$m^2$ 초과는 13.4%)를 적용받게 되어 일반 증여세율인 4%에 비해 세 부담이 3배 이상 증가하게 된다.

부담부증여 방법에서 취득세는 채무 부담 부분과 증여 부분으로 나누어 그 세액을 적용받게 된다. 이때 증여 부분도 마찬가지로 부모의 상황에 따라 취득세 중과세율인 12.4% 또는 13.4%이 적용될 수 있고, 자녀가 매매 취득하게 되는 채무 부분은 수증자인 자녀의 독립 세대 여부, 자녀 세대의 주택 수 및 조정대상지역 내 여부에 따라 1.1%의 일반 취득세율에서 13.4%의 중과 취득세율까지 최대 12배 이상의 차이를 가져오게 된다.

추가로 채무를 승계하는 자녀가 경제적 능력이 전혀 없다면 매매 취득에 따른 취득세율을 적용받지 못하고 채무 부분에 대해서도 일괄적으로 증여취득세율을 적용받는다. 「지방세법」에서는 배우자 또는 직계존비속의 부동산을 취득하는 경우에는 증여취득으로 보고 있으며, 그 대가를 지급하기 위한 취득자의 소득이 증명되는 경우에만 유상취득으로 인정하고 있기 때문이다. 그러므로 증여 전 자녀의 독립 세대 및 소득 유무를 확인하여 낮은 취득세율을 적용받을 수 있도록 준비하는 것이 필요하다.

### 3) 자녀의 납부 여력을 고려하자

순수 증여를 하면 고액의 증여세와 취득세를 자녀가 혼자 납부하게 된다. 그러나 부담부증여를 하면 채무승계 부분의 양도소득세는 자녀가 아닌 부모의 몫이 되므로 세 부담을 덜 수 있다.

그러나 자녀가 경제적 능력이 없거나 미비하다면 분산되었더라도 증여세와 취득세에 대한 부담이 클 수 있다. 이 경우 취득세를 우선순위로 마련해야 한다. 취득세 납부 없이는 부동산의 등기를 완료할 수 없기 때문이다. 그러므로 취득세의 절세 전략이 더욱 중요하고, 취득세 재원을 조부모를 통한 증여로 마련하는 방식을 취하는 것도 하나의 방법이다.

그러면 증여세는 어떻게 해야 할까? 납부 방식 중 하나인 연부연납을 활용할 수 있다. 증여세의 납부세액이 2,000만 원을 초과하는 경우 연부연납 신청서 제출 및 신청 세액에 상당하는 납세담보를 제공하면 허가를 통해 최대 5년간 세금을 나누어 낼 수 있다.

부담부증여를 통해 증여받은 주택을 담보로 연부연납을 신청하여 최대 5년간 세금을 나누어 낸다면 고액의 증여세에 대한 부담을 줄일 수 있고, 자녀가 정기적금을 모으듯 매년 연부연납세액을 모아 스스로 세금을 해결하게 하는 경제 교육도 병행할 수 있다.

### 4) 근저당권 승계가 가능한지 검토하자

나머지 사항이 다 절세 가능한 방향으로 검토되었더라도 근원적인 검토 사항이 있다. 바로 주택근저당권 승계 가능 여부다. 지속적인 부동산 정책 갱신으로 인해 LTV와 DSR의 비율이 계속 낮아졌으며, 부모의 신용도 및 소득과 달리 자녀의 신용도 및 소득에 따라 은행에서 근저당권 승계가 불가능 혹은 일부만 가능하다는 이야기를 들을 수 있다.

세법 외의 검토 사항이지만 근저당권의 승계가 되지 않는다면 예상했던 부담부증여 세액보다 높은 세액을 납부하는 상황이 펼쳐질 수 있고, 원천적으로 부담부증여 자체가 불가능할 수도 있다는 점에 유의해야 한다.

## 5) 최대 절세가 되는 적정 채무액을 찾아내자

부담부증여의 핵심은 본인과 부모 간에 발생하는 3가지 세액의 가장 최소화가 되는 채무액을 찾는 것이다. 승계되는 채무액에 따라 세액 차이는 천차만별로 벌어지게 되는데, 현재 상태에서 단순히 세액이 절세될 것이라는 가정으로 부담부증여를 하게 된다면 생각보다 고액의 세금에 놀라게 된다.

세무 컨설팅을 통해 적정 채무액을 확인한 후, 현재 임대보증금과 근저당권 등 채무의 조정 가능 여부 및 조정 시기를 확인해야 한다. 증여자와 수증자의 상황에 맞는 적정 채무액으로 조정을 마친 뒤에 부담부증여를 하는 것이 절세를 위한 가장 좋은 방법이다.

## 6) 채무 사후 관리를 주의하자

부담부증여로 인정받기 위해 수증자의 자력 변제가 가능한지에 대한 판단은 증여일 현재뿐만이 아니다. 세무서에서 채무의 사후 관리를 통하여 수증자가 아닌 타인이 대신 채무를 변제한 사항을 포착한다면 증여세 추징을 당할 수 있다. 그러므로 부담부증여 시점에만 채무를 인수한 것으로 처리하고 추후 자녀의 채무를 부모가 몰래 변제한다는 등의 얄은 수는 생각하지 않는 것이 좋다.

## 7) 건강보험료를 고려하자

소득이 없는 자녀는 보통 부모의 피부양자 자격으로 건강보험료가 나오지 않지만, 증여받은 주택의 임대소득으로 인해서 사업자등록 및 사업소득이 발생하면 피부양자가 박탈되고, 지역가입자로 건강보험료가 부과될 수 있다.

직장 가입자의 피부양자가 되려는 사람은 소득 요건은 모두 충족하여야 하고, 재산 요건은 어느 하나에 해당해야 한다.

**[표 3-8] 건강보험 피부양자 요건**

| | |
|---|---|
| 소득<br>요건 | ① 소득 구분 없이 연소득 2,000만 원 이하<br>② 사업소득이 없을 것 |
| 재산<br>요건 | ① 재산세 과세표준 5억 4,000만 원 이하<br>② 재산세 과세표준 5억 4,000만 원~9억 원이면서 연소득 1,000만 원 이하 |

# 똑똑하게
# '부담부증여'하기
## ② 토지편

주택의 부담부증여와 대부분 유사하지만 주택과는 다른 양도소득세, 대출제도 및 지목에 따른 취득 시 유의사항이 다르므로 차이점에 대해서는 구분해서 익혀두는 것이 좋다.

### 예시를 통해 살펴보는 토지 부담부증여 절세 원리
예시를 들어 토지 부담부증여의 절세 원리에 대해서 알아보자.

### 1) 성년 자녀에게 시가 10억 원(기준시가 6억 원) 토지 단순 증여 시
자녀에게 시가 10억 원의 토지를 순수 증여한다면 자녀는 2가지 세금을 납부해야 한다.

(1) 증여세

가) 시가로 증여 시 2억 2,500만 원(증여재산가액 10억 원)

나) 시가가 없어서 기준시가 증여 시 1억 500만 원(증여재산가액 6억 원)

(2) 취득세 : 기준시가의 4%

## 2) 성년 자녀에게 시가 10억 원(기준시가 6억 원, 근저당권 합계 4억 원) 토지 부담부 증여 시

자녀는 마찬가지로 2가지의 세금을 납부해야 한다.

(1) 증여세

가) 시가로 증여 시 1억 500만 원(증여재산가액 10억 원에서 근저당권 4억 원을 차감한 6억 원)

나) 시가가 없어서 기준시가 증여 시 2,000만 원(증여재산가액 6억 원에서 근저당권 4억 원을 차감한 2억 원)

(2) 취득세

가) 채무 부분은 근저당권 합계액의 4.6%

나) 증여 부분은 기준시가의 4%

(3) 양도소득세

부모는 채무 승계 4억 원에 대해서 양도소득세를 납부해야 한다. 해당 양도소득세가 순수 증여 시 발생하는 자녀의 증여세보다 적다면 절세할 수 있다.

### 토지 부담부증여 절세 전략

주택보다는 상대적으로 덜 복잡하지만, 토지의 부담부증여도 무조건 절세를 보장하는 것은 아니다. 또한 곳곳에 숨은 절세 포인트를 찾아내지 못한다면 부당하게 많은 세금을 납부할 수도 있다. 토지의 부담부증여를 고려 중이라면 실행 전 아래의 사항을 꼭 확인해보아야 한다.

### 1) 증여자의 토지가 비사업용 토지인지 확인하자

주택에 다주택자 중과세가 있다면, 토지에는 비사업용 토지 중과세가 있다. 법에서는 토지의 공부상 지목과 관계없이 실제 사용 현황인 현황 지목에 따라 비사업용 토지를 판단하며, 토지를 현황 지목에 맞게 사용하지 않는 경우에는 비사업용 토지로 보아 양도소득세율에 10%가 중과된다. 10%의 중과세는 양도차익이 커질수록 고액의 양도소득세를 발생시키므로 증여자 입장에서 상당히 부담스러울 수 있다.

### 2) 증여 대상 토지가 「조세특례제한법」 상 감면 대상인지 확인하자

「조세특례제한법」에는 토지와 관련된 많은 감면 규정이 존재한다. 대표적으로 자경농지에 대한 감면이 있다.

　부모가 자경농지에 대한 감면 요건을 모두 갖춘 뒤 자녀에게 농지를 부담부증여한다면, 채무 부분에 대한 양도소득세 1억 원까지 감면을 적용받아 양도소득세 부담을 줄이면서 최상의 절세 플랜이 될 수 있다. 다만, 자경농지에 대한 감면을 적용받기 위해서는 엄격한 요건을 충족해야 하기 때문에 사전 검토를 꼭 해야 한다.

### 3) 미래 자녀의 양도까지 고려하자

대부분의 토지 증여는 당장의 증여세를 줄이기 위해 '시가'보다 낮은 '기준시가'로 평가하여 진행한다. 하지만 추후 자녀의 양도 시점에는 증여받은 기준시가가 취득가액이 되기 때문에 낮은 취득가액으로 인해 양도소득세가 커지게 된다.

또한 취득 토지가 농지라면 대부분의 성인 자녀가 농사에 전업하기 쉽지 않기 때문에 추후 양도 시점에 비사업용 토지가 될 확률이 높다. 비사업용 토지로 양도하게 되면 중과세율 10%를 추가로 적용받아서 당초 자녀에게 부의 이전을 하려 했던 금액이 양도소득세로 인해 크게 감소하는 결과를 초래할 수 있다. 그러므로 미리 세무사와 시뮬레이션을 통해 미래 자녀의 양도소득세 부분까지 고려하여 진행하는 것이 현명하다.

## 4) 자녀의 근저당권 승계 및 「농지법」상 취득이 가능한지 검토하자

나머지 사항이 모두 절세 가능한 방향으로 검토되었더라도 근원적인 검토 사항이 있다. 바로 근저당권 승계 가능 여부다. 최근 부동산 정책으로 인해 전 금융권의 비주택담보대출에도 LTV와 DSR 규제가 적용되고, 부모의 신용도 및 소득과 달리 자녀의 신용도 및 소득에 따라 은행에서 근저당권 승계가 불가능 혹은 일부만 가능하다는 이야기를 들을 수 있다.

추가적으로 지목이 '전, 답, 과수원'인 농지를 취득한다면 「농지법」상 농지 취득 가능 여부 등을 파악해야 한다. 2021년 3·29대책으로 인해 농지취득자격증명이 까다로워졌으며, 「농지법」상 미성년자는 증여 및 매매 취득이 불가능하므로 미리 이런 부분들에 대해서도 꼼꼼히 검토 후 증여해야 한다.

부의 이전

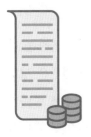

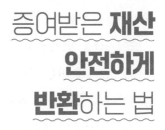
증여받은 **재산**
**안전하게**
**반환**하는 법

증여재산을 증여받은 자가 일정한 사유로 다시 증여자에게 수증 재산을 반환하는 경우가 있다. 이때 반환 시점이 언제인지에 따라 재차 증여하는 행위에 대해 다시 증여세가 부과될지 여부를 판단한다.

| 반환 자산 형태와 반환 시기 | | 신고기한 내 | 신고기한 이후 3개월 내 | 신고기한으로부터 3개월 경과 후 |
|---|---|---|---|---|
| 금전 | 시기에 관계없음. | 과세 | | |
| 금전 외* | 최초 증여 | 과세 안 됨. | 과세 | |
| | 반환 거래 | 과세 안 됨. | | 과세 |

\* 신고기한 내라도 반환하기 전에 법에 따라 결정받은 경우는 과세됨.

증여 반환 시 첫 번째 유의점은 당초 증여에 따른 증여재산이 부동산이고, 취득세 납부가 이미 끝났다면 취득세는 반환되지 않는다는 점이다.

또한 증여받은 날이 속하는 달의 말일로부터 3개월 이내 반환하는 경우에는 처음부터 증여가 없었던 것이나 그사이에 증여자가 사망한 후 증여재산을 반환하는 경우 증여세가 과세된다.

증여재산을 반환받을 때 증여자가 지정하는 제3자에게 반환하는 경우에도 증여세 반환 규정이 적용되지 않는다. 증여재산의 반환은 당초 증여자와 수증자 간에 합의 해제에 기초로 하는 것이므로 당초 증여자가 직접 지정하는 제3자에게 증여세 신고기한 이내에 증여재산을 반환하는 것은 별도의 증여 거래로 보아 증여세를 과세하는 것이다.

증여재산이 금전이면 증여재산 반환에 대한 증여세 예외 규정이 없다. 따라서 일단 증여가 이루어진 금원의 이전에 대해서는 당초 증여 거래와 반환 거래 모두 증여세가 과세되는 것이다. 이는 금전은 일반적인 재화의 교환수단으로서 대상 목적물이 특정되지 아니하여 당초 증여받은 금전과 동일한 금전의 반환인지 사실상 구분할 수 없고, 이를 과세하지 않는다면 증여세 회피 우려가 높기 때문이다.

또한 현금으로 증여받고 그 현금으로 취득한 부동산 또는 주식으로 반환하는 경우에도 증여 반환으로 보지 않고, 증여세를 과세하게 된다. 이를 인정하게 되면 증여자가 본인 명의로 취득하지 못하는 부동산 또는 주식을 수증인이 대리하여 취득한 이후 소유권을 인정받을 수 있기 때문이다.


**시가가 높다면 증여 반환 후 시가가 낮을 때 다시 증여하자**

상장 주식 시가 평가는 평가기준일 이전·이후 각 2개월 최종 시세가액의 평균액으로 하고, 가상 자산 시가 평가는 평가기준일 전·이후 각 1개월 동안에 해당 가상 자산사업자가 공시하는 일평균 가액의 평균액으로 한다고 했다.

그렇다면 이 두 자산을 증여할 시점에 시가 평가가 높게 평가된다면

부의 이전

증여를 반환한 후 시가가 낮아진 시점에 다시 증여하는 방법을 생각할 수 있다. 즉, 주가 하락장은 오히려 상장 주식과 가상 자산의 증여를 할 수 있는 기회라고 생각해볼 수 있다.

대한민국 주식시장도 연중 최고치를 갱신하다가 최근 다시 하락 후 조정장을 이어가고 있다. 이렇게 주가가 조정받는 시점이 자산가에게는 증여의 기회가 될 수 있다. 이러한 현상은 과거 2008년 글로벌 경제위기 상황에서도 유사하게 나타났다.

기업 본질적 가치 하락이 아닌 시장 전반적인 하락세에 따른 것이라고 판단되면 우량 회사의 주가는 시장 상황에 따라 향후 반등할 것이기 때문에 이 시점에 증여하여 주식 가치의 상승에 대한 부까지 이전하는 효과를 볼 수 있다. 나아가 일부 상장사 오너는 주가가 조정받는 시점에 자녀에 대한 가업 승계의 기회를 잡고자 주식을 증여하는 경우도 있다.

## 건설 중인 자산은 언제까지 증여 취소해야 할까?

부모가 건물을 신축하여 증여할 목적으로 자녀 명의로 건축허가를 받거나 신고를 하여 해당 건물을 완성한 경우에는 건물의 사용승인서 교부일을 증여일로 본다. 다만 사용승인 전에 사실상 사용하거나 임시사용승인을 얻는 경우에는 그 날을 증여일로 본다.

만약 건설 중인 자산을 증여하고자 했다가 취소해야 하는 상황이 발생할 경우 건설 중인 자산의 사용승인서교부일 등 이전에 증여자 명의로 소유권을 환원하거나 사용승인서 교부일 등이 속하는 달의 말일부터 3개월 이내에 부모님 명의로 증여재산을 반환하면 증여세 문제는 발생하지 않는다.

## 결혼 전 자녀 월급을 부모에게 맡긴 후 추후 돌려받는다면?

결혼 전 자녀의 월급을 부모에게 맡긴 후 자녀는 용돈을 받아 생활하고, 부모가 대신 자금을 관리하다가 결혼할 때 돌려주는 경우가 있다. 이때 부모가 자녀의 월급을 관리했다는 사실을 입증하기 위해서 별도로 예금 계좌를 개설하여 관리하거나 또는 부모 자금과 자녀 자금을 명확히 구분하여 관리해야 한다. 그렇더라도 사실상 증여 의심을 받을 수 있기 때문에 권하지는 않는 방식이다.

## 효도 계약하고 증여한 후 계약이 지켜지지 않는다면 추후 돌려받을 수 있을까?

부모가 자녀와 증여약정서를 작성하고 효도할 것을 조건부로 계약하고 증여하는 경우가 있다. 하지만 추후 효도 행위 조건을 이행하지 않아 약정해제권의 행사 및 소송을 제기하여 판결에 따라 증여 소유권이전등기가 말소되면 당초부터 증여가 없었던 것으로 본다.

즉, 증여세 과세 대상이 되는 재산이 취득원인무효의 판결에 따라 그 재산상의 권리가 말소되는 때에는 증여세를 과세하지 아니하며, 과세된 증여세는 취소된다. 다만, 형식적인 재판 절차만 경유한 사실이 확인되는 경우에는 그렇지 않다.

만약, 원인무효의 판결을 받지 않고 증여재산 반환기한 이내에 증여재산을 반환하지 않는 경우라면 당초 부과된 증여세는 취소되지 않으므로 효도계약 전에는 계약 불이행 시 발생할 증여재산 반환에 대한 충분한 검토가 선행되어야 한다.

부의 이전

# 생활비와 축의금도 증여세가 과세될까?

납세자 중 대부분은 '생활비는 증여세 비과세 대상이니까 괜찮다'고 알고 있다. 물론 틀린 말은 아니다. 하지만 법상 생활비 범위를 정확하게 알 때 해당하는 사항이라는 점을 아는 사람은 거의 없다. 즉, 생활비를 포함하여 일상에서 발생하는 결혼축의금, 부의금, 혼수용품 등 비과세 증여재산의 범위를 명확히 알아야 '과세'되지 않을 수 있다. 이것이 비과세 증여재산의 범위를 정확히 알아야 하는 이유다.

우선 가장 흔히 접하는 생활비 등 비과세 증여재산에 대해 살펴보자.

**상속세 및 증여세법 제46조【비과세되는 증여재산】**

다음 각 호의 어느 하나에 해당하는 금액에 대해서는 증여세를 부과하지 아니 한다.

　5. 사회 통념상 인정되는 이재구호금품, 치료비, 피부양자의 생활비, 교
　　육비, 그 밖에 이와 유사한 것으로서 대통령령으로 정하는 것.

> **상속세 및 증여세법 시행령 제35조 【비과세되는 증여재산의 범위 등】**
>
> ④ 법 제46조 제5호에서 '대통령령으로 정하는 것'이란 다음 각 호의 어느
> 하나에 해당하는 것으로서 해당 용도에 직접 지출한 것을 말한다.
>
> 2. 학자금 또는 장학금 기타 이와 유사한 금품
>
> 3. 기념품·축하금·부의금 기타 이와 유사한 금품으로서 통상 필요하
>    다고 인정되는 금품
>
> 4. 혼수용품으로서 통상 필요하다고 인정되는 금품

납세자는 종종 '얼마까지가 생활비인가?' 하는 질문을 하곤 하지만, 생활비에 금액적인 제한을 두지는 않는다. 사람마다 생활비는 다를 수 있기 때문이다. 예를 들어, 어떤 사람은 하루 생활비가 1만 원일 수 있지만, 또 다른 사람은 100만 원일 수 있다.

하지만 생활비 명목으로 수령한 금원으로 재산을 취득하는 행위 등 부를 축적한다면, 금액의 크기와 상관없이 생활비로 보지 않는다. 생활비를 주장하면서 이를 명목으로 주식, 토지, 주택 등의 매입 자금이나 정기예금으로 활용한다면 이는 자산 형성을 이루었다고 볼 수 있어 명백히 증여가 되기 때문이다.

또한 증여자가 수증자에 대해 부양 의무가 있는 상태여야 한다. 수증자인 자녀가 소득이 없거나 자력으로 생활이 어려운 경우가 이에 해당한다. 나아가 경제력이 충분한 부모가 있음에도 조부모로부터 생활비를 받게 된다면, 조부모에게는 손주의 부양의무가 없으므로 생활비에 해당하지 않는다.

그리고 생활비 또는 교육비는 필요 시마다 직접 비용을 충당해주어야한다. 몇 년치 생활비를 일시에 지급하는 방식은 비과세되지 않는다. 이는 결국 남은 돈을 통해 재산 형성을 이루었다고 볼 수 있기 때문이다.

생전에 증여한 재산에 대해 증여세가 추징 되는 경우보다 증여자의 사망으로 인해 상속세 신고 및 조사가 이루어질 때 기존의 증여재산을 전부 사전증여재산으로 보아 과세되는 경우가 많다. 그래서 아무리 생활비를 주어도 증여세가 추징되는 경우는 한 번도 못 봤다고 하는 사람들이 간혹 나오기도 한다. 하지만 이런 경우 대부분 상속 때 크게 세금이 추징된다.

다음으로 '축의금'은 원칙적으로 사회 통념상 혼주에게 귀속되는 금품에 해당한다. 따라서 축의금을 재원으로 자녀가 부를 축적한다면, 증여로 보아 과세될 수 있다.

실제 자녀의 지인으로부터 수령하는 축의금은 하객 명부와 축의 내역 등을 보관하여, 혼인 당사자에 귀속되는 축의금임을 입증하는 방법을 통해 증여 문제를 피할 수 있다.

그밖에 유사한 성질의 금품으로는 부의금, 혼수용품이 있다. 법에서는 일괄적으로 사회 통념상 인정되는 기준으로 모호하게 표현하고 있다. 과세 기준을 판례를 통해 자세히 살펴보자.

① 결혼축의금 : 상증, 서울고등법원2008누22831, 2010. 02. 10, 국승

결혼축의금이란 우리 사회의 전통적인 미풍양속으로 확립되어온 사회적 관행으로서, 그중 신랑, 신부인 결혼 당사자와의 친분 관계에 기초하여 결혼 당사자에게 직접 건네진 것이라고 볼 부분을 제외한 나머지

는 전액 혼주인 부모에게 귀속된다고 봄이 상당하고, 별지 결혼축의금 내역의 기재에 나타난 그 교부의 주체, 취지 및 금액 등을 종합하여 보면, 위 결혼축의금은 하객들이 원고의 아버지인 전KK을 보고 교부한 금원

② 부의금 : 상증, 서면인터넷방문상담4팀-358, 2005. 03. 10.

부의금은 사회 통념상 통상 필요하다고 인정되는 금품에 해당하는 경우에는 증여세를 비과세하는 것임.

③ 혼수용품 : 상증, 의정부지방법원-2019-구합-14457, 2021.01.07, 국승

1) 원고는 2010. 8. 21. 결혼식을 하였는데, 그로부터 약 10개월이 지난 2011. 6. 28. 망인으로부터 입금받은 4,000만 원을 혼수와 관련된 금품이라고 보기 어렵다.

2) 원고들은 통상 신랑이 신혼집 매수대금을, 신부가 혼수용품 매수대금을 각 부담하고, 그중 신부가 부담하는 혼수용품 매수대금은 비과세되는 '혼수용품으로서 통상 필요하다고 인정되는 금품'에 포함되므로, 신혼집 매수대금을 이에 포함하지 않는 것은 신랑에 대한 부당한 차별이라는 취지의 주장도 한다.

그러나 신혼집 매수대금을 반드시 신랑 측에서 온전히 부담한다고 단정하기 어려울 뿐만 아니라, 양측이 사전에 조율하여 신혼집 매수대금과 혼수용품 매수대금을 적절히 배분할 수도 있는 점을 앞서 본 바와 같은 엄격 해석의 원칙 등과 함께 고려하면, 신혼집 매수대금을 비과세되는 '혼수용품으로서 통상 필요하다고 인정되는 금품'으로 인정하지 않는다고 하여 신랑 측을 부당하게 차별하는 것이라고 보기는 어렵다.

부의 이전

그밖에 법에서 정하고 있는 비과세 목록은 다음과 같다.

- 국가나 지방자치단체로부터 증여받은 재산의 가액
- 내국법인의 종업원으로서 우리사주조합에 가입한 자가 해당 법인의 주식을 우리사주조합을 통하여 취득한 경우로서 그 조합원이 대통령 령으로 정하는 소액주주의 기준에 해당하는 경우 그 주식의 취득가액 과 시가의 차액으로 인하여 받은 이익에 상당하는 가액
- 「정당법」에 따른 정당이 증여받은 재산의 가액
- 「근로복지기본법」에 따른 사내근로복지기금이나 그 밖에 이와 유사한 것으로서 대통령령으로 정하는 단체가 증여받은 재산의 가액
- 사회통념상 인정되는 이재구호금품·치료비·피부양자의 생활비·교육 비·그 밖에 이와 유사한 것으로서 대통령령으로 정하는 것.
- 「신용보증기금법」에 따라 설립된 신용보증기금이나 그밖에 이와 유사 한 것으로서 대통령령으로 정하는 단체가 증여받은 재산의 가액
- 국가, 지방자치단체 또는 공공단체가 증여받은 재산의 가액
- 장애인을 보험금 수령인으로 하는 보험으로서 대통령령으로 정하는 보험의 보험금
- 「국가유공자 등 예우 및 지원에 관한 법률」에 따른 국가유공자의 유족 이나「의사상자 등 예우 및 지원에 관한 법률」에 따른 의사자의 유족이 증여받은 성금 및 물품 등 재산의 가액
- 비영리법인의 설립근거가 되는 법령의 변경으로 비영리법인이 해산되 거나 업무가 변경됨에 따라 해당 비영리법인의 재산과 권리·의무를 다 른 비영리법인이 승계받은 경우 승계받은 해당 재산의 가액

# 부동산을 **무상 사용** 또는 **무상 담보**로 이용하면 **증여세**가 **과세**된다

타인의 부동산을 무상으로 사용함에 따라 이익을 얻은 경우와 타인의 부동산을 무상으로 담보 이용하여 금전 등을 차입하는 경우도 증여세 과세 대상으로 규정하고 있다. 여기서 '타인'은 자기 자신을 제외한 다른 사람 모두를 지칭하여 부모자식 간의 사이가 아니더라도 증여세가 발생할 수 있음을 유의하자.

## 부동산 무상 사용에 따른 이익의 증여

타인의 부동산을 무상으로 사용함에 따라 이익을 얻으면, 개시한 날을 증여일로 하여 다음의 계산식에 따라 계산한 각 연도의 부동산 무상 사용 이익을 세법상 환산한 가액으로 증여재산가액을 계산한다.

이 경우 해당 부동산에 대한 무상 사용 기간은 5년으로 하고, 무상 사용 기간이 5년을 초과하면 그 무상 사용을 개시한 날부터 5년이 되는 날의 다음 날에 새로 해당 부동산의 무상 사용을 개시한 것으로 본다.

　　　　　　　　　　　　　　　　　　　　　　　　　부의 이전

**부동산 무상 사용 이익 = 법상 부동산 평가액×2%×3.7908**

1) 2%는 1년간 부동산 사용료를 고려하여 기획재정부령으로 정하는 율

2) 3.7908은 5년간 부동산 무상 사용 이익을 매년 10%의 이자율로 현재
   가치 할인한 수치

다행히 증여재산가액이 1억 원 미만이면 증여세를 부과하지 않는다. 약식으로 계산하면 부동산의 평가액이 13억 1,900만 원에 육박해야 증여재산가액이 1억 원 이상이 되어 증여세 과세 대상이 된다.

부동산 무상 사용에 대한 증여세 과세라고 해서 모든 부동산이 과세 대상이 되는 것은 아니다. 그 부동산 소유자와 함께 거주하는 주택과 그에 딸린 부수토지를 무상으로 사용하는 경우에는 증여세를 과세하지 않는다. 다만, 해당 주택이 겸용 주택으로 상가 등으로 사용하는 면적이 있거나, 동일 지번 위에 다른 목적의 건물이 별도로 설치되어 있는 경우, 주택으로 사용하는 면적이 주택 외의 용도로 사용하는 면적을 초과하는 경우 해당 건물 전부를 주택으로 보아 과세한다.

### 토지와 건물의 소유자가 다르다면?

부동산 무상 사용자가 타인의 토지 또는 건물만을 각각 무상으로 사용하는 경우에도 부동산 무상 사용에 대한 이익의 증여 규정을 적용한다. 따라서 아들 명의의 토지 위에 아버지가 주택을 신축하고, 아들이 무상으로 사용하는 경우에도 해당 무상 사용 이익이 1억 원 이상이라면 증여세 과세 대상에 해당한다. 다만, 각각 상대방의 토지와 건물을 사용하

는 대가로 임대차계약서상 지급할 임대료를 상계하기로 약정했다면 부동산 무상 사용에 대한 이익으로 보지 않는다.

## 증여세가 끝이 아니다, 추가적인 세금 문제

### 1) 개인 간 부동산의 무상 사용 또는 저가 사용 : 종합소득세 부담

거주자가 소유하는 부동산을 특수관계에 있는 자에게 무상 또는 낮은 임대료로 제공한 때에는 「소득세법」에 의해 부당행위계산부인규정이 적용된다. 따라서 무상 사용 등이 속한 해당 연도의 부동산임대소득을 계산할 때 적정 임대료로 수정하여 소득세를 재계산한다. 부동산 무상 사용자가 특수관계인의 부동산을 이용하여 발생한 소득에 대하여 소득세를 부담하더라도 부동산 무상 사용 이익에 대한 증여세는 면제되지 않는다.

### 2) 사업자의 부동산 임대 용역 무상 제공 또는 저가 제공 : 부가가치세 부담

부가가치세 과세 대상이 되는 부동산을 소유한 자가 특수관계인에게 대가를 받지 아니하고 무상으로 공급하는 경우에는 「부가가치세법」에 따른 용역의 공급으로 부가가치세가 과세된다. 이 경우에도 특수관계인에게 부동산을 무상으로 임대하거나 시가보다 저가로 임대하는 경우 시가를 받은 것으로 수정하여 부가가치세를 추가로 납부하게 된다.

## 부동산 무상 담보 이용에 따른 이익의 증여

타인의 부동산을 무상 담보로 이용하여 금전 등을 차입함에 따라 이익을 얻은 경우 그 부동산 담보 이용을 개시한 날을 증여일로 하여 그 이익에 상당하는 금액을 부동산을 담보로 이용한 자의 증여재산가액으로 한다.

이 경우 차입 기간이 정하여지지 아니한 경우에 1년으로 하고, 1년을 초과하는 경우 그 부동산 담보 이용을 개시한 날부터 1년이 되는 날의 다음 날에 새로 해당 부동산의 담보 이용을 개시한 것으로 본다.

다만, 아래의 산식에 따라 계산한 증여재산가액이 1,000만 원 이상인 경우에만 증여세를 부과한다. 무상 담보로 이용할 경우 증여재산가액이 1,000만 원 이상 산정되기 위해서는 대출금액이 2억 1,739만 원 이상이어야 한다.

① 무상으로 담보 이용하여 금전을 차입하는 경우

증여재산가액 = 대출금액×법에서 정한 적정 이자율(연 4.6%)

② 적정 이자율보다 낮은 이자율로 담보 이용하여 금전을 차입하는 경우

증여재산가액 = 대출금액×법에서 정한 적정 이자율(연 4.6%)

－실제 지급한 이자 상당액

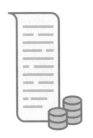

# 부모자식 간의 '차용증', 과연 믿어줄까?

## 금전 대여 시 유의사항

부동산 취득 시 자금 출처를 소명하는 것이 필수가 된 현재 취득 자금의 일부를 부모로부터 차입했더라도 이를 증여로 보아 증여세 소명 대상이 되기 쉽다. 왜 그럴까?

### 부모자식 간의 차용증, 과연 믿어줄까?

부모자식 간에 돈을 빌려줄 때 아직도 일정한 차용증 또는 금전소비대차 계약서를 안 쓰는 경우가 있다. 실제 변제에 대한 각종 약정(당사자 인적 사항, 대여금, 대여 이율, 대여금 분할 변제 여부, 변제 기한 등)을 기입한 금전소비대차계약서도 없이 이를 자녀에게 대여해줬다고 주장한다면 법에서는 사실상 대여로 인정받기 어렵다.

부동산 취득 자금에 대한 소명 업무를 진행하면서 가장 흔히 파생되는 세무조사는 부모로부터 유입된 부동산 취득 자금이 증여 대상인지, 아니면 금전 대여인지에 대한 세무조사다. 그렇다면 이 내역이 '금전 대여'라는 것을 어떻게 입증할까?

## 1) 차용증은 기본 중의 기본! 차용증부터 작성하자

최근 가족 간 금전 거래와 관련하여 차용증 등 금전 대여 당시 작성한 계약서가 없어 세무서에서는 부친으로부터 대여한 금원을 그대로 증여로 과세하였다가 이를 취소한 사례가 있었다.

이는 자녀가 아파트를 취득하면서 중도금이 부족하자 부친으로부터 3억 원을 차입하고 이후 아파트를 담보로 대출받아 다시 상환한 사례다. 세무서는 이를 증여로 보아 증여세를 과세하였지만 국민권익위원회는 당초 차입 금원을 사실상 상환한 것이 명확히 입증된 경우라면 이에 대해 증여세를 부과하는 것은 부당하다고 판단하였다.

해당 사례에서 차용증이 없음에도 입증이 가능했던 이유는 짧은 시간 내에 즉시 변제하였고, 자녀 역시 경제적 능력이 인정되는 상황이었기 때문이었다. 금전 대여한 자녀가 경제적 능력이 전혀 없는 상황이었고, 변제 기한이 상당히 경과되었더라면 해당 자금이 실질적인 금전 대여라고 인정받기 쉽지 않았을 것이다.

## 2) 차용증 외에도 증빙 자료를 구비하자

그렇다면 차용증만 구비해놓으면 금전 대여임을 입증할 수 있을까? 그렇지 않다. 과세관청은 기본적으로 특수관계인 간 금전 대여 거래를 판단할 때, 객관적이고 구체적인 입증 자료를 종합적으로 판단한다.

첫째, 작성된 차용증이 사후적으로 작성되었는지 여부를 확인한다. 따라서 차용증 작성 시점에 공증법률사무소에 가서 공증 또는 확정일자를 받거나, 우체국 내용증명이나 이메일 발송 등의 방법을 통해 차용증 작성 일자를 확실히 하는 과정이 필요하다.

둘째, 작성된 차용증의 내용대로 원리금 상환이 이루어졌는지를 확인한다. 즉, 차용증 상 상환 일정에 맞추어 정해진 원리금이 상환되었다는 것을 입증할 수 있어야 한다. 그러므로 반드시 계좌이체를 통해 지급하면서, 적요 사항에 원리금 상환임을 명확하게 기록하는 것이 중요하다.

셋째, 채무자의 이자 비용은 곧 대여자의 이자소득이다. 일반적인 사채(私債)의 경우 비영업 대금의 이익이라 하여 지방소득세 포함 이자 지급액의 27.5%를 원천징수 후 차액을 이자로 지급하여야 하고, 대여자는 수령한 이자소득에 대해 소득세를 신고해야 한다.

이처럼 금전 대여에 대한 입증 책임은 이를 주장하는 납세자에게 있으므로, 그것을 차용증과 같은 요식행위뿐만 아니라 그 내용을 기반으로 한 이자 지급 내역 등을 통해 상당한 정도로 금전 대여임이 입증되어야 한다.

## 금전 무상 대여 또는 저리 대여하면 증여세 과세 대상 된다

무상으로 금전을 차입하거나 법에서 정한 적정 이자율에 미달하는 이자율로 금전을 차입하는 경우에는 금전을 대출받은 날에 다음의 계산을 통해 그 금전을 대출받은 자의 증여재산가액을 산정한다. 다만, 해당 증여재산가액이 1,000만 원 이상인 경우에만 증여세가 과세된다.

① 무상으로 금전을 차입하는 경우

증여재산가액 = 대출금액 × 법에서 정한 적정 이자율(연 4.6%)

② 적정 이자율보다 낮은 이자율로 금전을 차입하는 경우

증여재산가액 = 대출금액 × 법에서 정한 적정 이자율(연 4.6%)

– 실제 지급한 이자 상당액

채무자가 실제 지급한 이자 상당액이란 차입에 대한 반대급부로서 금융 거래 내역 등으로 입증 가능한 금액만을 인정한다. 따라서 당사자 간 차용증이나 사인(私人) 간에 작성한 문서 등에 의해 지급하기로 예정되었다는 사유만으로는 실제 이자 지급이 이루어진 것으로 인정되지 않는다.

이러한 금전 무상 대출에 따른 증여세는 원칙적으로 직계존비속 등 특수관계 여부에 상관없이 적용되지만, 특수관계인이 아닌 자 간의 거래인 경우 거래의 관행상 정당한 사유가 없는 경우에 한정하여 적용된다.

### 1) 수차례 나누어 빌린다면 괜찮지 않을까?

금전 무상 대출에 따른 이익의 증여를 계산할 때, 그 증여일부터 소급하여 1년 이내에 여러 차례 나누어 대부받은 경우 각각의 날을 기준으로 계산하여 1,000만 원 초과 여부를 판단한다.

만일 대출 기간이 정해지지 아니한 경우에는 1년으로 보고, 1년 이상인 경우 1년이 되는 날의 다음 날에 매년 새로 대출받은 것으로 보아 해당 증여재산가액을 계산한다.

### 2) 금전 순수 증여와 저리 대여로 과세되는 경우의 차이점은 무엇일까?

적정 이자율과 실제 지급받는 이자율에 따른 이자 상당액의 차이가 과세 기준인 1,000만 원을 초과하려면 차입 원금에 상당하는 금액이 2억 1,739만 원 이상이 되어야 한다. 그렇다면 차입원금이 해당 가액에 미달하는 경우에는 어차피 이자 지급 사실을 별도로 입증하지 않아도 금전 차입 거래로 주장하는 경우 증여 문제가 발생하지 않을까? 다음 증여세 세무조사 사례를 통해 금전 순수증여와 저리 대여로 인한 증여세 부담을 비교해보자.

[계산 예시]

| 구분 | 내용 | 구분 | 내용 |
|---|---|---|---|
| 증여자(채권자) | 모친 | 수증자(채무자) | 딸 |
| 차입 원금 | 8억 원 | 차입 일자 | 2020. 5. 25. |
| 이자 지급액(월) | 100만 원 | 자금 출처 소명 요청 | 2022. 5. 25. |

- 순수 증여 거래로 보는 경우 : 딸이 지난 10년 동안 증여자로부터 기증여가 없으므로 해당 차입 금원 전부가 증여재산가액이 되는 것이고 증여재산공제 5,000만 원을 공제하고 증여세를 과세한다.
- 저리대여 거래로 보는 경우 : 다음 계산에 따라 증여재산가액을 산정하고 해당 가액이 1,000만 원 이상인 경우 증여세를 과세한다.

  - 연간 증여재산가액 2,480만 원 = 차입액(8억 원)×적정 이자율(연 4.6%)−1,200만 원(실제 지급 이자)

| 구분 | | 일반 증여 거래로 보는 경우 | 금전대차 거래로 보는 경우 |
|---|---|---|---|
| | 증여재산가액 | 8억 원 | 4,960만 원 |
| (−) | 증여재산공제 | 5,000만 원 | 5,000만 원 |
| (=) | 과세표준 | 7억 5,000만 원 | − |
| (×) | 세율 | 30%−6,000만 원 | |
| (=) | 산출세액 | 1억 6,500만 원 | − |

| (+) | 가산세 | 3,300만 원<br>(신고불성실 20%)<br>+<br>약 2,900만 원<br>(납부불성실 2년분 약 20%) | – |
|---|---|---|---|
| (=) | 납부세액 | 약 2억 2,700만 원 | – |

위 상황에서 과세관청의 주장대로 금전소비대차 행위를 순수 증여로 보는 경우 어머니로부터 대여한 8억 원은 전액 증여재산가액이 되어 추징될 증여세는 약 2억 2,700만 원이다.

반대로 실질에 따라 금전소비대차거래로 인정받는다면 적정 이자 지급액과의 차액인 2,480만 원이 최초 1년간의 증여재산가액이 되고, 현재 2년이 된 시점이므로 총 4,960만 원이 증여재산가액이 된다. 증여재산공제를 하고 나면 추징될 증여세가 없다. 해당 건에서 납세자는 차용증 작성 및 평소 원리금 상환, 상환 내역 보관 등 철저한 증빙 내역을 관리했기 때문에 금전소비대차거래로 인정받을 수 있었다. 물론 실질이 금전소비대차거래였기 때문에 실질에 따른 당연한 결과가 아닌가 하고 생각할 수 있다. 하지만 실질을 입증할 증빙이 없었다면 억울한 결과도 충분히 발생할 수 있다.

### 채무면제도 당연히 증여가 된다

만약 자녀가 금전을 대여했다면 언젠가 원금은 물론 이자를 갚아야 한다. 하지만 몇 년이 지나도 자녀가 원리금을 변제하지 못해 부모가 채무를 면제해주는 경우는 어떨까?

채권자로부터 채무를 면제받거나 제3자로부터 채무의 인수 또는 변제를 받은 경우 그 면제, 인수 또는 변제를 받은 날을 증여일로 하여 그 면제 등으로 인한 이익에 상당하는 금액을 그 이익을 얻은 자의 증여재산 가액으로 한다. 그러므로 채무면제 또한 당연히 증여되고, 자녀의 은행 채무 등 타 채무를 변제해주는 경우에도 마찬가지로 증여된다. 이때 채권자로부터 채무를 면제받은 경우에는 채권자가 면제에 대한 의사표시를 한 날, 제3자로부터 채무를 인수받은 경우 제3자와 채권자 간에 채무의 인수계약이 체결된 날을 증여일로 한다.

## 가족의 채무를 대신 변제한다면 현금 증여보다 직접 변제하자

코로나19로 요즘 사업장 폐업이 부쩍 늘었다. 가까운 사람이 사업 실패 등의 사유로 신용불량자가 되고, 파산하여 대출금을 갚지 못하는 경우를 종종 볼 수 있다. 이런 상황이 발생하면 가족들이 채무를 대신 떠안거나 변제해주기도 한다. 일어나지 않는 것이 가장 좋지만, 만약 내 가족에게 이런 일이 일어나 도움을 주고 싶을 때 어떻게 하면 좋을까?

위와 같은 상황을 법에서는 '수증자가 증여세를 납부할 능력이 없다고 인정되는 경우'라고 정하고 있다. 즉, 강제징수를 해도 증여세에 대한 조세채권을 확보하기 곤란한 경우 그에 상당하는 증여세의 전부 또는 일부를 면제하고 있다. 또한, 채무면제 이익으로 인한 증여는 증여자의 연대납세의무도 존재하지 않는다. 그러므로 채무자의 빚을 가족이 대신 변제할 때에는 채무자에게 현금을 증여하는 것보다 직접 채무를 변제하는 것이 증여세가 발생되지 않는 방법이다.

다만, '강제징수를 하여도 조세채권을 확보하기 곤란한 경우'라 함은 수증자가 실제 파산 상태에 이르는 등 완전한 무자력 상태임을 의미하기 때문에 일반적으로 통용되는 사항은 아니다.

부의 이전

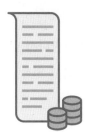

# 배우자 또는 직계존비속과 매매거래해도 증여?

부친이 자녀에게 재산을 증여하는 것보다 양도하는 것이 세금이 더 낮은 경우가 있다. 자녀가 이미 10년 내 증여받은 재산가액이 많아서 추가 수증 시 높은 누진세율을 적용받는다거나, 양도차익이 크지 않아서 양도소득세가 적게 나오는 상황 등이다.

양도소득세의 납세자는 양도자(부친)이고, 증여세의 납세자는 수증자(자녀)이므로 세 부담의 당사자는 다르지만 가족 간의 거래를 하나의 울타리 개념으로 본다면 납부하는 세액이 적은 것이 가족 전체에게는 유리할 수 있다.

그래서 배우자 또는 직계존비속 간에 재산을 양도하는 방법을 선택하게 된다. 이 경우 과세 당국은 거래당사자 간의 관계가 법에서 규정하는 특수관계에 해당하므로 매매대금이 제3자와 거래하는 것과 동일한 수준으로 양도자에게 귀속되었는지 초점을 맞춰 살펴본다.

표면적인 거래 형식은 유상매매거래이나 사실상 부모에게 거래 대금이 지급되지 않았거나 귀속된 거래 대금을 몰래 다시 자녀 세대로 반환하였다면 이는 거래 형식만 양도일 뿐, 그 실질은 자산의 무상 이전이므로 이에 대한 증여세는 수증자인 자녀 세대가 부담하게 된다. 따라서 배우자 또는 직계존비속으로부터 양도하는 자산은 그 대금 거래가 정상적으로 이루어졌는지 확정되기 전까지는 증여로 추정한다.

## 증여추정으로 보지 않는 경우

다음과 같은 경우에는 증여추정거래가 아닌 사실상의 유상양도거래로 인정된다.

1. 법원의 결정으로 경매 절차에 따라 처분된 경우
2. 파산선고로 인하여 처분된 경우
3. 「국세징수법」에 따라 공매(公賣)된 경우
4. 「자본시장과 금융투자업에 관한 법률」 제8조의2 제4항 제1호에 따른 증권시장을 통하여 유가증권이 처분된 경우. 다만, 불특정 다수인 간의 거래에 의하여 처분된 것으로 볼 수 없는 경우는 제외
5. 배우자 등에게 대가를 받고 양도한 사실이 명백히 인정되는 경우로서
   1) 권리의 이전이나 행사에 등기 또는 등록을 요하는 재산을 서로 교환한 경우
   2) 당해 재산의 취득을 위하여 이미 과세(비과세 또는 감면받은 경우를 포함한다)받았거나 신고한 소득금액 또는 상속 및 수증재산의 가액으로 그 대가를 지급한 사실이 입증되는 경우
   3) 당해 재산의 취득을 위하여 소유 재산을 처분한 금액으로 그 대가를 지급한 사실이 입증되는 경우

## 자녀에게 빌린 돈을 대물변제한 경우는?

과거 자녀에게 빌린 돈에 대한 이자만 지급하고 있다가 자녀의 결혼을 앞둔 시점에서 부친 명의로 당첨된 분양권을 채무 원금에 대한 대물변제로 제공하는 경우가 있을 수 있다. 이 경우 대물변제임이 입증 가능하다면 증여추정으로 보지 않으며, 분양권의 유상이전거래에 해당하여 양도자인 부친에게 양도소득세가 과세된다.

다만, 이 경우 과거 자녀에게 빌린 자금이 실질임을 입증해야 하며, 분양권 시가와 변제되는 채무 잔액의 차이가 있다면 고·저가 양수·도 문제가 발생할 여지는 없는지 충분히 검토해야 한다.

## 제3자를 거쳐 배우자 또는 직계존비속에게 양도한다면?

배우자 또는 직계존비속에게 바로 양도의 형식을 띠면 증여추정이 되어 증여세 세무조사가 발생할 것 같을 때 많은 납세자들이 다른 방법을 찾게 된다. 가장 많이 하는 방식은 본인의 특수관계인에게 먼저 1차 양도한 후 그 특수관계인이 본인의 배우자 또는 직계존비속에게 양도하는 것이다.

그러나 특수관계인에게 양도한 재산을 3년 이내에 당초 양도자의 배우자 등에게 다시 양도한 경우 양도한 재산가액을 그 배우자 등이 증여받은 것으로 추정하여 과세한다.

다만, 당초 양도자 및 양수자가 부담한 「소득세법」에 따른 양도소득세 결정세액을 합친 금액이 당초 그 배우자 등이 증여받은 것으로 추정할 경우의 증여세액보다 큰 경우에는 적용하지 않는다.

# 저가 또는 고가 거래를 활용한 증여세 절세 방법

특수관계인 간에 부동산을 시가보다 저가 또는 고가 양수하면 어떤 세금 이슈가 발생하게 될까? 단순히 한 가지 세금 이슈가 아닌 양도소득세와 증여세 2가지 세금이 발생한다.

### 저가 양도 또는 고가 양수에 대한 양도소득세 계산

다음 2가지 요건에 해당하는 저가 양도(양도가액 부인) 또는 고가 양수(취득가액 부인) 경우에는 양도소득세 계산 시 부당행위계산부인규정을 적용하여 계산한다.

① 특수관계인과의 거래
② 시가와 거래가액의 차액이 3억 원 이상이거나 시가의 5%에 상당하는
   금액 이상일 것.

위 요건을 충족하면 양도소득이 있는 거주자의 행위 또는 계산이 그 거주자의 특수관계인과의 거래로 인해 조세 부담을 부당하게 감소시킨 것으로 보아 부당행위계산부인규정을 적용한다. 부당행위계산부인규정이 적용되면 '시가'를 취득가액 또는 양도가액으로 보아 양도차익을 계산한다.

양도소득세를 구할 때 부동산의 평가기준일은 양도일 또는 취득일이며, 시가 평가는 양도일 및 취득일 전후 3개월 이내의 법상 시가로 한다.

## 저가 양수 또는 고가 양도에 따른 증여세 계산

저가 양수 또는 고가 양도의 경우 그 시가와 대가의 차이가 증여세 과세 요건에 해당하는지를 먼저 검토한다. 과세 요건을 충족하는 경우 증여재산가액을 계산하여 증여세가 과세된다. 특수관계인 유무에 따라 과세 요건과 증여재산가액 계산 방식이 다르다는 점을 구분해야 한다.

### 1) 특수관계인 간의 거래

| 구분 | 수증자 | 과세 요건 | 증여재산가액 |
|------|--------|-----------|--------------|
| 저가 양수 | 양수자 | 시가-양수 대가 ≥ 시가×30% or 3억 원 | 시가-대가-Min(시가×30%, 3억 원) |
| 고가 양도 | 양도자 | 양도 대가-시가 ≥ 시가×30% or 3억 원 | 시가-대가-Min(시가×30%, 3억 원) |

### 2) 특수관계인 외의 자와의 거래

| 구분 | 수증자 | 과세 요건 | 증여재산가액 |
|------|--------|-----------|--------------|
| 저가 양수 | 양수자 | 시가-양수 대가 ≥ 시가×30% | 시가-대가-3억 원 |
| 고가 양도 | 양도자 | 양도 대가-시가 ≥ 시가×30% | 시가-대가-3억 원 |

증여세를 구할 때 부동산의 평가기준일은 양도일 또는 취득일이며, 시가평가는 양도일 및 취득일 전 6개월부터 후 3개월 이내의 법상 시가로 한다.

## 고·저가 양수도 계산 예시

### 1) 저가 양도의 양도소득세와 저가 양수인 경우 증여세

| 구분 | 취득가액 | 양도가액(대가) | 시가 | 미래 양도가액 |
|---|---|---|---|---|
| 양도자(父) | 8억 원 | 10억 원 | 15억 원 | – |
| 양수자(子) | – | | | 18억 원 |

(1) 양도자의 저가 양도 양도소득세 계산

두 사람의 관계가 특수관계인이고, 시가와 대가의 차액이 3억 원 이상이거나 시가의 5% 이상인 상황이므로 부당행위계산부인규정이 적용된다. 이에 대가 10억 원으로 계산 및 신고한 기존 양도소득세를 부인하고, 시가 15억 원과 대가 10억 원의 차액인 5억 원을 양도차익에 추가하여, 7억 원의 양도차익에 대해 양도소득세를 과세한다.

(2) 양수자의 저가 양수 증여세 계산

두 사람의 관계가 특수관계인이고, 시가와 대가의 차액이 3억 원 이상이거나 시가의 30% 이상인 상황이므로 과세 요건에 부합하여 이익의 증여로 보아 증여재산가액을 계산해야 한다.

증여재산가액은 시가 15억 원에서 대가 10억 원을 차감하고, 시가의 30%와 3억 원 중 적은 금액인 3억 원을 차감하여 2억 원으로 산정된다.

(15억 원−10억 원)−Min(15억 원×30%, 3억 원)=증여재산가액 2억 원

**(3) 미래 양수자의 해당 자산 양도 시 양도소득세 계산 방법**

취득 시 과세 받은 증여재산가액 2억 원은 양도소득세 계산 시 필요경
비로 산입된다. 추후 18억 원으로 양도 시 취득 시점에 지급한 '대가' 10
억 원과 증여재산가액인 2억 원을 취득가액으로 보아 6억 원의 양도차
익에 대해서 양도소득세가 과세된다.

양도차익 6억 원=미래 양도가액 18억 원−(대가 10억 원+증여재산가액 2억 원)

## 2) 고가 양도의 증여세와 고가 양수인 경우 양도소득세

| 구분 | 취득가액 | 시가 | 양도가액(대가) |
|---|---|---|---|
| 양도자(父) | 10억 원 | 20억 원 | 30억 원 |
| 양수자(子) | – | | |

**(1) 양수자의 고가 양도에 따른 취득가액 시가 인정**

두 사람의 관계가 특수관계인이고, 시가와 대가의 차액이 3억 원 이상이
거나 시가의 5% 이상인 상황이므로 부당행위계산부인규정이 적용된다.
양수자는 추후 해당 자산 양도 시 시가 20억 원을 취득가액으로 하여
양도소득세를 계산해야 한다.

(2) 양도자의 고가 양도 증여세 및 양도소득세 계산

① 양도자의 고가 양도에 따른 증여세

두 사람의 관계가 특수관계인이고, 시가와 대가의 차액이 3억 원 이상이
거나 시가의 30% 이상인 상황이므로 과세 요건에 부합하여 이익의 증
여로 보아 증여재산가액을 계산해야 한다.

증여재산가액은 대가 30억 원에서 시가 20억 원을 차감하고, 시가의
30%와 3억 원 중 적은 금액인 3억 원을 차감하여 7억 원으로 산정된다.

> (30억 원-20억 원)-Min(20억 원×30%, 3억 원) = 증여재산가액 7억 원

② 양도자의 고가 양도에 따른 양도소득세 계산

증여세와의 이중과세 조정을 위해서 양도소득세 계산 시 양도가액에서
증여재산가액을 뺀 금액을 해당 자산의 양도 당시 실제 거래가액으로
보게 된다. 즉, 양도가액은 30억 원에서 증여재산가액 7억 원을 차감한
23억 원이 된다.

## 무상 증여보다는 저가 양도를 활용하여 증여세를 줄이자

특수관계인 간에 거래가 유상매매거래의 성격을 띠고 있지만 시가와 실
거래가액과의 차이에 따라 부당행위계산부인을 적용받아 증여로 인정되
는 경우가 절세에 더 유리할 수 있다. 바로 증여자 입장에서 양도소득세
가 비과세되거나 감면되는 재산을 증여할 때 수증자가 그 대가의 일부
만을 지급하고 매매로 취득하는 것이다. 재산이 비과세되는 경우 양도소
득세가 없는데 오히려 일정 금액을 주고 재산을 받으라니 잘 이해가 되

지 않을 것이다. 사례를 통해 살펴보도록 하자.

[계산 예시]

- 증여자 : 경기 소재 아파트에서 15년째 거주 중이며, 일시적 1세대 2주택 비과세 적용 가능
- 아파트의 시가(매매사례가액) 12억 원, 취득가액 6억 원
- 양도일 또는 증여일 : 2024. 12. 31.
- 실제 지급액 : 6억 원

## 1) 양도소득세 계산 내역

| | 구분 | 금액(실제 양도) | 금액(저가 양도) |
|---|---|---|---|
| | 양도가액 | 6억 원 | 12억 원 |
| (−) | 취득가액 | 6억 원 | 6억 원 |
| (=) | 양도차익 | − | 6억 원 |
| (−) | 비과세 양도차익 | − | 6억 원 |
| (=) | 과세표준 | − | − |
| (=) | 총부담 세액 | − | − |

- 부당행위 계산 기준 = (시가−실거래가)≧Min(시가×5%, 3억 원)

실제지급액에 따른 양도소득세 계산을 하기 전에 우선 특수관계인 간의 거래이므로 부당행위계산부인규정을 살펴봐야 한다.

시가에 해당하는 유사매매사례가액 12억 원의 5%인 6,000만 원과 3억 원 중 적은 금액보다 시가와 거래가액의 차액인 6억 원이 더 크므로 양도가액은 매매계약서상 금액인 6억 원이 아닌 시가 12억 원으로 수정되어 양도자인 부모 입장에서는 양도가액이 증가된다.

세법 개정으로 2021년 12월 8일 이후 양도분부터는 주택 및 이에 딸린토지의 양도 당시 실지거래가액의 합계액 12억 원까지는 비과세 요건에 따라 양도소득세 부담이 발생하지 않는다. 그러므로 시가 12억 원으로 양도가액이 수정되더라도 주택 비과세로 인해 양도소득세는 발생하지 않는다. 나아가 주택 수까지 줄게 되어 매년 발생하는 보유세를 줄일 수 있다.

## 2) 증여세 계산 내역

| 구분 | 금액(순수 증여) | 금액(저가 양수) |
|---|---|---|
| 증여재산가액 | 12억 원 | 3억 원 |
| 증여재산공제 | 5,000만 원 | 5,000만 원 |
| 증여세 과세표준 | 11억 5,000만 원 | 2억 5,000만 원 |
| 세율 | 40%–1억 6,000만 원 | 20%–1,000만 원 |
| 산출세액 | 3억 원 | 4,000만 원 |

실제 지급액이 없었다면 순수 증여 시 12억 원 전체에 대해서 증여세가 과세되었을 것이다. 이에 따르는 증여세는 3억 원이 된다. 그러나 일부 자금을 지급한 저가 양수라면 그 요건을 확인하여 저가 양수에 따른 이익의 증여로 증여세를 계산하게 된다.

우선 시가에 해당하는 유사매매사례가액 12억 원의 30%인 3억

6,000만 원과 3억 원 중 적은 금액보다 시가와 거래가액의 차액인 6억 원이 더 크므로 저가 양수에 따른 과세 요건을 충족하였기 때문에 증여재산가액을 계산해야 한다.

여기서 증여재산가액 계산 시 6억 원에서 시가의 30%와 3억 원 중 적은 금액인 3억 원을 차감한 나머지 금액을 증여재산가액으로 한다. 양수자인 자녀 입장에서는 여전히 증여세 부담이 발생하나, 순수 증여 증여재산가액인 12억 원보다 비교적 낮은 증여재산가액으로 과세되므로 증여세 부담이 절감된다.

이처럼 증여자 입장에서 비과세 또는 감면 대상인 양도자산을 증여하는 경우 수증자 입장에서 자금 여유가 있어서 시가의 일부분이라도 사실상 대금을 지급하는 경우라면 오히려 저가 양수에 대한 증여세 과세 규정을 이용하여 양도자는 물론 수증자에게도 증여세 부담을 줄여 재산을 이전할 수 있다.

하지만 양도소득세가 중과세되는 경우라면 과도한 양도소득세가 산출되어 오히려 큰 손해를 볼 수 있다. 그래서 어떤 방법을 선택하기 전에 꼭 세액을 비교해보는 것이 필요하다.

### 3) 양수자가 해당 자산을 미래에 양도 시 양도소득세 계산 방법

취득 시 과세 받은 증여재산가액 3억 원은 양도소득세 계산 시 필요경비로 산입된다. 그러므로 해당 자산을 미래에 양도 시 실제 지급액인 6억 원과 증여재산가액인 3억 원을 더한 9억 원을 취득가액으로 하여 과세된다.

단, 끝까지 절세하기 위해서는 증여 시점에 낮게 납부한 세액들의 반대급부로 양도 시점의 양도차익은 커지게 되므로 꼭 수증자도 1세대 1주택 비과세를 적용받아 양도해야 한다.

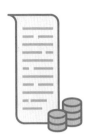

# 우회 양도,
## 당연히 문제 된다

고액의 양도소득세가 예상되면 납세자들 중 이를 회피하기 위해 미리 가족 등에게 증여하여 취득가액을 높여서 양도소득세를 줄일 수 있다고 생각할 수 있다. 이를 막기 위해 세법에서는 증여자와 수증자의 관계에 따라 이월과세규정과 부당행위계산부인규정을 마련하여 과세 형평을 도모하고 의도적인 조세 회피를 방지하고 있다. 이월과세규정은 앞서 살펴보았으므로 여기서는 부당행위계산부인에 대해서 살펴보자.

거주자가 특수관계인(이월과세가 적용되는 경우 제외)에게 자산을 증여한 후 그 자산을 증여받은 자가 그 증여일부터 10년 이내에 다시 타인에게 양도한 경우로서 증여받은 자의 증여세와 양도소득세를 합한 세액이 증여자가 직접 양도하는 경우로 보아 계산한 양도소득세보다 적으면 증여자가 그 자산을 직접 양도한 것으로 본다. 주로 형제나 사위·며느리를 이용한다. 다만, 양도소득이 해당 수증자에게 실질적으로 귀속된 경우에는 그렇지 않다. 이는 실질 과세 원칙을 구체화하여 공평 과세를 실현하고자 하는 데에 그 입법 취지가 있기 때문이다.

부의 이전

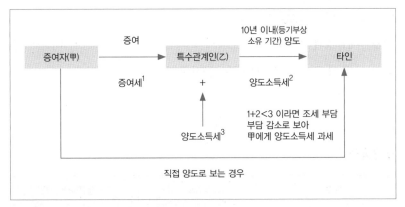

1. 증여받은 자(乙)의 증여세 : 증여세 산출세액−공제−감면세액
2. 증여받은 자(乙)의 양도소득세 : 양도소득세 산출세액−공제−감면 세액
3. 증여자(甲)가 직접 양도하는 경우로 보아 계산한 양도소득세 : 양도소득세 산출세액−공제−감면 세액

## 대상 수증자

우회 양도에 따른 부당행위계산부인규정이 적용되기 위해서는 「소득세법」에서 명시하는 특수관계인에게 증여해야 한다. 대상 자산이 부동산 등인 경우로 배우자 등 이월과세규정을 적용 받는 경우에는 부당행위계산부인규정을 적용받지 않는다.

> \* 부당행위계산부인규정상 특수관계인
>
>    – 4촌 이내의 혈족
>
>    – 3촌 이내의 인척
>
>    – 친생자로서 다른 사람에게 친양자 입양된 자 및 그 배우자·직계비속
>
>    – 임원·사용인 등 경제적 연관 관계가 있는 자
>
>    – 주주·출자자 등 경영 지배 관계가 있는 자 등

## 모든 자산이 부당행위계산부인규정 대상인가요?

이월과세규정과는 달리 양도소득세가 과세되는 모든 자산에 대하여 우회 양도에 따른 부당행위계산부인규정에 해당하면 적용된다.

## 이월과세와 우회 양도에 따른 부당행위계산부인의 공통점과 차이점

### 1) 공통점

| 구분 | 이월과세 | 부당행위계산의 부인 |
|---|---|---|
| 적용 기간 | 증여일로부터 10년 이내 양도(예외 존재) | |
| 취득 시기 | 당초 증여자의 취득 일자 | |
| 장기보유특별공제 | | |
| 세율 적용(보유 기간) | | |
| 수증인이 납부한 취득세 | 필요경비 제외 | |

### 2) 차이점

| 구분 | 이월과세 | 부당행위계산의 부인 |
|---|---|---|
| 적용 대상 자산 | 토지·건물·부동산에 관한 권리 | 모든 양도소득세 과세 대상 자산 |
| 납세의무자 | 배우자 및 직계존비속인 수증자 | 당초의 증여자 |
| 조세 부담 부당감소 여부 | 무관하되, 이월과세 적용 세액이 비적용 세액 이상인 경우에만 적용 | 부당한 감소가 있는 경우에만 적용 (양도소득이 수증자에게 실질 귀속된 경우는 제외) |
| 당초 증여세 처리 | 기타 필요경비로 차감 | 증여세 환급 또는 부과 취소 |
| 연대납세의무 | 규정 없음. | 증여자와 수증자 연대납세의무 있음. |

# 부동산 취득 시 무조건 자금 출처 조사를 준비하자

사업 운영이 아직 초보인 사업주나 막 사회에 발을 디딘 사회 초년생이 본인의 자금으로 주택을 취득하기에는 자금이 여의치 않다. 이때 부모가 선뜻 자녀에게 자녀 명의로 주택을 구매해준다고 한다. 그러나 이때 세금 문제를 생각하지 않고, 덜컥 주택을 취득하면 자금 출처에 따른 세무조사가 발생할 수 있다.

2017년 8·2대책 이후로 수많은 부동산 대책들이 나왔다. 그중 하나가 부동산 취득 시 제출해야 하는 '취득 자금 조달 및 입주계획서'다.

거래 당사자는 부동산의 매매계약 등을 체결한 경우 그 실제 거래 가격 등 대통령령으로 정하는 사항을 거래계약의 체결일부터 30일 이내에 그 권리의 대상인 부동산 등의 소재지를 관할하는 시장·군수 또는 구청장에게 실거래가 신고해야 한다. 이와 관련하여 다음 요건에 해당하는 주택 및 토지를 취득하는 경우에는 그 취득 자금에 대한 조달 방법을 명시한 자금조달계획서를 작성하여 제출해야 한다.

① 주택의 매수

    – 법인 외의 자가 실제 거래 가격이 6억 원 이상인 주택을 매수하거나 투기과열지구 또는 조정대상지역에 소재하는 주택을 매수하는 경우

    – 추가로 투기과열지구 내 주택 거래 신고 시 거래가액과 무관하게 자금 조달 계획을 증명하는 서류 첨부 제출해야 함.

② 토지의 일반 매수

    – 실제 거래 가격이 다음에 해당하는 금액 이상인 토지를 매수하는 경우

        1) 수도권 등에 소재하는 토지 : 1억 원

        2) 수도권 등 외 의 지역에 소재하는 토지 : 6억 원

    – 1회의 토지거래계약으로 매수하는 토지가 둘 이상인 경우에는 매수한 각각의 토지 가격을 모두 합산

    – 신고 대상 토지거래계약 체결일부터 역산하여 1년 이내에 매수한 연접한 토지가 있는 경우에는 그 토지 가격을 거래 가격에 합산하여 자금조달계획을 작성

③ 토지의 지분 매수

    – 실제 거래 가격이 다음에 해당하는 금액 이상인 토지를 지분 매수하는 경우

        1) 수도권 등에 소재하는 모든 토지

        2) 수도권 등 외 의 지역에 소재하는 토지 : 6억 원

이는 기존 「부동산 거래 신고 등에 관한 법률」의 계약 당사자, 계약 체결

부의 이전

일, 거래가액 정보 외에 주택자금조달계획, 입주계획 및 자금 출처 확인 등을 통해 증여세 등 탈루 여부 조사, 전입신고 등과 대조 확인하여 미신고자, 허위신고자 등에게 과태료를 부과하기 위함이다.

[표 3-9] 자금조달계획서 증빙 서류 목록

| 자금 구분 | 세부 항목 | 증빙 서류 |
|---|---|---|
| 자기 자금 | 금융기관 예금액 | 통장사본, 예금 잔액증명서, 수표 발급 내역 등 |
| | 주식·채권 매각대금 | 주식거래명세서, 잔액증명서 등 |
| | 부동산 처분 대금 | 매매계약서, 임대차계약서 등 |
| | 증여·상속 | 증여·상속세 신고서, 납세증명서 등 |
| | 현금 등 그밖의 자금 | 소득금액증명원, 근로소득원천징수영수증 등 |
| 차입금 등 | 금융기관 대출액 | 금융거래 확인서, 부채증명서, 대출신청서 등 |
| | 임대 보증금 | 전·월세 임대차계약서 등 |
| | 회사 지원금, 사채, 그 밖의 차입금 | 회사 지원금 신청 또는 입출금 내역, 차용증 등 금전 차용을 증빙할 수 있는 서류 등 |

이 과정에서 관할 시·군·구청은 증빙 서류 확인을 통해 불법 증여, 대출 규정 위반 등 의심되는 거래를 집중 관리 대상으로 선정하고, 실거래 신고 즉시 조사에 착수한다. 그리고 증여 탈세로 의심이 되는 거래에 대해서는 관할 세무서에 정보를 이관하게 되는데, 이때 관할 세무서는 이를 재산 취득 자금 증여로 추정하고, 증여세 관련 해명 자료 제출 안내를 보낸다. 해명 자료에 대한 명확한 소명이 되지 않는다면 고액의 증여세가 추징될 수 있다. 이를 자금출처조사라고 한다.

'자금출처조사'란 거주자 또는 비거주자가 재산을 취득(해외 유출 포함.) 하거나 채무의 상환 또는 개업 등에 사용한 자금과 이와 유사한 자금의 원천이 직업·나이·소득 및 재산 상태 등으로 보아 본인의 자금 능력에 의한 것이라고 인정하기 어려운 경우, 그 출처를 밝혀 증여세 등의 탈루 여부를 확인하기 위하여 행하는 세무조사를 말한다.

10억 원의 주택을 구입할 때 부친으로부터 10억 원의 자금을 받아 본인의 예금 잔액증명서를 보여주면 되지 않느냐라고 생각 할 수 있다. 그러나 이는 일차원적인 접근이다. 사업 운영이 2년째 접어들어 본인의 소득금액이 2억 원 정도라고 해보자. 본인이 벌어들인 소득은 2억 원이 채 안 되는 상태에서 예금 잔액증명서가 10억 원이 되었다. 나머지 8억 원에 대한 소명 논리가 부족하다.

추후 소명 요청 시 2억 원은 본인의 소득으로 입증하였다고 가정하고, 나머지 8억 원을 단순히 부친으로부터 증여받았다고 한다면 증여세 무신고에 대해 본세와 이에 따르는 가산세가 발생한다. 간략하게 증여세와 가산세를 계산해보면, 무려 2억 원 이상의 세액을 납부해야 한다. 해당 증여세를 바로 납부하지 못한다면, 가산세는 1일당 계속 늘어나게 되며, 납부가 계속 연체되면 최악의 경우에는 본인 명의 부동산이 체납처분에 의해 압류될 수 있다.

1. 증여세 : (8억 원－5,000만 원[직계비속 증여재산공제])×30%－6,000만 원

   ＝165,000,000원

2. 가산세

   1) 신고불성실가산세(20% 가정) : 33,000,000원

   2) 납부지연가산세(100일, 1일당 0.022% 가정) : 3,630,000원

3. 합계 : 201,630,000원

부의 이전

# 자금출처조사
## 어떻게 **준비**하면 좋을까?
### ① 재산 취득 자금 등의 증여추정

## 증여의 '추정'이란?

증여의 '추정'은 납세자가 증여가 아님을 입증하지 않는 한, 증여로 보아 과세하는 것을 의미한다. 미성년자나 소득이 없는 자가 고액의 부동산을 취득하거나 금전을 거래했다면 그 취득 자금은 가족으로부터 증여받았을 가능성이 매우 높다. 이때 만일 과세 당국에서는 그 증여 사실을 구체적으로 입증하지 못했다고 하여 증여세를 부과할 수 없게 되면, 각종 변칙 증여가 발생하고 정직한 납세자만 피해 보는 상황이 발생할 수 있다.

그래서 법에서는 이러한 미성년자 등이 고액의 부동산을 취득하거나 배우자 또는 부모 등 직계존비속 간에 부동산을 거래하는 경우 이를 증여로 추정하는 '증여추정' 규정을 두고 있다. 증여추정을 벗어나기 위해서는 납세자 본인이 증여받지 않았음을 입증해야 한다. 즉, 직업, 연령, 소득 및 재산 상태 등으로 볼 때 재산 취득 자금의 출처에 대해 소명하지 못하여 증여받은 것으로 추정하는 경우 증여자를 특정하지 않아도 과세가 가능하기 때문에 증여자에 대한 입증 책임이 과세 관청에 있지 않다는 점을 유념해야 한다. 그럼 먼저 재산 취득 자금 증여추정부터 살펴보자.

## 재산 취득 자금 증여추정을 배제받기 위해서는?

재산 취득 자금 증여추정과 관련하여 조사 대상자와 배제 기준은 어떻게 될까? 재산 취득자 또는 채무를 상환한 자의 직업, 연령, 소득 및 재산 상태를 통해 자력으로 재산을 취득하거나 부채를 상환하였다고 볼 수 없는 경우 그 재산의 취득 자금과 채무상환자금을 증여받은 것으로 추정하여 이를 그 재산 취득자의 증여재산가액으로 하거나, 그 채무를 상환한 때 상환 자금을 채무자의 증여재산가액으로 과세한다. 여기서 '재산 취득 자금'이란 재산을 취득하기 위하여 실제로 소요된 총자금을 말하는 것으로 취득세 등 취득 부수 비용을 포함한다. 재산 취득 자금·채무상환금액에 대한 증여추정을 판단함에 있어 미소명 금액이 다음 기준 금액 미만인 경우 증여추정으로 보지 않는다. 다만, 미소명 금액이 다음 기준 금액 이상인 경우 미소명 금액 전체를 증여재산으로 과세하므로 증여추정 금액이 거액인 경우 자금 출처를 미리 계획해야 한다.

그리고 재산 취득 자금 등의 증여추정규정은 재산 취득 또는 채무 상환이 있을 때마다 그 해당 여부를 판단한다는 점도 잊지 말자. 다만, 다수의 거래로 취득한 재산임에도 불구하고, 그 실질에 따라 한 건의 취득 재산으로 보아 자금 출처를 소명하는 것이 합리적인 경우라면 전체를 하나의 재산으로 보아 판단한다.

- 증여추정을 배제하는 경우 : 미소명 금액 < Min[2억 원, (재산 취득 자금·채무상환액) × 20%]

- 증여추정을 적용하는 경우 : 미소명 금액≧Min[2억 원, (재산 취득 자금·채무상환액)×20%]

이 경우 소명 금액의 산정은 전체 재산 취득·채무상환금액 중 다음에 해당하는 금액으로 출처가 입증된 금액을 제외한 나머지 금액을 의미한다.

1. 본인 소유 재산의 처분 사실이 증빙에 따라 확인되는 경우 그 처분 금액에서 양도소득세 등 공과금 상당액을 뺀 금액
2. 기타 신고하였거나 과세받은 소득금액은 그 소득에 대한 소득세 등 공과금 상당액을 뺀 금액
3. 농지경작소득
4. 재산 취득일 이전에 차용한 부채로서 영 제10조 규정의 방법에 따라 입증된 금액. 다만, 원칙적으로 배우자 및 직계존비속 간의 소비대차는 인정하지 아니한다.
5. 재산 취득일 이전에 자기 재산의 대여로서 받은 전세금 및 보증금
6. 1.~5. 이외의 경우로서 자금 출처가 명백하게 확인되는 금액

**일정 기준 금액 미달하면 증여추정으로 보지 않는다?**

재산 취득일 또는 채무상환일 전 10년 이내에 부동산 등 기타 재산의 취득가액 또는 채무상환액이 직업, 연령, 소득, 재산 상태 등을 고려하여 다음 표에 따른 기준에 미달하고, 주택 취득 자금, 기타 재산 취득 자금

및 채무상환자금의 합계액이 총액 한도 기준에 미달하는 경우 증여추정 대상으로 보지 않는다.

[표 3-10] 증여추정 배제 기준

(단위: 만 원)

| 구 분 | 취득 재산 | | 채무상환 | 총액 한도 |
| --- | --- | --- | --- | --- |
| | 주택 | 기타 재산 | | |
| 30세 미만 | 5,000 | 5,000 | | 10,000 |
| 30세 이상 | 15,000 | 5,000 | 5,000 | 20,000 |
| 40세 이상 | 30,000 | 10,000 | | 40,000 |

여기서 증여추정 배제 금액은 재산 취득이나 채무상환에 사용된 자금 출처가 미입증되는 금액의 최소한도를 의미하는 것이므로 이와 별개로 부모 등 타인으로부터 실질적인 증여로 판단되는 거래는 개별적으로 당연히 증여세 과세 대상이 된다는 점을 잊으면 안 된다.

## 공동명의 임대차 보증금을 활용한 취득 자금 소명

가족과 공동명의로 부동산을 취득한 후 임대하고 수령한 임대보증금을 부동산 취득 자금으로 소명할 수 있다. 이때 취득 자금 소명이 부족한 가족 구성원이 단독으로 임대차계약을 체결하게 되면 그 임대차계약에 따른 보증금은 전부 1인에게 귀속될 수 있다.

따라서 경제적 자력이 부족한 자녀를 임대차계약의 1인으로 설정한다면 부족한 자금을 마련할 수 있다. 여기서 공동명의 부동산은 「민법」상 공유물에 해당하기 때문에 임대차계약을 1인으로 설정하기 위해서는 공유 지분의 과반인 51% 이상을 보유하거나 그 외 공동 소유자들의 위임장 내지는 동의특약을 설정해야 한다.

그렇다면 부모의 공동 취득 지분에 대해서 자녀가 부동산을 무상으로 사용하게 되는 바이지만 부동산 무상 사용에 따른 이익의 증여세가 과세되기 위해서는 부동산 가액이 13억 1,900만 원 이상이 되어야 하기 때문에 무상 사용하는 지분에 대한 부동산가액이 과세 기준 이하라면 증여세도 과세되지 않는다.

다만 임대료 발생에 따라 소득세와 부가가치세가 과세된다면 부동산 무상 사용 부분에 대해서 부당행위계산규정이 적용되어 과세될 수 있으며, 추후 임대차 관계 종료 시 임대보증금의 반환 의무도 계약서상 임대인인 자녀에게 있다. 그러므로 임대보증금을 공동임대사업자인 부모가 부담하는 경우 채무 변제에 대한 증여세가 발생할 수 있다.

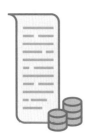

# 자금출처조사
## 어떻게 **준비**하면 좋을까?

### ② PCI 시스템

## PCI 시스템

이제 부모는 자녀에게 부를 이전해주는 방식으로 주택 취득이 아닌 전세자금을 주는 방식을 생각해볼 수 있다. 그러나 전세자금 역시 2021년 6월 1일부터 전월세 신고제가 시행됨에 따라 경기도 외 도(道) 관할 군 지역을 제외한 전역에 대해서 보증금 6,000만 원을 초과하거나 월세 30만 원을 초과하면 임대차 계약 내용을 신고해야 한다. 2024년 6월 1일부터는 임대차계약 관련 신고를 하지 않을 경우 100만 원 이하의 과태료도 부과된다.

이렇게 고액의 전세금에 대해서는 PCI 시스템을 통해 그 출처에 대한 소명 요청이 발생할 수 있다. PCI 시스템은 '재산 증가액(P)+소비 지출액(C)-신고 소득(I)=탈루 혐의액'이라는 명료한 전제를 활용하여 탈루 세액을 쉽게 찾아낼 수 있는 대표적인 조사 방법이다.

재화를 취득하기 위한 자금에는 그 원천이 있기 마련이다. 현행 우리나라는 개인의 소득 형태에 따라 이자·배당소득과 같은 금융소득, 사업소득, 근로소득, 연금소득, 기타소득, 퇴직소득, 양도소득으로 구분하여 그 소득 원천에 따라 개별적인 과세 요건에 충족하는 경우 납세의무가 발생한다. 이렇게 벌어들인 소득의 총액에서 지출되는 생활비, 재산 취득 자금, 부채 상환 등에 소비한 지출과의 차이를 통해 남은 소득을 확인할 수 있다.

소명 대상 부동산 취득일 이전 조사 대상자가 국세청에 신고한 소득은 4억 원인 반면 동일 기간 동안 지출액이 재산 취득 자금 8억 원과 일반소비지출액 2억 원을 합한 10억 원이라고 가정한다면 그 차액 6억 원은 증여추정에 따른 증여세 부과로 이어지거나, 법인·개인사업자인 경우 당해 사업의 매출 누락에 대한 탈루 소득으로 의심되어 사업체 세무조사 대상으로까지 확대될 수 있다.

국세청은 자금출처조사를 위해 국세청 내부 보관 자료뿐만 아니라 금융정보분석원(FIU) 또는 금융기관 등으로부터 조사에 필요한 금융거래 자료를 제공받기도 한다.

## 금융정보분석원(FIU)

2001년에 설립된 금융정보분석원은 금융거래를 이용한 자금 세탁 행위를 규제하고 불법 외화 유출을 방지함으로써 범죄행위 예방과 건전하고 투명한 금융거래 질서를 확립하고자 만든 기관으로, 크게 2가지 제도를 통해 불법 금융거래 및 증여 거래를 포착한다.

① 의심 거래 보고(STR)
금융거래를 통한 취득 재산이 불법이라는 합리적인 의심이 되는 경우

이를 금융정보분석원장에게 보고하도록 하는 제도로서, 거래 금액에
불문하고 의심되는 거래는 무조건 보고 의무가 있다.

② 고액 현금 거래 보고(CTR)

동일인 명의로 1거래일 동안 입출금 금액이 1,000만 원 이상인 경우
금융회사가 전산상 자동으로 금융정보분석원장에게 보고하는 제도다.
금융정보분석원장은 불법 재산·자금 세탁 행위 또는 공중협박자금조
달행위와 관련된 조세 탈루 혐의 확인을 위한 조사 업무, 조세체납자
에 대한 징수 업무에 필요하다고 인정되는 경우에는 특정금융거래정
보를 국세청장에 제공한다. 국세청에서는 해당 정보를 증여세 세무조
사 근거자료로 활용한다.


## 무소득자는 자금출처조사 가능성이 더 높을까?

자금 출처를 판단함에 있어서 직업과 상당한 재력이 있고, 그로 인해 실
제로도 상당한 소득 신고 내역이 입증되는 경우라면 그 재산을 취득하
는데 소요된 자금을 일일이 제시하지 못한다고 하더라도 특별한 사정이
없다면 증여받은 것이라고 추정하기 쉽지 않다.

다만, 가정주부나 미성년자, 신용불량자 등 특별한 재산이 없거나 일
정한 수입이 있다고 하더라도 그 소득의 정도가 자신의 명의로 취득하거
나 임차한 각 부동산의 가치에 상당히 미달함이 명백한 경우 그 취득 자
금을 증여받는 것으로 추정하는 것은 타당하다. 따라서 재산 취득에 대
한 자금 출처 소명은 실무상 증여세 납세의무자의 재산, 직업, 소득 등에
따라 개별적으로 판단하게 된다.

## 공동 취득 과정에서 발생한 대출금도 자금 출처 인정이 가능할까?

본인, 배우자 그리고 취업 준비 중인 아들, 이렇게 세 명의 명의로 상가 취득을 고민하고 있다. 본인과 배우자는 전문 직종에 종사하면서 각자의 사업소득이 있다. 하지만 현재 자금유동성을 고려해 취득 부동산을 담보로 15억 원가량 배우자 단독명의로 대출받기로 결심했다. 그렇다면 본인과 자녀는 배우자 단독명의의 대출금 중 각자의 지분에 해당하는 금액만큼 자금 출처 인정을 받을 수 있을까?

재산 취득을 위한 대출금의 이자 지급 당사자, 원금 변제 상황 및 담보 제공 사실 등을 고려하여 사실상 채무자가 공동으로 부동산을 취득하는 것으로 인정되는 경우 각자가 부담하는 대출금은 각자의 자금 출처 원천으로 인정받을 수 있다. 따라서 배우자 단독명의로 대출을 받아 부동산 취득 자금으로 충당했으나, 취업 준비 중인 아들은 사실상 대출금을 상환할 능력이 없기 때문에 공동 취득 범위에서 제외하거나 재산 취득 전에 취업 준비 중인 자녀의 자금 출처 원천을 마련하는 것이 바람직하다.

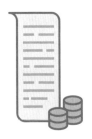

보험금 증여의 핵심은 보험료 납부자와 수익자가 서로 다른 경우다. 우선 보험 용어에 대한 선 이해가 필요하므로 다음 표를 통해 보험 용어부터 살펴보자.

| 구분 | 설명 |
| --- | --- |
| 보험계약자 | 보험계약의 청약을 하고 계약이 성립되면 보험료 납입의 의무를 지는 자 |
| 피보험자 | 보험금 지급 사유 발생의 대상이 되는 자로 보험에 부쳐진 대상 |
| 보험수익자 | 보험계약자가 지정한 자로서 보험사고 발생 시 보험금 청구권을 지닌 자 |
| 보험료 | 보험계약자가 보험자에게 지급하는 보수 |
| 보험금 | 피보험자에게 보험사고 발생 시 보험자가 보험수익자에게 지급하는 금액 |
| 보험가액 | 보험사고 발생 시 피보험자가 입게 되는 손해액으로서 보험자가 보상하게 되는 보험금의 최고 한도액 |
| 생명보험 | 보험회사가 피보험자의 사망, 생존, 사망과 생존에 관한 보험사고가 발생할 경우 약정한 보험금액을 지급하기로 하는 인(人)보험(생명보험·상해보험 등) |
| 손해보험 | 보험회사가 피보험자의 재산에 관하여 불확정한 사고가 생길 경우 재산상의 손해를 보상할 것을 약정함으로써 효력이 생기는 보험(화재보험·운송보험·해상보험·자동차보험 등) |

보험금의 종류는 「상법」에 피보험자인 사람을 보상금의 지급 대상으로 하는 인(人)보험과 피보험자의 재산에 대해 보험금을 지급 사유로 하는 손해보험으로 나뉜다. 이 중 증여세 과세 대상이 되는 보험은 생명보험과 손해보험이다. 따라서 피보험자 신체의 상해를 사유로 지급하는 상해보험은 증여세 과세 대상이 아니다.

보험금의 과세 요건인 생명보험이나 손해보험에서 보험사고(만기보험금 지급의 경우를 포함.)가 발생한 경우 발생한 날을 증여일로 하여 법상 계산한 금액을 보험금 수령인의 증여재산가액으로 한다. 보험금 수령에 따른 증여세 부과 사례를 표로 살펴보자.

| 구분 | 보험계약자<br>(보험료 납부자) | 피보험자 | 보험수익자<br>(보험금 수령인) | 부과 세목 |
|---|---|---|---|---|
| 1 | 부 | 모 | 자 | 부→자 증여세 |
| 2 | 자 | 모 | 자 | 과세 안 됨. |

구분 2에서 보험계약자와 보험수익자가 동일하더라도, 만약 자녀가 타인으로부터 재산을 증여받아 보험료를 납부한 경우에는 증여세가 부과된다. 그러므로 경제적 자력이 없는 자녀가 보험계약자가 된다면 실질에 따라 증여세가 부과될 수 있다. 중도 인출 및 해약 시 보험료 불입자와 중도 인출금 또는 해약환급금의 수취인이 다른 경우에도 역시 증여세 과세 대상이 된다.

이를 응용하여 남편과 부인이 서로 교차로 보험을 가입하면 증여세를 내지 않을 수 있다. 물론 사전에 남편과 부인 각각이 보험금을 직접 납부할 수 있는 경제적 자력이 있는지를 꼭 확인해야 한다.

| 구분 | 보험계약자<br>(보험료 납부자) | 피보험자 | 보험수익자<br>(보험금 수령인) | 부과 세목 |
|---|---|---|---|---|
| 1 | 남편 | 부인 | 남편 | 과세 안 됨. |
| 2 | 부인 | 남편 | 부인 | 과세 안 됨. |

## 보험료 납부자와 보험금 수령인이 다른 경우

보험료 납부자와 보험금 수령인이 다른 경우에는 납부한 보험료 총액 중 보험금 수령인이 아닌 자가 납부한 보험료 납부액 비율을 보험금에 곱하여 이를 증여재산가액으로 한다.

① 보험료를 전액 타인이 납부한 경우

증여재산가액 = 보험금

② 보험료를 일부 타인이 납부한 경우

$$증여재산가액 = 보험금 \times \frac{보험금\ 수령인이\ 아닌\ 자가\ 납부한\ 보험료}{납부한\ 보험료\ 총액}$$

## 재산을 증여받아 보험료를 납부한 경우

① 보험료를 전액 타인 재산 수증분으로 납부한 경우

증여재산가액 = 보험금 − 증여받은 재산으로 납부한 보험료 총액

② 보험료를 일부 타인 재산 수증분으로 납부한 경우

$$증여재산가액 = 보험금 \times \frac{보험금\ 수령인이\ 아닌\ 자가\ 납부한\ 보험료}{납부한\ 보험료\ 총액} - \frac{증여받은\ 재산으로}{납부한\ 보험료}$$

## 즉시연금보험 계약자를 변경하는 경우

즉시연금보험의 경우 보험료를 한 번에 납입한 후 익월부터 바로 수령이 가능하기 때문에 퇴직금 등을 활용하여 노후를 준비할 수 있다는 장점이 있다. 즉시연금보험은 45세부터 연금을 받을 수 있으며 지급 방식에 따라서 3가지로 구분된다.

- 확정형 즉시연금보험 : 확정된 기간 동안 계약자 적립액을 수령하는 방식
- 종신형 즉시연금보험 : 피보험자 사망 시까지 원금과 이자를 연금 형태로 수령, 단, 일찍 사망하게 되면 불이익을 받을 수 있기 때문에 지급보증 기간을 두어 법정상속인이 계속 연금을 수령할 수 있음.
- 상속형 즉시연금보험 : 원금은 그대로 두고 이자만 지급받는 유형. 상속형은 정해진 기간이 지나면 원금을 돌려주는 상속확정형과 사망 시까지 계속 이자를 지급 받고 원금은 법정상속자에게 상속되는 상속종신형으로 나뉨.

피보험자의 사망 시점까지 연금이 지급되는 종신형 연금의 평가에 대해 현행법에서는 종신정기금평가를 하게 되어 있다. 이는 정기금을 받을 권리가 있는 자의 「통계법」 제18조에 따라 통계청장이 승인하여 고시하는 통계표에 따른 성별·연령별 기대여명의 연수(소수점 이하는 버린다.)까지의 기간 중 각 연도에 받을 정기금액을 연 이자율 3%로 할인한 금액의 합계액으로 한다. 다만, 평가기준일 현재 계약의 철회, 해지, 취소 등을 통해 받을 수 있는 일시금이 할인 합계액보다 큰 경우에는 그 일시금 가액

으로 평가한다.

이를 통해 계약자가 모친, 피보험자 및 수익자가 딸인 상태에서 딸에게 매월 100만 원의 연금이 30년간 지급된다면 3억 6,000만 원을 딸에게 줄 수 있으나 이를 매년 3%로 할인했기 때문에 법상 평가가액은 2억 3,520만 원으로 줄어든다. 이 3% 할인으로 그 평가액이 줄어들어 증여에서 유리하게 되는 것이다.

국세청은 고액 즉시연금을 활용한 정기금 평가에 엄격한 잣대를 적용하므로 다음의 기본 사항은 꼭 숙지해서 보험을 관리해야 한다.

**1) 연금 개시 전 계약자가 변경된 경우**

> 즉시연금보험의 보험료 환급권의 가액은 청약 철회 기간 내에 증여가 이루어진 경우 납입보험료 전액이고, 그 이후 증여가 이루어진 경우 약관에 따라 계산되는 해지환급금 상당액임.(대법원2015두59303, 2016. 10. 13)

**2) 연금 개시 후 계약자와 수익자를 변경하는 경우**

> 상속형 즉시연금보험의 연금 개시 후에 계약자를 변경하는 경우에는 「상속세 및 증여세법」 제2조에 따라 변경 시점에 변경 후 수익자에게 증여세가 과세되는 것이며, 이 경우 증여재산가액은 정기금 할인 평가 금액과 해약환급금 상당액 중 큰 금액으로 평가하는 것임.(상속증여세과-152, 2014. 5. 22)

## 3) 타인의 자금으로 보험료 납부 후 연금 개시 전 보험을 해약한 경우

즉시연금보험의 계약자가 타인의 자금으로 보험료를 납부한 후 해당 보험의 연금 지급이 개시되기 전에 보험을 해약하고, 계약자가 해약환급금을 수령하여 사용하는 경우에는 해당 보험의 보험료 납입 시점에 보험료 상당액을 증여받은 것으로 보아 그 계약자에게 증여세를 과세함.(법규과-164, 2013. 2. 14)

# 증여자와 수증자 모두 영농에 종사 중이라면?

## 영농 자녀에 대한 증여세 감면

아버지가 직접 경작하던 과수원을 자녀가 이어받아 농업에 종사하고 싶어 할 수 있다. 이때 절세하는 가장 좋은 방법은 '영농 자녀에 대한 증여세 감면' 제도를 활용하는 것이다. 증여자가 증여일부터 소급하여 3년 이상 계속하여 영농에 종사한 경우로서 재촌·자경 요건 등을 충족한 경우 수증자에게 영농에 종사할 것을 요건으로 농지 등을 증여한다면 2025년 12월 31일까지 5년간 농지 등의 가액에 대한 증여세 1억 원 한도로 감면을 받을 수 있다. 참고로 증여세 1억 원에 대한 증여세 과세표준은 약 5억 3,400만 원이다.

또한 영농 자녀 증여 감면은 추후 증여자가 사망한 경우에도 상속재산에 가산하는 사전증여재산으로 보지 않고, 증여일 전 10년 이내 동일인으로부터 증여받은 다른 일반 증여재산과도 합산하지 않는 합산 과세 배제 대상이기 때문에 절세에 더욱 유리한 제도다.

## 증여 대상 농지 등의 범위

주거·상업·공업지역 또는 대통령령으로 정하는 개발사업지구로 지정된 지역 외에 소재하는 농지 등으로서 다음에 해당하는 농지를 말한다.

- 농지 : 「농지법」 제2조 제1호 가목에 따른 토지로서 4만㎡ 이내의 것.
- 초지 : 「초지법」 제5조에 따른 초지조성허가를 받은 초지로서 14만 8,500㎡ 이내의 것.
- 산림지 : 「산지관리법」 제4조 제1항 제1호에 따른 보전산지 중「산림자원 의 조성 및 관리에 관한 법률」에 따라 산림경영계획을 인가받거나 특 수산림사업지구로 지정받아 새로 조림(造林)한 기간이 5년 이상인 산 림지(채종림, 「산림보호법」제7조에 따른 산림보호구역을 포함.)로서 29만 7,000㎡ 이내의 것. 다만, 조림 기간이 20년 이상인 산림지의 경우에 는 조림 기간이 5년 이상인 29만 7,000㎡ 이내의 산림지를 포함하여 99만㎡ 이내의 것으로 한다.
- 축사용지 : 축사 및 축사에 딸린토지로서 해당 축사의 실제 건축 면적 을 「건축법」 제55조에 따른 건폐율로 나눈 면적의 범위 이내의 것.
- 어선 : 「어선법」 제13조의 2에 따른 총톤수 20톤 미만의 어선
- 어업권 : 「수산업법」 제2조 또는 「내수면어업법」제7조에 따른 어업권으 로서 10만㎡ 이내의 것.
- 어업용 토지 등 : 4만㎡ 이내의 것.
- 염전 : 「소금산업진흥법」 제2조 제3호에 따른 염전으로서 6만㎡ 이내 의 것.

## 2. 증여자 및 수증자의 요건

### 1) 증여자

- 재촌 요건

  농지 등이 소재하는 시·군·구 및 연접한 시·군·구, 해당 농지 등으로부터 직선거리 30㎞ 이내 거주하는 거주자

- 자경 요건

  ① 농지 등의 증여일부터 소급하여 3년 이상 계속하여 직접 영농 등에 종사

  ② 농작물의 경작 또는 다년생식물의 재배에 상시 종사하거나 농작업의 2분의 1 이상을 자기의 노동력에 의하여 경작 또는 재배

- 소득 요건

  ① 일정한 사업소득금액과 총급여액의 합계액이 연 3,700만 원 미만

  ② 일정한 사업소득금액에서 농·임·어업 관련 사업소득, 부동산임대업, 농가부업소득은 제외

### 2) 수증자

농지 등의 증여일 현재 만 18세 이상인 직계비속이면서 증여세 과세표준 신고기한까지 증여받은 농지 등에서 '재촌 요건'을 충족하면서 직접 영농에 종사하는 자.

### 영농 자녀 증여감면 사후 관리

다음의 사유에 해당하는 이외의 사유로 증여받은 날부터 5년 이내에 양

도하거나 직접 영농 등에 종사하지 않게 된 경우에는 즉시 그 농지 등에 대한 증여세의 감면세액에 상당하는 금액과 기간 경과에 대한 이자상당액을 징수한다. 이 경우 동일인으로부터 증여받은 일반 증여재산가액과 합산하여 추징되므로 증여세 부담이 더 늘어날 수 있다.

### 1) 증여일로부터 5년 이내 양도하더라도 추징 제외 사유

- 영농 자녀 등의 사망
- 「공익사업을 위한 토지 등의 취득 및 보상에 관한 법률」에 따른 협의매수·수용 및 그 밖의 법률에 따라 수용되는 경우
- 국가·지방자치단체에 양도하는 경우
- 「농어촌정비법」 그 밖의 법률에 따른 환지처분에 따라 해당 농지 등이 농지 등으로 사용될 수 없는 다른 지목으로 변경되는 경우
- 영농 자녀 등이 「해외이주법」에 따른 해외 이주를 하는 경우
- 「소득세법」에 따라 농지를 교환·분합 또는 대토한 경우로서 종전 농지 등의 자경 기간과 교환·분합 또는 대토 후의 농지 등의 자경 기간을 합하여 8년 이상이 되는 경우
- 그밖에 기획재정부령이 정하는 부득이한 사유가 있는 경우(현재 없음.)

### 2) 일시적으로 영농 등에 종사하지 않더라도 추징 제외 사유

- 영농 자녀 등이 1년 이상의 치료나 요양을 필요로 하는 질병으로 인하

여 치료나 요양을 하는 경우

- 영농 자녀 등이 「고등교육법」에 따른 학교 중 농업 계열(영어의 경우는 제외) 또는 수산 계열(영어의 경우에 한정)의 학교에 진학하여 일시적으로 영농에 종사하지 못하는 경우
- 「병역법」에 따라 징집되는 경우
- 「공직선거법」에 따른 선거에 의하여 공직에 취임하는 경우
- 그 밖에 기획재정부령이 정하는 부득이한 사유가 있는 경우(현재 없음.)


## 3) 영농을 입증하기 위한 서류

영농 등의 입증을 위해서는 증여자와 수증자는 증여 이전과 이후 영농 요건을 갖추어야 한다. 이를 위해서는 다음의 서류를 평소에 잘 숙지하고 영농 입증에 대한 증빙을 잘 갖춰두는 것이 바람직하다.

| 구분 | 검토 내용 | 입증 서류 | 서류 발급기관 |
|---|---|---|---|
| 감면 대상 토지 판단 | 주거·상업·공업 지역 내 농지 여부 | 토지이용계획확인서 | 주민센터, 정부24사이트 |
| 거주 여부 | 거주 기간 (전입일~전출일) | 주민등록초본 (전 주소지 포함.) | 주민센터, 정부24사이트 |
| 소유 여부 | 보유 기간 | 토지대장, 등기부등본 | 주민센터, 정부24사이트, 법원 등기소, 등기소사이트 |
| 자경 여부 | 실제 자경 여부 | 농지원부, 농업경영체 확인서, 소득금액증명원 등 | 농지소재지 읍·면사무소 및 시·군·구청 |
| 사실상 이용 현황 | 증여 당시 농지 여부 | 토지특성조사표, 항공 사진 | 농지소재지 시·군·구청 도청항공측량과 (인터넷 지도 참고) |

| 기타 사항 | 실제 자경 여부 검토 | 농약 및 종자 구입 영수증, 농사일지, 자경확인서, 재산세 과세 내역 | 농협, 소매점 농지 소재지 시·군·구청 |
|---|---|---|---|

## 감면받은 농지 양도 시 양도소득세 과세 방법

증여세를 감면받은 농지 등을 사후 관리 기간인 5년 이후에 양도하는 경우 양도소득세 계산은 「소득세법」에도 불구하고 취득 시기를 증여자가 그 농지 등을 취득한 날로 하여 장기보유특별공제 계산을 하고, 필요경비도 취득 당시 증여자의 것으로 한다. 즉, 양도소득세 이월과세가 적용된다고 볼 수 있다.

또한 농지 등을 양도하는 경우로 감면 한도를 초과하여 증여세가 과세된 농지의 경우에는 증여세를 감면받은 부분과 과세된 부분을 각각 구분하여 양도소득금액을 계산한다.

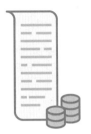

# 자녀에게 **증여한**
# 부동산과 주식이 **급등한다면?**

## 재산 가치 증가에 따른 증여 문제

증여 후 증여재산이 통상적인 가치 상승을 이루는 부분에 대해서는 추가 증여를 하지 않는다. 그러므로 하루라도 빨리 증여하여 물가 상승 및 통상적인 재산 가치 상승에 대한 이득을 자녀가 누릴 수 있게 해야 한다. 이것이 바로 현명하게 절세하면서 부를 이전하는 주요 목적이기도 하다.

그러나 미래 일정한 사유로 인해 재산 가치가 증가될 것을 예상하고 자녀에게 재산을 증여한다면 어떻게 될까? 직업, 연령, 소득 및 재산 상태로 보아 자력으로 해당 행위를 할 수 없다고 인정되는 자가 일정한 사유로 재산을 취득하고, 취득한 날부터 5년 이내에 개발사업의 시행, 형질변경, 공유물 분할, 사업의 인가·허가 등 재산 가치가 증가해 이익을 얻는 경우 그 이익에 상당하는 금액을 증여재산가액으로 하는 규정이 있다.

일반적으로 재산 가치는 시간이 지남에 따라 증가하기 마련이니, 위 내용만 읽어서는 대부분이 증여 대상이 되는 것만 같다. 하지만 재산 가치 증가 사유를 조문에 규정해 그 범위는 제한적이다. 즉, 증여 후 증여재산이 물가상승 등의 통상적인 사유로 가치 상승을 이루는 부분에 대

부의 이전

해서는 증여로 보지 않는다.

## 재산을 취득하는 사유

직업, 연령, 소득 및 재산 상태로 보아 자력으로 해당 행위를 할 수 없다고 인정되는 자가 다음의 사유로 재산을 취득하였는지 먼저 살펴봐야 한다.

- 특수관계인으로부터 재산을 증여받은 경우
- 특수관계인으로부터 기업의 경영 등에 관하여 아직 공표되지 아니한 내부 정보를 제공받아 그 정보와 관련한 재산을 유상으로 취득한 경우
- 특수관계인으로부터 증여받거나 차입한 자금 또는 특수관계인의 재산을 담보로 차입한 자금으로 재산을 취득한 경우

특별한 사정이 없는 한 성년으로서 경제적 판단을 통하여 재산을 관리할 수 있다고 일단 인정되는 경우에는 직업·연령·소득 등 재산 상태로 보아 자신의 계산으로 해당 행위를 할 수 없다고 인정되는 자의 범위에 포함되지 않는다. 다만, 자력으로 재산을 취득할 수 없다는 구체적인 증빙이 확인되는 경우에는 수증자로 보아 재산 가치 증가에 따른 증여세 과세 대상이 된다.

## 재산 가치 증가 사유

증여재산을 취득한 날로부터 5년 이내 다음 사유로 인해 재산 가치가 증가하는 경우 증여세가 과세된다. 단, 거짓이나 기타 부정한 방법으로

상속세나 증여세를 감소시킨 경우 기간제한(5년)도 없고, 특수관계인이 아닌 자 간의 증여에 대해서도 적용된다.

- 개발사업의 시행·형질변경·공유물 분할 등 그 밖의 사업의 인가 및 허가
- 비상장 주식의 상장 등 이와 유사 행위로 재산 가치가 증가하는 경우
- 재산 가치와 직접적인 연관성이 있어야 하고 이를 통해 해당 재산 가치가 직접적으로 증가하는 경우만 해당됨.

## 재산 가치 증가에 따른 이익 산정 및 과세 기준

재산 가치 증가 사유에 따른 증여재산가액은 해당 재산을 취득하기 위해 소요된 취득가액 및 가치 상승 기여분 등을 해당 재산가액에서 차감해 다음과 같이 산정한다.

- 재산 가치 증가에 따른 이익
  =해당 재산가액−(해당 재산의 취득가액+통상적인 가격 상승분+가치 상승 기여분)

재산 가치가 증가한다고 해서 이를 모두 증여세로 바로 과세하지 않는다. 일단은 재산 가치 증가 사유에 해당되어야 하고, 설령 재산 가치가 증가되었다고 하더라도 다음과 같이 '재산 가치 증가에 따른 이익'이 기준금액 이상인 경우에만 증여세 과세 대상에 해당한다. 따라서 다음 기준금액 미만인 경우 증여세가 과세되지 않는다.

- 기준 금액＝Min[3억 원, (해당 재산의 취득가액＋통상적인 가격 상승분＋가치 상승 기여분)×30%]
- '재산 가치 증가에 따른 이익≥기준 금액'인 경우에만 증여세 과세 대상

실무에서는 재산 가치가 증가될 것을 예상하고 나서 이를 미성년자가 취득하는 경우, 특히 비상장 주식을 취득하고 나서 해당 주식이 상장되어 가치가 증가되었을 경우에 '재산 가치 증가에 따른 이익'이 발생한 것으로 보는 경우가 많다.

**심사−증여−2015−0038, 2015. 9. 17. 기각**

[제목] 미성년자가 부모로부터 현금을 증여받아 취득한 주식이 5년 내 상장되어 가치 증가 시 증여세 과세함.

[요지] 미성년자인 청구인이 자기 의사와 계산으로 주식을 취득하였다 볼 수 없고, 매매대금의 원천, 지급자, 지급 과정 등에 비추어 부모가 쟁점 주식을 취득하여 청구인에게 증여한 것과 경제적 실질이 같으므로 당해 주식이 5년 내 상장되어 증가된 주식 가치는 타인의 기여에 따른 증여세 과세 대상임.

따라서 경제적 능력이 없는 자녀가 가까운 미래에 급등할 가능성이 있다는 사실을 인지하고 주식 또는 부동산을 취득하는 경우에는 신중한 고민을 해야 한다. 물론 통상적인 가치 상승분은 이익의 증여로 보고 있

지 않으므로 일반적인 증여라면 크게 고민하지 않아도 된다. 오히려 통상적인 가치 상승분이 예측되는 주식 또는 부동산이라면 부의 이전 목적과 가장 적합하므로 빠른 시일 내에 증여하는 것이 좋다.

# 장애인
# 지원 정책

## 증여세 비과세와 과세가액 불산입

부모 입장에서 자녀가 장애인인 경우 본인의 유고(有故) 이후 혼자 남겨질 자녀에 대한 걱정이 가장 크다. 따라서 법에서는 장애인에 대한 사회보장, 사회복지 향상 등을 위하여 장애인에 대한 증여세 비과세 또는 과세가액 불산입 제도가 있다. 여기서 장애인이란 다음 어느 하나에 해당하는 자를 말한다.

① 「장애인복지법」에 따른 장애인 또는 「장애아동 복지지원법」에 따른 장애아동 중 발달재활서비스를 지원받고 있는 사람
② 「국가유공자 등 예우 및 지원에 관한 법률」에 의한 상이자 및 이와 유사한 사람으로서 근로 능력이 없는 사람
③ 위의 자 외에 지병에 의하여 평상시 치료를 요하는 중증 환자로서 취학·취업이 곤란한 상태에 있는 자

## 장애인이 보험금 수령인인 비과세 보험금

장애인을 보험금 수익자로 한 보험의 보험금으로서 연간 4,000만 원을 한도로 비과세한다. 이 경우 비과세 보험금은 불입 보험료가 아닌 보험사고 발생 시 지급받는 보험금(만기 보험금 지급의 경우 포함.)을 말한다.

비과세되는 보험의 종류가 '장애인 전용 보험'으로 표시된 보험만을 의미하는 것은 아니며, 장애인이 보험금 수령인인 모든 보험금에 대해 적용한다.

장애인이 보험금의 수령을 연금으로 수령하는 경우에도 매년 수령하는 보험금액이 연간 4,000만 원 이내인 경우 종신 정기금 평가 규정과 관계없이 전체 비과세되는 보험금에 해당한다.

## 장애인의 과세가액 불산입 신탁 수익

장애인을 신탁수익의 귀속자로 하여 일정 요건을 갖춰 신탁업자에게 신탁할 수 있는 신탁재산(금전, 유가증권, 부동산)에 대해서는 생존 기간 동안 최대 5억 원까지 증여세를 과세가액에서 불산입한다.

### 1) 자익신탁의 당사자를 장애인으로 하는 경우

수익자와 위탁자가 본인으로 동일한 신탁을 '자익신탁'이라고 한다. 장애인이 증여받은 그 재산을 자익신탁하는 경우로, 다음의 요건을 모두 충족하는 경우에는 증여세 과세과액에 산입하지 않는다.

> ① 「자본시장과 금융투자업에 관한 법률」에 따른 신탁업자에게 신탁되었을 것.

② 그 장애인이 신탁의 이익 전부를 받는 수익자일 것.

③ 신탁 기간이 그 장애인이 사망할 때까지로 되어 있을 것. 다만, 장애인
이 사망하기 전에 신탁 기간이 끝나는 경우에는 신탁 기간을 장애인이
사망할 때까지 계속 연장할 것.

## 2) 타익신탁의 당사자를 장애인으로 하는 경우

위탁자 외 제3자를 수익자로 하는 신탁을 '타익신탁'이라고 한다. 타익신
탁으로서 다음의 요건을 모두 충족하는 경우에는 장애인이 증여받은 그
신탁의 수익은 증여세과세가액에 산입하지 않는다.

① 「자본시장과 금융투자업에 관한 법률」에 따른 신탁업자에게 신탁되었
을 것.

② 그 장애인이 신탁의 이익 전부를 받는 수익자일 것. 다만, 장애인이 사
망한 후의 잔여재산은 제외한다.

③ 다음 내용이 신탁계약에 포함되어 있을 것.

1) 장애인이 사망하기 전에 신탁이 해지 또는 만료되는 경우에는 잔여
재산이 그 장애인에게 귀속될 것.

2) 장애인이 사망하기 전에 수익자를 변경할 수 없을 것.

3) 장애인이 사망하기 전에 위탁자가 사망하는 경우에는 신탁의 위탁
자 지위가 그 장애인에게 이전될 것.

### 3) 불산입 한도와 증여 추징

자익신탁에 따라 장애인이 생전에 증여받은 재산가액의 합계액과 타익신탁에 따라 장애인이 생존 기간 동안 수익자로 설정된 원본의 합계를 합산한 금액은 5억 원을 한도로 증여재산가액에서 불산입한다.

다만, 증여재산 불산입 이후 중증장애인 본인의 의료비·간병인 비용·특수교육비·생활비(월 150만 원 이하의 금액으로 한정) 지출을 위한 원금 인출 등 인정되는 사유 외에 다음에 해당하는 사유가 발생하는 경우 해당 재산가액을 장애인이 증여받은 것으로 보아 즉시 증여세를 부과한다.

- 신탁이 해지 또는 만료된 경우. 다만, 해지일 또는 만료일부터 1개월 이내에 신탁에 다시 가입한 경우는 제외
- 신탁 기간 중 수익자를 변경한 경우
- 신탁의 이익 전부 또는 일부가 해당 장애인이 아닌 자에게 귀속되는 것으로 확인된 경우
- 신탁 원본이 감소한 경우

### 4) 그 외 사항

장애인이 증여받은 재산으로서 증여세가 비과세되거나 증여세 과세가액에 불산입된 재산은 증여자가 사망한 경우에도 상속재산가액에 가산하는 증여재산에 포함되지 않는다.

또한 증여 받은 장애인이 단지 장애가 치유된 사실만으로 해당 재산가액을 증여받은 것에 대한 증여세를 추징하지는 않는다.

# 사례로 살펴보는
# 증여세 세무조사
## 유의사항

국세청 홈페이지에 게시되는 보도 자료를 살펴보면 증여 관련 변칙적 탈루 혐의자에 대한 세무 검증을 지속적으로 실시하고 있음을 알 수 있다. 특히 2017년 8·2 대책 이후 주택 등 부동산 관련 증여와 양도 관련 특별 세무조사는 빈도와 강도가 전부 높아졌다.

보도 자료들을 잘 읽어보면 세무조사 추진 성과와 함께 추징 사례들을 항상 안내하고 있다. 해당 추징 사례들만이라도 잘 숙지하고 부모자식 간의 증여를 진행한다면 세무조사 대상자가 될 가능성은 낮아질 것이다. 종종 기막힌 묘수가 있다며 상담하러 오는 사람이 있다. 하지만 상담을 진행하면 실상은 전부 쉽게 들통날 수밖에 없는 꼼수인 경우가 대부분이다. 세법은 방대하고, 전문적이어서 제대로 알아야 대처할 수 있다. 증여세 세무조사 사례를 통해 증여 시 유의사항을 살펴보자.

### 부담부증여를 가장한 편법 증여자
자녀가 부친으로부터 토지를 증여받으면서 해당 토지에 담보된 부친의 금융채무를 인수하였다고 신고하였다. 이는 부담부증여가 되어 부친의 채무 부분은 양도소득세로 과세되고, 채무 외의 부분은 증여가 되어, 전체 순수 증여되는 것보다 누진세율을 피할 수 있어 절세 효과를 얻는 경우가 많다.

하지만 국세청은 채무 인수 후 채무를 변제할 의무가 있는 주채무자인 자녀가 상환하는 것이 아니라 증여자인 부친이 몰래 상환하였다는 정황을 포착하였다. 그 결과 이 증여 사건은 부담부증여가 아닌 순수 증여가 되어, 양도소득세는 취소되고 높은 누진세율이 적용된 증여세가 추징되었다.

국세청은 그 사실을 어떻게 알았을까? 국세청은 증여 과정 등에서 인정받은 채무에 대해서 만기 상환 시까지 상환 내용을 매년 정기적으로 사후 관리한다. 즉, 증여 시점만 살펴보고 마무리하는 게 아니라는 의미다. 신고와 납부가 끝났으니 채무를 부모가 대신 상환해도 문제없을 것이라는 얕은수는 몇 년 후 누진세율로 계산된 세액과 더불어 늘어난 가산세까지 추징되는 응징으로 돌아온다.

위와 유사한 세무조사 사례로 아내가 남편으로부터 창고와 그 부수 토지를 증여받으면서 임대보증금을 승계하였다고 신고한 사례가 있었다. 이 역시 국세청에서는 부채 사후 관리를 통해 추후 임차인이 퇴거하면서 임대보증금을 남편이 대신 돌려준 내역을 포착하여 증여세를 추징하였다.

해당 사례들은 모두 최근 3년 내 펼쳐진 증여세 세무조사 적발 사례다. 부채 사후 관리는 1년 주기가 많다. 그래서 바로 포착되지 않는다고 신고 후 신고 내용과 다르게 채무를 상환했을 때 세무조사 대상이 될 수 있다는 점 꼭 유의하도록 하자.

부의 이전

**상속세 및 증여세 사무처리규정 제54조(부채의 사후 관리)**

① 지방국세청장 또는 세무서장은 다음 각 호의 어느 하나에 해당하는 경우 해당 납세자의 채무정보를 NTIS(엔티스)에 입력해야 한다.

　1. 상속세 및 증여세의 결정 등에서 인정된 채무

　2. 자금출처조사 과정에서 재산 취득 자금으로 인정된 채무

　3. 재산 취득에 사용된 채무 내역서로 제출된 채무

　4. 기타 유사한 사유로 사후 관리가 필요한 채무

② 지방국세청장 또는 세무서장은 상환 기간이 경과한 채무에 대하여 사후 관리 점검을 실시해야 한다. 다만, 상환 기간 경과 전이라도 일정 기간이 경과한 장기채무로서 변제 사실 확인이 필요한 경우 점검 대상자로 선정할 수 있다.

③ 지방국세청장 또는 세무서장은 제2항의 부채 사후 관리 대상자에게 해명할 사항을 기재한 「부채 상환에 대한 해명 자료 제출 안내(별지 제17호 서식)」와 「권리 보호 요청 제도에 대한 안내(별지 제25호 서식)」를 납세자에게 서면으로 발송해야 한다.

④ 지방국세청장 또는 세무서장은 사후 관리 결과 채권자 변동이나 채무 감소(변동) 등이 확인된 경우에는 즉시 그 내용을 NTIS(엔티스)에 입력해야 한다.

## 증여자의 취득 자금 출처 부족 혐의

대부분의 자산가가 오해하는 것 중 하나는 수증자에 대한 세무조사만 펼쳐진다고 생각하는 것이다. 하지만 증여자의 취득 시점에 경제적 능력

이 없었다면, 증여자에 대한 세무조사도 충분히 발생할 수 있다. 그래서 상담 중에 항상 증여자가 재산을 최초 취득한 시점의 증여자의 경제적 능력은 어땠는지를 파악한다.

예를 들어, 과거 부친이 10억 원에 구입했던 토지를 자녀에게 증여했다. 해당 건에 대해 세무조사가 일어난다면, 가장 먼저 수증자인 자녀가 자력으로 취득세와 증여세를 납부했는지 여부 등 증여 절차를 올바르게 지켰는지 살펴본다. 여기서 한 단계 나아가 토지 취득 시점에서 부친의 신고 소득을 확인한다. 만약 취득 시점 전 부친의 5년간 소득이 5억 원도 안 되는 상황에서 해당 토지를 10억 원에 취득했다고 한다면, 부친의 신고 소득 누락은 없었는지를 추가적으로 살펴볼 수 있다.

만약, 부친이 사업을 운영 중인 고소득 개인사업자이거나 법인의 대표인 경우라면 개인사업자 매출 누락 또는 법인의 불법적인 자금 유출에 대한 세무조사가 동시에 시작될 수 있다. 최근 취득 자금 조달 및 입주계획서 작성 시 그 항목과 첨부 서류가 더 철저해진 이유도 취득 시점부터 취득자의 경제적 자력이 있는지 등을 살펴 취득자의 소득 누락 등을 점검하기 위해서다.

## 재차 증여 합산 누락 신고자

증여세는 10년 내 동일인에게 증여받은 다른 증여재산이 있다면 재차 증여에 대한 합산신고를 해야 한다. 증여세는 누진세율이므로 합산신고하게 되면 당연히 세율이 높아져 단독 증여할 때에 비해 납부세액이 커진다.

재차 증여 합산 누락 신고자의 경우 억울함을 호소하는 경우가 정말 많다. 본인이 언제 증여를 받았는지 기억을 못하거나, 본인 모르게 부모님이 진행해 증여받은 경우가 그 예다.

만약 본인이 부모님으로부터 과거 증여세 신고한 증여재산이 있는데, 정확한 증여 시기와 증여재산가액이 기억이 나지 않는다면 국세청 홈택스 사이트 또는 가까운 세무서에 내방하여 최근 10년 내 증여세 신고서 및 결정 내역을 발급받아 볼 수 있다.

## 현금 증여 세무조사 사례

현금 증여는 다음의 경우 직접 또는 간접적으로 증여세 세무조사가 발생된다.

① 배우자나 직계존비속의 부동산 구입에 따른 구입 자금 조사 과정에서 본인과 거래하였던 기존의 현금 이체 내역이 밝혀지는 경우
② 부모의 사업체 세무조사 중 자녀에게 거액의 현금 이체 내역이 밝혀지는 경우
③ 배우자나 부모의 사망으로 인한 상속세 조사 과정에서 기존의 현금 증여 내역이 밝혀지는 경우
④ 금융정보분석원 등 국가기관에 의해 특이한 금융거래 내역이 포착되어 밝혀지는 경우
⑤ 사업체 운영 중이라면 내부 직원의 현금 매출 누락 탈세 제보

## 신용카드를 대신 사용하면?

고령인 부모에게 자녀 명의의 신용카드를 건네주고, 지출한 카드값에 해당하는 만큼 부모에게 현금으로 돌려받는 경우가 있다. 이 경우에는 자녀의 소득에 비해 큰 지출이 발생하여, 자녀가 부동산 자금조달계획서를 작성하는 때 어려움이 생길 수 있다.

이와 반대로 자녀가 부모 카드를 대신 쓰는 경우 상속세 세무조사 시 사전증여재산으로 과세될 수 있다. 타인 명의 카드를 사용한 정황이 적발된다면 증여가 아님을 입증하는 것이 현실적으로 어렵다. 불필요한 타인 명의 카드 사용은 자제하는 것이 좋다.

## 성년후견인제도란?

성년후견인이란 질병, 노령 등으로 정신적 제약을 가진 인물을 대신해 법정대리인 역할 등을 하는 사람이나 법인을 뜻한다. 가정법원의 직권으로 정해지며 피성년후견인의 의사 및 건강, 생활 관계, 재산 상황 등을 고려해 선임된다. 성년자에 대한 후견인은 2인 이상을 선임할 수도 있다. 부모의 치매 등 정상적인 의사 판단을 하지 못하는 상황에서 재산의 급격한 일실이 걱정된다면 성년후견인제도를 활용하여 자녀들이 부모의 의사 결정을 도울 수 있다. 그러나 제도의 악용이 문제가 될 수 있다. 부모가 황혼에 새로운 반려자를 만나거나 자산단체에 거액의 기부를 계획하는 등 정상적인 의사 결정을 하더라도 자녀들이 이를 반대하고 본인의 상속재산을 늘리기 위해 성년후견인제도를 악용할 소지가 있다. 이러한 사태가 일어나기 전에 자신의 사무 처리를 맡아 줄 후견인을 미리 지정하는 임의후견계약을 활용하기도 한다.

상속이 낯설게 느껴지는 이유는 혈육을 떠나보내며 함께한 시간을 추억하기에도 부족한데, 슬픔을 채 달래기도 전에 경제적 이해득실을 따져야 하는 아이러니함 때문일 것이다. 그러므로 '상속세'에 대한 지식을 사전에 준비하는 것이 필요하다. 상속 개시 이후에는 절세할 수 있는 방법을 거의 찾을 수 없기 때문이다. 뒤늦게 후회하지 않기 위해서 사전에 상속세를 미리 이해하고, 남겨진 시간을 활용하여 미래의 상속세를 줄이도록 하자.

## 제4장

# 상속

—

미리 준비하는 상속, 절세법에 대한 모든 것

# 상속, 참 낯선 단어

상속, 참 낯선 단어다. 상속이 낯설게 느껴지는 이유는 혈육을 떠나보내며 함께한 시간을 추억하기에도 부족한데, 슬픔을 채 달래기도 전에 경제적 이해득실을 따져야 하는 아이러니함 때문일 것이다. 그럼에도 불구하고 '상속세'에 대한 지식을 사전에 준비하는 것은 꼭 필요하다. 상속 개시 이후에는 절세할 수 있는 방법을 거의 찾을 수 없기 때문이다. 뒤늦게 후회하지 않기 위해서는 사전에 상속세를 미리 이해하고, 남겨진 시간을 활용하여 미래의 상속세를 줄이는 것이 필요하다.

「상속세 및 증여세법」에서 '상속'이란 「민법」 제5편에 따른 상속을 말하며, 다음을 포함한다.

① 유증(遺贈)
② 「민법」 제562조에 따른 증여자의 사망으로 인하여 효력이 생길 증여
  (상속개시일 전 10년 이내에 피상속인이 상속인에게 진 증여 채무 및 상속개시

일 전 5년 이내에 피상속인이 상속인이 아닌 자에게 진 증여 채무의 이행 중에

증여자가 사망한 경우의 그 증여를 포함.)

③ 「민법」 제1057조의2에 따른 피상속인과 생계를 같이 하고 있던 자, 피

상속인의 요양 간호를 한 자 및 그 밖에 피상속인과 특별한 연고가 있

던 자에 대한 상속재산의 분여

④ 「신탁법」 제59조에 따른 유언대용신탁

⑤ 「신탁법」 제60조에 따른 수익자연속신탁


상속세는 「민법」과 별개로 생각할 수 없다. 「민법」에서 정의하고 있는 상속의 다양한 정의가 상속세에서도 그대로 적용되기 때문이다. 이 책에서는 「민법」 내의 상속 조항에 대한 풀이는 최대한 줄이고, 상속세에 대한 풀이에 집중하고자 한다. 그러므로 상속세를 이해하는 데 필요한 핵심적이고 기본적인 「민법」 조항만 미리 살펴보고 본격적으로 상속세에 대해서 알아보자.

## 제1장 상속

### 제1절 상속 총칙

제997조(상속 개시의 원인) 상속은 사망으로 인하여 개시된다.

제998조(상속 개시의 장소) 상속은 피상속인의 주소지에서 개시한다.

제998조의2(상속 비용) 상속에 관한 비용은 상속재산 중에서 지급한다.

## 제2절 상속인

제1000조(상속의 순위) ① 상속에 있어서는 다음 순위로 상속인이 된다.

1. 피상속인의 직계비속

2. 피상속인의 직계존속

3. 피상속인의 형제자매

4. 피상속인의 4촌 이내의 방계혈족

② 전항의 경우에 동순위의 상속인이 수인인 때에는 최근친을 선순위로 하고 동친 등의 상속인이 수인인 때에는 공동상속인이 된다.

③ 태아는 상속 순위에 관하여는 이미 출생한 것으로 본다.

제1001조(대습상속) 전조 제1항 제1호와 제3호의 규정에 의하여 상속인이 될 직계비속 또는 형제자매가 상속 개시 전에 사망하거나 결격자가 된 경우에 그 직계비속이 있는 때에는 그 직계비속이 사망하거나 결격된 자의 순위에 갈음하여 상속인이 된다.

제1003조(배우자의 상속 순위)

① 피상속인의 배우자는 제1000조 제1항 제1호와 제2호의 규정에 의한 상속인이 있는 경우에는 그 상속인과 동순위로 공동상속인이 되고 그 상속인이 없는 때에는 단독상속인이 된다.

② 1001조의 경우에 상속 개시 전에 사망 또는 결격된 자의 배우자는 동조의 규정에 의한 상속인과 동순위로 공동상속인이 되고 그 상속인이 없는 때에는 단독상속인이 된다

제1004조(상속인의 결격사유) 다음 각 호의 어느 하나에 해당한 자는 상속인이 되지 못한다.

1. 고의로 직계존속, 피상속인, 그 배우자 또는 상속의 선순위나 동순위에 있는 자를 살해하거나 살해하려한 자

2. 고의로 직계존속, 피상속인과 그 배우자에게 상해를 가하여 사망에 이르게 한 자

3. 사기 또는 강박으로 피상속인의 상속에 관한 유언 또는 유언의 철회를 방해한 자

4. 사기 또는 강박으로 피상속인의 상속에 관한 유언을 하게 한 자

5. 피상속인의 상속에 관한 유언서를 위조·변조·파기 또는 은닉한 자

### 제3절 상속의 효력

제1005조(상속과 포괄적 권리의무의 승계) 상속인은 상속 개시된 때로부터 피상속인의 재산에 관한 포괄적 권리의무를 승계한다. 그러나 피상속인의 일신에 전속한 것은 그러하지 아니하다.

제1009조(법정상속분) ① 동순위의 상속인이 수인인 때에는 그 상속분은 균분으로 한다.

② 피상속인의 배우자의 상속분은 직계비속과 공동으로 상속하는 때에는 직계비속의 상속분의 5할을 가산하고, 직계존속과 공동으로 상속하는 때에는 직계존속의 상속분의 5할을 가산한다.

제1010조(대습상속분) ① 제1001조의 규정에 의하여 사망 또는 결격된 자에 갈음하여 상속인이 된 자의 상속분은 사망 또는 결격된 자의 상속분

에 의한다.

② 전항의 경우에 사망 또는 결격된 자의 직계비속이 수인인 때에는 그
상속분은 사망 또는 결격된 자의 상속분의 한도에서 제1009조의 규정
에 의하여 이를 정한다. 제1003조 제2항의 경우에도 또한 같다.

## 제4절 상속의 승인 및 포기

제1019조(승인, 포기의 기간) ① 상속인은 상속 개시 있음을 안 날로부터 3월
내에 단순승인이나 한정승인 또는 포기를 할 수 있다. 그러나 그 기간은 이
해관계인 또는 검사의 청구에 의하여 가정법원이 이를 연장할 수 있다.

② 상속인은 제1항의 승인 또는 포기를 하기 전에 상속재산을 조사할 수
있다.

③ 제1항의 규정에 불구하고 상속인은 상속 채무가 상속재산을 초과하는
사실을 중대한 과실 없이 제1항의 기간 내에 알지 못하고 단순승인(제
1026조 제1호 및 제2호의 규정에 의하여 단순승인한 것으로 보는 경우를 포함한
다.)을 한 경우에는 그 사실을 안 날부터 3월 내에 한정승인할 수 있다.

제1025조(단순승인의 효과) 상속인이 단순승인한 때에는 제한 없이 피상속
인의 권리의무를 승계한다.

제1026조(법정단순승인) 다음 각호의 사유가 있는 경우에는 상속인이 단순
승인을 한 것으로 본다.

1. 상속인이 상속재산에 대한 처분 행위를 한 때

2. 상속인이 제1019조 제1항의 기간 내에 한정승인 또는 포기를 하지 아니
   한 때

3. 상속인이 한정승인 또는 포기한 후에 상속재산을 은닉하거나 부정소비
   하거나 고의로 재산 목록에 기입하지 아니한 때

제1028조(한정승인의 효과) 상속인은 상속으로 인하여 취득할 재산의 한도에
서 피상속인의 채무와 유증을 변제할 것을 조건으로 상속을 승인할 수 있다.

제1041조(포기의 방식) 상속인이 상속을 포기할 때에는 제1019조 제1항의 기
간 내에 가정법원에 포기의 신고를 해야 한다.

제1042조(포기의 소급효) 상속의 포기는 상속 개시된 때에 소급하여 그 효력
이 있다.

제1043조(포기한 상속재산의 귀속) 상속인이 수인인 경우에 어느 상속인이
상속을 포기한 때에는 그 상속분은 다른 상속인의 상속분의 비율로 그 상
속인에게 귀속된다.

## 제2장 유언

제1060조(유언의 요식성) 유언은 본법의 정한 방식에 의하지 아니하면 효력
이 생하지 아니한다.

제1065조(유언의 보통 방식) 유언의 방식은 자필증서, 녹음, 공정증서, 비밀
증서와 구수증서의 5종으로 한다.

제1073조(유언의 효력 발생 시기) ① 유언은 유언자가 사망한 때로부터 그

부의 이전

효력이 생긴다.

② 유언에 정지조건이 있는 경우에 그 조건이 유언자의 사망 후에 성취한 때에는 그 조건 성취한 때로부터 유언의 효력이 생긴다.

제1074조(유증의 승인, 포기) ① 유증을 받을 자는 유언자의 사망 후에 언제든지 유증을 승인 또는 포기할 수 있다.

② 전항의 승인이나 포기는 유언자의 사망한 때에 소급하여 그 효력이 있다.

제1108조(유언의 철회) ① 유언자는 언제든지 유언 또는 생전 행위로써 유언의 전부나 일부를 철회할 수 있다.

② 유언자는 그 유언을 철회할 권리를 포기하지 못한다.

# 제3장 유류분

제1112조(유류분의 권리자와 유류분) 상속인의 유류분은 다음 각호에 의한다.

1. 피상속인의 직계비속은 그 법정상속분의 2분의 1

2. 피상속인의 배우자는 그 법정상속분의 2분의 1

3. 피상속인의 직계존속은 그 법정상속분의 3분의 1

4. 피상속인의 형제자매는 그 법정상속분의 3분의 1

제1113조(유류분의 산정) ① 유류분은 피상속인의 상속개시 시에 있어서 가진 재산의 가액에 증여재산의 가액을 가산하고 채무의 전액을 공제하여 이를 산정한다.

② 조건부의 권리 또는 존속기간이 불확정한 권리는 가정법원이 선임한
감정인의 평가에 의하여 그 가격을 정한다.

제1114조(산입될 증여) 증여는 상속개시전의 1년간에 행한 것에 한하여 제
1113조의 규정에 의하여 그 가액을 산정한다. 당사자 쌍방이 유류분 권리
자에 손해를 가할 것을 알고 증여를 한 때에는 1년 전에 한 것도 같다.

# 상속세의
## '계산 구조'를 알아야
# 절세한다

그동안 사전증여에 대한 지식을 익힌 근본적인 이유는 눈앞의 부의 이전인 증여세 절세와 미래에 발생할 상속세의 절세를 위함이다. 그러므로 상속세가 얼마나 절세되는지 체크하면서, 증여세 절세 방법을 계획하는 것이 상속세와 증여세를 모두 절세할 수 있는 방법이다.

상속 전문 세무사는 모든 부의 이전 과정에서 궁극적으로는 상속세와 증여세, 그리고 타 세금과의 연동성을 지속적으로 살펴 상담자의 환경에 최적인 절세 플랜을 기획한다. 눈앞에 닥친 세금 하나만을 고려한 섣부른 판단이 미래에 거대한 세금으로 불어나 돌아오는 경우가 빈번하기 때문에 장기적인 관점에서 더 효과적으로 부를 이전하기 위해서는 계산 구조를 이해하는 것이 중요하다. 우선 상속세 계산 구조를 살펴보고, 계산 구조순으로 상속세 절세에 대해 하나씩 알아보도록 하자.

## [표 4-1] 상속세 계산 구조

| 상속재산가액 | 상속개시일 현재 시가 평가(시가 없을 시 보충적 평가) |
|---|---|
| 본래 상속재산가액 | 피상속인의 사망 당시부터 피상속인에게 귀속되는 경제적·재산적 가치가 있는 모든 재산가액 |
| (+)간주 상속재산가액 | 피상속인의 사망으로 지급 받는 사망보험금, 생명 보험금, 신탁재산, 퇴직금 및 이와 유사한 것. |
| (+)추정상속재산가액 | 피상속인의 사망 전 일정 금액에 대해 사용처가 불분명한 인출금, 재산 처분액 및 채무 인수액 |
| (=)총상속재산가액 | |
| (-)비과세 재산가액 | 국가 등에 유증한 재산, 「문화재보호법」에 따른 일정한 재산, 선조 제사를 위한 일정한 묘토 등 |
| (-)과세가액 불산입액 | 종교·자선·학술 등을 위한 공익법인에 출연한 재산 |
| (-)공과금, 장례비, 채무 | 사망일 현재 피상속인에게 귀속되는 의무로서 상속인이 실질적으로 승계하는 공과금, 채무액 등 |
| (+)사전증여재산가액 | 상속 개시 전 10년 이내 상속인 또는 상속 개시 전 5년 이내 상속인 이외의 자에 대한 증여재산가액 |
| (=)상속세과세가액 | |
| (-) Max(① 기초공제 + 인적공제, ② 일괄 공제) | − 기초공제 : 거주자 또는 비거주자의 사망 시 2억 원 공제<br>− 인적공제 : 상속인 중 자녀, 연로자, 장애인, 미성년자가 있는 경우 상속인 별로 일정액 공제<br>− 기초공제와 인적공제를 합한 공제액과 일괄 공제 5억 원 중 큰 금액을 선택하여 공제, 대부분 일괄 공제 5억 원이 더 큰 공제가 됨. |
| (-)배우자상속공제 | 피상속인의 사망 당시 법률혼 배우자로 인정되는 자로서 실제 상속받는 금액 중 30억 원을 한도로 최소 5억 원을 공제 |
| (-)금융재산공제 | 피상속인의 금융재산가액에서 금융채무가액를 차감한 순금융 재산가액의 20%를 2억 원 한도로 공제 |
| (-)동거주택상속공제, 가업상속공제, 영농상속공제 등 | 피상속인의 사망일부터 소급하여 10년 이상 계속하여 동거한 직계비속이 1세대 1주택인 주택을 상속받는 경우 6억 원 한도 적용받는 동거주택상속공제 외 가업상속공제 및 영농상속공제 등 |
| (-)감정평가 수수료 | − 부동산과 서화·골동품 등 유형 재산은 각각 500만 원 한도<br>− 비상장 주식 평가 수수료는 평가 대상 법인, 의뢰기관 수별로 각각 1,000만 원 한도 |

| (=)상속세 과세표준 | | | |
|---|---|---|---|
| (x)세율(%) | 과세표준 | 세율 | 누진 공제 |
| | 1억 원 이하 | 10% | |
| | 1억 원 초과<br>~5억 원 이하 | 20% | 1,000만 원 |
| | 5억 원 초과<br>~10억 원 이하 | 30% | 6,000만 원 |
| | 10억 원 초과<br>~30억 원 이하 | 40% | 1억 6,000만 원 |
| | 30억 원 초과 | 50% | 4억 6,000만 원 |
| (−)증여재산공제 | 상속재산가액에 가산한 증여재산가액의 중복 과세 방지를 위해 당초 증여 당시 증여세 산출세액 공제 | | |
| (−)신고세액공제 외 | 상속세 신고기한 이내 상속세 신고 의무 이행 시 산출세액에서 공제세액 등을 제외한 금액에서 3% 공제 | | |
| (=)상속세 납부세액 | 일정 요건 충족 시 납부 금액의 분납, 연부연납, 물납 가능 | | |

# 상속인 간
# '상속재산 협의 분할' 전
# 무조건 체크할 사항

피상속인의 사망으로 상속이 개시되는 경우 상속인들은 상속재산에 대한 지분을 어떻게 나눌지에 대한 고민이 생길 수밖에 없다. 예금 및 적금과 같은 금융재산은 등기·등록의 대상이 아니지만 부동산처럼 권리의 행사나 변동에 등기를 수반하는 상속재산은 상속세액에 즉각적으로 영향을 미치므로 더욱 신중해야 한다.

상속재산의 협의 분할은 공동상속인 전원이 참석해야 하며 그 협의는 한자리에서 이루어져야 하는 것은 아니고, 순차적으로 이루어질 수도 있다. 공동상속인 전원의 동의가 없거나 일부가 협의에서 누락되었다면 당해 협의 분할은 무효다. 그래서 공동상속인 간 협의의 일치성이 중요하다.

## 상속재산의 최초 분할

피상속인의 유언에 따른 상속정리가 없는 경우 상속인들은 피상속인의 사망일 이후 기한의 제한이 없이 언제든지 상속재산을 분할할 수 있고, 그 효력은 상속 개시 당시로 소급하여 인정된다.

상속재산의 지분 변동을 증여로 보지 않는 경우는 다음과 같다.

- 상속세 과세표준 신고기한 이내에 상속 지분을 변경하여 상속인 및 상속재산의 변동이 있는 경우
- 상속회복청구의 소에 의한 법원의 확정판결에 따라 상속인 및 상속재산에 변동이 있는 경우
- 「민법」 제404조에 따른 채권자대위권의 행사에 의하여 공동상속인들의 법정상속분대로 등기 등이 된 상속재산을 상속인 사이의 협의 분할에 의하여 재분할하는 경우
- 상속세 과세표준 신고기한 내에 상속세를 물납하기 위하여 법정상속분으로 등기·등록 및 명의개서 등을 하여 물납을 신청하였다가 물납 허가를 받지 못하거나 물납 재산의 변경 명령을 받아 당초의 물납 재산을 상속인 사이의 협의 분할에 의하여 재분할하는 경우

상속세 신고기한 이후 이루어진 상속재산의 재분할로 증여세가 과세되는 재산을 추후 양도하는 경우 그 취득 시기는 재분할에 따른 등기접수 일자가 되는 것이고, 취득가액은 등기접수일 현재 법에 따라 평가한 가액으로 하는 것이므로 일반적인 상속재산의 취득 시기인 피상속인의 사망 일자와는 다른 점에 유의해야 한다.

## 다른 상속인에게 상속재산 대신 현금을 주는 경우

피상속인이 남겨준 재산이 부동산밖에 없는 경우, 시간적 여유가 없는 다른 상속인들을 대신해 대표 상속인이 업무 처리를 보는 경우 등의 사

유로 종종 발생하는 상황이다. 다음의 상황들은 얼핏 보면 동일한 행위처럼 보일지라도, 법은 행위의 실질을 파악하여 다르게 과세한다.

### 1) 장남이 상속재산을 모두 취득하고, 다른 형제들에게 현금을 나누어주라는 유언에 따르는 경우

장남은 총상속재산에서 다른 형제들에게 지급하기로 한 현금 상당액을 차감한 가액을 유증받은 것으로 보고, 다른 형제들은 장남에게서 수령한 금전 상당액만큼 유증받은 것으로 보는 것이다.

### 2) 상속재산(부동산)을 특정 상속인에게 협의 분할한 후, 해당 재산의 매각대금을 분배한 경우

협의 분할을 통해 상속 지분을 확정한 후 진행한 매각 행위와 그로 인해 수령한 매각대금은 특정 상속인에 모두 귀속되는 것이다. 그럼에도 매각대금을 상속인 간 분배하였다면, 매각대금을 분배받은 상속인에게 증여세가 과세된다.

### 3) 상속재산분할에 대한 조정을 갈음하는 결정으로 청구인이 다른 상속인들의 상속재산에 대한 법정상속 지분을 현금 등으로 유상 취득할 경우

법원의 조정을 갈음하는 결정에 따라 상속 부동산 등에 대하여 공동상속인 중 상속인 1인이 단독 소유하고 나머지 공동상속인들에게 그에 상당하는 현금을 지급하도록 하는 경우 상속 부동산에 대한 법정상속분 포기의 대가로 청구인 외 다른 상속인들이 지급받은 현금 등은 양도소득세 과세 대상이다.

## 상속재산의 선정 문제 : 상속재산 협의 최선책

상속인 세 명에게 상속 당시 시가가 같은 현금, 주식, 부동산(주택) 세 종류의 상속재산이 있다고 가정해보자. 전체 상속재산을 1/3 지분으로 가져가는 것도 방법일 수 있고, 각 상속인이 원하는 상속재산을 협의 하에 가져가는 것도 방법일 수 있다. 그렇다면 상속재산 분배를 어떻게 협의하는 것이 최선책일까?

상속인의 입장이 되면, 상속 전문 세무사를 방문해 개별 상속인의 상황까지 고려한 상속세 가이드라인을 먼저 안내받는 것이 좋다. 상속인 간 재산 배분에 따른 절세 효과도 분명히 중요하지만, 결국 상속세는 피상속인의 전체 상속재산에 대한 세금이므로 나무와 숲을 함께 파악하는 것이 필수이기 때문이다. 상속 전문 세무사는 전체적인 상황을 파악하여 최대 절세가 가능한 선택지와 상속인 간의 상황을 고려한 절충안을 제시해줄 것이다.

예를 들어, "장기간 피상속인을 직접 모신 상속인A가 부동산(주택)을 받아 동거주택상속공제를 적용받고, 최근 다주택자 규제로 현금 유동성이 필요할 다주택자인 상속인B가 현금을 상속받고, 배우자인 상속인C가 주식을 상속받아 배우자상속공제를 받는 경우에 최적의 상속세 신고가 될 수 있다" 등의 구체적인 제안을 받을 수 있다.

이를 바탕으로 상속인 간 협의를 진행하면 합리적인 협의를 진행할 수 있다. 구체적인 파악 없이 진행되는 협의는 의견 차이로 인한 다툼이 발생할 가능성이 높다. 상속재산 협의 과정에서 상속인 사이에 씻을 수 없는 상처가 생기는 것은 피상속인이 절대 원하지 않는 상황일 것이다.

결국 상속재산 협의의 가장 좋은 방법은 '누가 어떤 재산을 더 많이 가져가느냐'로 결정되지 않는다. 피상속인이 '남긴 재산과 남은 가족들의 행복'을 지킬 수 있는 방법이 최선이자 최고임을 기억해야 한다.

## 상속 개시 후 명의이전 된 재산의 상속재산 포함 여부

상속 개시 후 피상속인의 재산에 대해 상속인을 취득자로 하여 증여 또는 매매를 원인으로 하는 소유권이전등기 등을 한 경우 그 재산은 상속재산에 포함한다. 이 경우 그 재산에 대하여 별도로 증여세를 과세하지 않는다. 결국은 상속 취득이기 때문이다.

상속인 외의 자를 취득자로 하여 피상속인으로부터 직접 소유권이전등기 등을 한 경우에도 그 재산은 상속재산에 포함된다. 이 경우 그 재산이 피상속인으로부터 유증 또는 사인 증여된 것이 아닌 경우에는 상속인이 그 취득자에게 소유권을 이전한 것으로 본다.

# 상속세 신고 준비, 빠르면 빠를수록 좋다

상속세 신고 및 납부기한은 상속개시일(사망일)이 속하는 달의 말일부터 6월이 되는 날까지다. 6개월이나 여유가 있으니 상속세 신고는 급할 것 없다고 생각하는 상속인이 간혹 있다. 그러나 한 달 정도 남겨놓고 세무사를 찾게 되면 제대로 된 상속세 신고를 못 하는 경우가 발생할 수 있다. 그만큼 상속 이후 처리해야 할 사항이 많으며, 오히려 상속세 신고기한인 6개월은 충분한 검토를 하기에 짧을 수 있다. 상속개시일 이후 시간의 순서에 따라 상속인이 처리해야 할 업무와 명심해야 할 사항을 알아보고 각 기한마다 놓치지 말아야 할 사항에 대해서 알아보자.

[표 4-2] 시간순으로 살펴보는 상속 절차

| 시점 | 주요 절차 |
|---|---|
| 상속개시일 당시(사망일) | – 사망진단서 또는 시체검안서 수취 |
| 상속개시일 1개월 이내 | – 사망신고 및 안심 상속 원스톱서비스 신청<br>– 건강보험·신용카드·인터넷 등 고정 지출 내역 정리 |

| | |
|---|---|
| 상속개시일 3개월 이내 | – 예금·보험 지급청구 및 계좌내역 조회<br>– 상속 포기 또는 한정승인 신고기한<br>– 사망 관련 유족연금, 반환일시금, 사망일시금 등 청구<br>– 자동차 상속받지 않는 경우 말소신청 |
| 상속개시일 6개월 이내 | – 상속재산의 시가 평가 기준인 거래가액, 감정가액, 수용가액 등의<br>　확정 마감일<br>– 외국인 토지 취득 신고 |
| 상속개시일이 속하는 달의<br>말일로부터 6개월 이내<br>(상속세 신고기한) | – 상속세 신고 및 납부<br>– 피상속인 소득세 신고 및 납부<br>– 상속재산의 취득세 신고 및 납부<br>– 피상속인 사업자등록 정정 또는 폐업 신고<br>– 상속재산 협의 분할 및 자동차 상속 이전 |
| 상속세 신고기한<br>다음 날부터 9개월 이내 | – 이때까지 분할(등기)한 경우 배우자가 실제 상속받은 재산으로 인정하<br>　여 배우자상속공제 적용 가능.<br>– 상속세 결정을 위한 세무조사 시작 |

## 상속개시일 당시

가족의 사망은 언제나 큰 충격과 슬픔으로 다가온다. 앞으로 어떻게 주변을 정리해야 할지도 혼란스럽다. 하지만 슬픔 속에서도 꼭 챙겨야 할 것들이 있다. 그래야 망자가 가족들을 위해 남겨둔 재산을 유지대로 상속할 수 있다. 그 첫 번째는 장례식장을 예약하고, 장례를 치르면서 들어간 비용 영수증과 장지 및 봉분 등을 마련하기 위한 비용 영수증을 챙기는 것이다. 또 장례식 이후 사망진단서를 꼭 수취해야 한다.

## 상속개시일 1개월 이내

장례 이후 본격적인 망자의 신변 정리를 시작해야 한다.

### 1) 사망신고

가장 먼저 할 일은 사망신고다. 사망신고는 사람이 사망한 경우에 하는 보고적 신고다. 사람은 생존하는 동안 권리와 의무의 주체가 되므로 출생신고에 의하여 가족관계등록부가 작성되고, 사망신고에 의하여 최종적으로 가족관계등록부가 폐쇄된다.

사망신고는 사망자와 동거하는 친족이 사망 사실을 안 날로부터 1개월 이내에 해야 한다. 신고 기간이 지난 후의 신고도 적법한 신고로 효력이 있지만, 신고기한 이내에 미신고시 5만 원의 과태료가 부과된다.

### 2) 안심 상속 원스톱서비스(사망자 등 재산 조회 서비스)

안심 상속 원스톱서비스는 사망신고 시 상속의 권한이 있는 자가 사망자의 재산 조회를 통합 신청할 수 있게 하여 사망 처리 후속 절차의 번거로움을 없애고 상속 관련하여 신속한 대처가 가능하도록 편의를 제공하는 제도다. 대부분 사망신고를 위해 시·군·구청 또는 주민센터 방문 시 피상속인의 '안심 상속 원스톱 서비스'를 동시에 진행한다.

'안심 상속 원스톱 서비스'를 신청하기 전에 먼저 유념할 사항은 해당 서비스 신청을 하게 되면 피상속인의 금융재산 인출 거래가 정지된다는 점이다. 추후 금융재산에 대하여 공동상속인 간에 협의 분할을 한 후에는 정식으로 인출이 가능하지만 협의 분할 전에 지급해야 할 자동이체 서비스 등은 인출되지 않기 때문에 연체에 대한 불이익을 받을 수 있다. 그러므로 급한 자금이 있다면 미리 인출한 후에 사망신고 및 안심 상속 원스톱 서비스를 신청하는 것이 좋다.

> – 신청 기한 : 사망일이 속한 달의 말일로부터 1년 이내 신청 가능
> – 신청 방식 : 가까운 구청이나 주민센터 방문 신청 및 (일부) 온라인 신청

– 신청 절차 : 사망신고와 함께 또는 사망신고 처리 완료 후 사망자 재산 조회 신청서 작성, 방문 제출 또는 온라인 신청(온라인 신청은 사망신고 처리 완료 후 가능)

– 지원 내용 : 한 번의 통합 신청으로 사망자와 피후견인의 재산 조회 결과를 문자, 우편 등으로 제공

– 통합 처리 대상 재산 조회 종류(11종)

① 지방세 정보(체납액·고지세액·환급액), ② 자동차 정보(소유 내역), ③ 토지 정보(소유 내역), ④ 국세 정보(체납액·고지세액·환급액), ⑤ 금융거래정보(은행, 보험 등), ⑥ 국민연금정보(가입 및 대여금 채무 유무), ⑦ 공무원연금정보(가입 및 대여금 채무 유무), ⑧ 사학연금정보(가입 및 대여금 채무 유무), ⑨ 군인연금 가입 유무, ⑩ 건설근로자 퇴직공제금 정보(가입 유무), ⑪ 건축물 정보(소유 내역)

– 처리기한(토요일·공휴일 제외, 접수일 포함.)

① 7일 이내 : 지방세 체납세액·고지세액·환급액, 토지 소유 내역 정보 등

② 20일 이내 : 국세, 금융거래, 국민연금·공무원연금·사립학교교직원 연금 정보 등

## 3) 금융감독원 상속인금융거래조회 활용하기

상속인이 피상속인의 금융재산 및 채무를 확인하기 위하여 무작정 금융회사를 일일이 방문하는 것은 시간적·경제적 어려움이 있다. 이를 덜어주기 위하여 금융감독원에서 조회 신청을 받아 각 금융회사에 대한 피

상속인의 금융거래 여부를 확인할 수 있는 서비스다. 안심 상속 원스톱 서비스의 정보를 토대로 좀 더 상세 내역을 확인할 수 있다.

### 4) 고정 지출 내역 정리

건강보험, 신용카드, 통신비용 등 피상속인의 이름으로 되어 있는 각종 고정 지출사항을 정리해야 한다. 휴대전화와 집 전화기는 피상속인의 채권·채무 관계를 확인하는 데 필요할 수 있으므로 우선 해지를 미루는 것이 좋으며, 피상속인이 사업장이 있는 경우에는 사업자등록에 대해서도 상속인 간의 협의에 따라 사업장 승계자가 달라질 수 있으므로 상속재산 협의가 어느 정도 마무리된 이후에 진행하는 것이 좋다.

## 상속개시일 3개월 이내

### 1) 예금 및 보험 지급 청구 및 금융거래 상세 내역 준비

'안심 상속 원스톱 서비스'를 통해 파악한 피상속인의 예금 및 보험 정보를 기반으로 각 은행, 우체국, 증권사, 보험사에 사망진단서, 가족관계증명서 등 피상속인과 상속인의 관계를 입증할 서류를 지참하여 지급 청구를 할 시기다.

지급 청구 차 방문 시에는 꼭 피상속인의 10년간 계좌 내역 일체와 보험료 납입 내역 등 추후 상속세 신고를 위한 각종 자료도 요청하여 두 번 방문하는 일이 없도록 하는 것이 중요하다. 이때 발급받은 금융거래 내역, 보험료 납입 내역 등을 통해 금융재산 총액, 보험금 총액, 사전증여 내역 등을 파악할 수 있다.

추가로 사망 관련 유족연금, 반환일시금, 사망일시금 등을 국민연금공단에 신청하여 수령하는 것이 좋다.

## 2) 상속 포기 또는 한정승인 신고기한

상속 포기는 상속으로 인하여 생기는 모든 권리와 의무의 승계를 부정하고 처음부터 상속인이 아니었던 효력을 생기게 하는 단독의 의사표시다. 공동상속의 경우에는 상속인별로 자유롭게 포기할 수 있다. 피상속인의 재산보다 부채가 많다고 판단되는 경우 상속 포기에 대한 고민을 해볼 수 있다.

한정승인은 상속인이 상속으로 취득할 재산의 한도 내에서 피상속인의 채무와 유증을 변제할 것을 조건으로 상속을 승인하는 것을 말한다. 공동상속의 경우에는 상속인별로 자기의 상속분에 따라 취득할 재산의 한도 내에서 그 상속분에 따른 피상속인의 채무와 유증을 변제할 것을 조건으로 상속을 승인할 수 있다.

상속 포기 또는 한정승인은 상속이 개시된 것을 안 날부터 3개월 이내에 가정법원에 신고해야 한다.

## 3) 피상속인 자동차 상속 말소신청 및 그 외 업무

피상속인의 자동차를 상속받지 않으려면 상속 말소신청을 상속개시일로부터 3개월 이내에 해야 한다. 만약 상속 말소신청을 하지 않으면 10일 이내에는 5만 원, 그 이후 1일마다 1만 원씩 추가되어 최대 50만 원의 범칙금이 부과된다.

## 상속개시일 6개월 이내

상속개시일인 '평가기준일 전후 6개월 이내'에 시가를 확인할 수 있는 다음 시가 인정 사유가 존재해야 한다. 이때, 시가 인정 사유 판단 기간을 상속세 신고 기간(상속개시일이 속하는 달의 말일로부터 6개월 이내)과 혼동하지 않도록 조심해야 한다.

① 거래가액의 경우에는 매매계약일
② 감정가액의 경우에는 가격 산정 기준일과 감정가액평가서 작성일 모두
③ 수용보상가액·경매·공매가액의 경우에는 그 가액이 결정된 날

## 상속개시일이 속하는 달의 말일로부터 6개월 이내

핵심적인 신고 의무로 피상속인의 상속세 신고 및 납부를 해야 한다. 그리고 피상속인의 상속개시일 전까지의 종합소득세 신고도 필요하다. 그 외 자동차를 상속받기로 하였다면 소유권이전등록 신청 기한이기도 하다. 상속재산 중 부동산이 있다면 부동산의 취득세 신고 및 납부기한이기도 하다. 상속재산 중 부동산의 비중이 높은 경우가 대부분이므로 부동산을 상속받을 상속인과 상속 비율에 대해 신중하게 고민해야 한다.

상속세, 소득세, 취득세 이 3가지의 세금 납부가 동시에 일어나게 되면 거액의 자금이 필요할 수 있다. 미리 세금의 재원 마련과 납부 방식에 대한 논의도 상속인 간 협의해야 한다. 이 기간까지 신고 또는 납부되지 않으면 신고불성실 및 납부지연 가산세가 부과된다. 또한 상속세는 신고 및 납부로 모든 세무 업무가 종결되지 않으며, 상속세 신고 이후 9개월 이내에 세무조사를 통해 신고의 적정성 파악 및 결정을 하게 된다.

세무조사 중 기존 사전증여 내역 또는 신고되지 않은 상속재산이 발견되어 추가 세액이 발생하는 경우가 많다. 상속세 신고 이후 일정 기간이 지난 다음에 세무조사를 통한 세무 추징이 발생하였을 때, 즉각적인 납부 여력이 없다면 당혹스러울 것이다. 이를 미연에 방지하기 위해 상속

인 간 협의를 통해 공동 계좌에 일정 예금을 넣어두어 미래의 상속세를 납부할 수 있도록 대비하는 것이 좋다.

## 상속세 신고기한 이후 9개월 이내

상속세를 줄이는 여러 공제가 있지만, 핵심은 배우자상속공제다. 거주자의 사망으로 인하여 상속이 개시되는 경우로 피상속인의 배우자가 생존해 있으면 최소 5억 원에서 최대 30억 원까지 배우자상속공제를 적용받을 수 있다.

배우자상속공제를 적용받기 위해서는 상속세 신고기한의 다음 날부터 9개월이 되는 날까지 상속인 간 상속재산 협의 분할을 통해 배우자 몫의 상속재산을 분할(등기·등록·명의개서 등을 요하는 경우에는 그 등기·등록·명의개서 등이 된 것에 한함.)하고, 상속재산의 분할 사실을 납세지 관할 세무서장에게 신고해야 한다.

이 규정의 취지는 배우자상속공제를 받아 상속세를 납부한 이후 상속재산을 배우자가 아닌 자의 몫으로 분할함으로서 배우자상속공제를 받은 부분에 대하여 조세 회피가 일어나는 것을 방지하고 상속세에 관한 조세법률관계를 조기에 확정하고자 하는 데 목적이 있다.

이때까지 분할이 되지 않으면 분할되지 않은 재산에 대해서는 배우자가 실제 상속받은 금액에 포함할 수 없어서 배우자상속공제가 큰 폭으로 줄어들게 된다. 자세한 사항은 배우자상속공제편에서 살펴보자. 또한 상속세 신고기한 이후 9개월 이내에는 상속세 결정을 위해 과세관청에서 상속세 조사를 시작하게 된다. 상속세 세무조사는 거의 모든 경우에서 발생하기 때문에 국세청으로부터 우편물을 받더라도 당황하지 말고 담당 세무사에게 연락하여 세무조사에 임하도록 하자.

# 보험금으로
# 상속세 재원 마련과
# 절세하는 법

본래의 상속재산과 더불어 간주상속재산이라고 하여 상속재산으로 보는 보험금, 신탁재산, 퇴직금도 상속재산에 포함된다. 「민법」상 상속재산은 사망일 현재 피상속인이 소유하고 있는 재산일 것을 요건으로 하여 간주상속재산은 피상속인의 권리가 미치는 범위에 포함되지 않지만 상속재산으로 과세한다는 점이 「상속세 및 증여세법」의 특징이다.

보험금 상속의 핵심은 보험료 납부자와 수익자가 서로 다른 경우다. 피상속인의 사망으로 인하여 받는 생명보험 또는 손해보험의 보험금으로서 피상속인이 보험계약자인 보험계약에 의해 받는 것은 상속재산으로 본다.

이때 보험계약자가 피상속인이 아닌 경우에도 피상속인이 실질적으로 보험료를 납부하였을 때에는 피상속인을 보험계약자로 보아 상속재산으로 보고 있다. 그럼 사망보험금의 수령에 따른 상속세 및 증여세 부과 사례를 살펴보자.

[표 4-3] 사망보험금 수령에 따른 상속세 및 증여세 부과 사례

| 구분 | 보험계약자<br>(보험료 납부자) | 피보험자<br>(보험사고 : 사망) | 보험수익자<br>(보험금 수령인) | 부과 세목 |
|---|---|---|---|---|
| 1 | 남편 | 아내 | 자 | 부→자 증여세 |
| 2 | 자 | 아내 | 자 | 과세 안 됨. |
| 3 | 자(납부는 아내) | 아내 | 자 | 상속세 |
| 4 | 아내 | 아내 | 아내 | 상속세 |
| 5 | 아내 | 아내 | 자 | 상속세 |
| 6 | 아내 | 아내 | 상속인 외의 자 | 유증에 해당하여<br>상속세 과세 |

앞서 보험금의 증여에서 살펴봤듯이 세법은 실질에 따라 판단하므로, [표 4-3]의 구분 2와 같은 경우에도 경제적 자력이 없는 자녀가 납입한 보험료를 실제로는 타인으로부터 수령해서 납입한 것이라면 상속세나 증여세가 부과된다.

아래 제시된 표 구분 2와 같은 방식을 응용하여 남편과 부인이 서로 교차보험을 가입하면 상속세를 내지 않을 수 있다. 물론 주의할 점은 남편과 부인이 각각 보험금을 직접 납부할 수 있는 경제적 자력이 있는지를 꼭 판단해야 한다.

| 구분 | 보험계약자<br>(보험료 납부자) | 피보험자<br>(보험사고 : 사망) | 보험수익자<br>(보험금 수령인) | 부과 세목 |
|---|---|---|---|---|
| 1 | 남편 | 부인 | 남편 | 과세 안 됨. |
| 2 | 부인 | 남편 | 부인 | 과세 안 됨. |

## 상속재산으로 보는 보험금 계산

- 상속재산에 가산하는 보험금 =

$$지급받은 보험금 합계 \times \frac{피상속인이\ 부담한\ 보험료의\ 금액}{보험계약에\ 따라\ 피상속인의\ 사망\ 시까지\ 납입된\ 보험료\ 합계액}$$

## 상속재산에 포함하는 보험금 종류

피상속인의 사망으로 인해 지급받는 생명보험이나 손해보험 외에도 농협협동조합중앙회 및 조합, 수산업협동조합중앙회 및 조합, 신용협동조합중앙회 및 조합, 새마을금고연합회 및 금고 등이 취득하는 생명공제계약 또는 손해공제계약과 우체국이 취급하는 우체국보험계약에 따라 지급되는 공제금 등도 포함된다.

## 피보험자가 아닌 보험계약자가 사망한 경우에도 상속재산에 포함될까?

피상속인이 보험계약자로서 보험료를 납부하였으나, 피보험자가 타인이어서 피상속인의 사망하더라도 보험금 지급은 없는 경우가 있다. 대표적인 예로 자녀의 보험료를 대납해주던 부모가 사망하는 경우를 들 수 있다. 이때 상속개시일까지 피상속인이 납부한 보험료 합계액과 이에 대한 이자 상당액은 상속재산에 합산된다.

다만, 상속개시일 이후 상속인이 해당 보험계약을 해지함에 따라 수령하는 해약환급금이 있다면, 그 상당액을 상속재산가액으로 할 수 있다.

## 보험금의 수익자가 미리 지정된 경우 다른 상속인에게 분할될까?

보험계약자인 피상속인이 생전에 사망을 원인으로 한 보험금 지급 계약에 따라 수익자를 미리 지정한 경우 그 사망보험금은 수익자의 고유 재산에 해당하여 「민법」에 따른 협의 분할 대상이 아니다. 따라서 공동상속인 간의 자의적인 협의 분할에 의하여 지정 수익자 외의 자가 분배받은 보험금은 결국 이를 수익자로부터 증여받은 것으로 보아 증여세가 과세된다.

## 손주를 보험수익자로 지정하면 절세할 수 있을까?

피상속인이 생전에 상속인인 배우자 또는 자녀에게 사전증여를 이미 많이 하여 손주를 보험수익자로 설정한 뒤 상속재산을 직접 물려주고자 할 수 있다. 이는 유증에 해당하여 상속세가 과세된다.

하지만 손주, 사위, 며느리 등 상속인이 아닌 자에게 상속이 이루어지는 경우 법상 상속공제 적용이 불가능하고 손주에게 세대를 건너뛴 상속이 이루어지는 경우 상속세 산출세액의 30% 또는 40%의 할증 과세가 적용된다. 그러므로 피상속인의 자녀가 상속받은 뒤 다시 다음 세대인 손주에게 증여할 때 발생하는 증여세 부담과 직접 손주에게 상속했을 때의 상속세 부담을 비교하여 더 절세되는 방법을 계획하는 것이 좋다.

만일 수익자인 손주가 수령을 포기한다면 공동상속인 간에 최초의 협의 분할을 통해 수령하게 되며, 상속인들에게 별도의 증여세는 과세되지 않는다. 또 상속인들이 보험금을 피상속인으로부터 상속받은 것으로 보아 금융재산상속공제도 받을 수 있으며, 30%의 할증 과세도 적용되지 않는다.

## 고액 체납자인 피상속인의 상속재산은 보험금 뿐, 상속받아도 될까?

고액체납자인 피상속인이 생전 상속인을 수익자로 하는 보험계약을 체결하였다. 피상속인 사망 후 상속인은 피상속인의 고액 체납을 감당하지 못해 상속 포기한 상황에서 보험금을 수령한 경우 상속재산 중 각자 상속받았거나 받을 재산을 기준으로 상속세를 납부할 의무가 발생한다. 또한 각자 상속받았거나 받을 재산 한도에서 상속세를 연대 납부할 의무도 발생한다.

따라서 자녀들이 상속 포기한 후 보험금을 수령할 경우 상속인인 자녀들은 체납된 국세에 대한 납세의무를 승계해야 한다. 또 수령한 보험금에 대한 상속세도 부담해야 한다. 결국 보험금 수령 여부는 체납 세액의 부담액 및 상속세까지 종합적으로 고려하여 결정해야 한다.

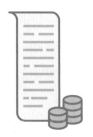

# 신탁재산도 미리 '유언'할 수 있을까?

## 신탁의 상속과 유언대용신탁

신탁이란 위탁자와 수탁자 간의 신임 관계에 기하여 위탁자가 수탁자에게 특정의 재산을 이전하거나 담보권의 설정 또는 그 밖의 처분을 하고 수탁자로 하여금 수익자의 이익 또는 특정의 목적을 위해 그 재산의 관리, 처분, 운용, 개발, 그밖에 신탁 목적의 달성을 위하여 필요한 행위를 하게 하는 법률관계를 의미한다. 이 중 상속재산으로 보는 신탁의 범위는 다음과 같다.

### 상속재산에 포함하는 신탁

- 피상속인이 신탁한 재산
- 피상속인이 신탁으로 인하여 타인으로부터 신탁의 이익을 받을 권리를 소유하고 있는 경우에는 그 이익에 상당하는 가액

부의 이전

- 수익자연속신탁의 수익자가 사망함으로써 타인이 새로 신탁의 수익권을 취득하는 경우 그 타인이 취득한 신탁의 이익을 받을 권리의 가액

다만, 위탁자가 타인을 신탁 이익의 전부 또는 일부를 받을 수익자로 지정했을 때, 수익자의 증여재산가액으로 하는 신탁의 이익은 증여세가 과세되고 상속재산으로는 보지 않는다.

### '신탁받을 이익', 언제를 기준으로 상속재산이 될까?

상속재산으로 보는 신탁의 이익을 받을 권리를 소유하고 있는 경우의 판정은 다음과 같이 원본 또는 수익이 타인에게 지급되는 경우를 원칙으로 한다.

① 원칙 : 신탁의 원본 또는 수익이 수익자에게 실제 지급되는 날.

② 수익자로 지정된 자가 그 이익을 받기 전에 해당 신탁재산의 위탁자가 사망한 경우 : 위탁자가 사망한 날.

③ 신탁계약에 의하여 원본 또는 수익을 지급하기로 약정한 날까지 원본 또는 수익이 수익자에게 지급되지 아니한 경우 : 해당 원본 또는 수익을 지급하기로 약정한 날.

④ 원본 또는 수익을 여러 차례 나누어 지급하는 경우 : 해당 원본 또는 수익이 최초로 지급된 날.

## 유언대용신탁이란?

신탁의 일종으로서 유언대용신탁은 피상속인이 생전에 금융회사와 자산신탁계약을 맺고 계약자 사후에 지정한 수익자에게 원금과 이익상당액을 지급하는 상품을 말한다. 다음 어느 하나에 해당하는 신탁의 경우에는 위탁자가 수익자를 변경할 권리를 갖는다.

> ① 수익자가 될 자로 지정된 자가 위탁자의 사망 시에 수익권을 취득하는
>    신탁
> ② 수익자가 위탁자의 사망 이후에 신탁재산에 기한 급부를 받는 신탁

①은 신탁 설정 당시로는 아직 수익자가 아니므로 위탁자의 생전에는 수익자가 따로 있고, 위탁자의 사망 시에 비로소 수익자가 되어 수익권을 취득한다.

②는 위탁자의 사망 이후 어느 시점에 수익자가 신탁재산에 관한 급부를 받는 취지다. 생전신탁이라는 점에서 ①과 같지만 신탁 설정 당시부터 이미 '수익자'라는 점과 위탁자 생전에 다른 수익자가 존재하지 않는다는 점에서 차이가 있다.

최근 이러한 유언대용신탁은 유류분 청구 대상에서 제외하는 상속재산이라는 판례가 나왔다. 2020년 처음 유언대용신탁이 유류분 대상이 아니라는 1심 판결이 나왔다. 그후 항소로 올라간 2심에서는 신탁재산이 유류분 산정의 기초가 되는 재산에 포함되는지 여부와 무관하게 유류분 부족액이 발생하지 않기 때문에 항소가 기각되었다.

유언대용신탁의 그 특성상 신탁재산의 '소유권'은 더 이상 피상속인에

312

게 없고, 신탁재산을 관리하는 금융기관 등 수탁자에 이전되는 것을 조건으로 하므로 상속개시일 현재 피상속인의 재산에 해당하지 않아 유류분 청구 대상이 아니라고 본 것이다.

따라서 유언대용신탁의 경우 피상속인 생전에는 본인을 수익자로 해 신탁재산에서 발생하는 이익을 노후자금으로 활용할 수 있고, 사후에는 상속인 간 유류분으로 인한 재산 다툼이 적으면서 피상속인이 미리 지정한 수익자가 안정적으로 신탁재산의 이익을 받을 수 있어 경제적 자립에 용이하다는 장점이 있다. 추후 관련 사항이 어떻게 확정될지는 지켜봐야 하는 상황이다.

한편 상속세 부과 실무를 담당하는 국세청은 최근 유언대용신탁에 맡긴 신탁자산은 유류분 대상이 되지 않는다는 법원의 판결은 민법상 문제가 있으며, 세법상 문제는 아니기 때문에 유류분 반환 청구 등 소송 중인 건에 대해서는 일단 최대한 밝혀지는 대로 과세하고, 결정이 나면 수정 과세한다고 설명하고 있다.

## 유언대용신탁과 수익자연속신탁의 차이

유언대용신탁은 위탁자인 피상속인이 사후에 특정인을 수익자로 지정하여 원본 또는 수익을 그 지정된 수익자가 받을 수 있게 하는 신탁이다. 하지만 수익자연속신탁은 위탁자인 피상속인이 수익자를 특정하지 않고, 계약 당시 여러 명으로 지정할 수 있다는 장점이 있다. 이 경우에도 유언대용신탁과 마찬가지로 신탁재산에 대한 소유권은 신탁재산을 관리하는 금융기관 등 수탁자에게 있게 된다.

「신탁법」에서는 수익자연속신탁을 다음과 같이 정하고 있다.

신탁행위로 수익자가 사망한 경우 그 수익자가 갖는 수익권이 소멸하고 타인이 새로 수익권을 취득하도록 하는 뜻을 정할 수 있다. 이 경우 수익자의 사망에 의하여 차례로 타인이 수익권을 취득하는 경우를 포함한다.

수익자연속신탁은 피상속인이 어린 자녀뿐만 아니라 본인 배우자의 경제적 궁핍이 걱정되는 경우 많이 한다. 수익자연속신탁을 통해 배우자를 1차 수익자로 지정하고, 그 배우자의 사망 시 2차 수익자로 자녀를 연속하여 지정할 수 있다.

유언의 경우 유언의 법률효력을 발생하기 위한 형식적 요건이 까다롭고 사후 유언자를 연속적으로 지정할 수 없는 반면 수익자연속신탁은 연속 유언의 효과가 있다.

이처럼 유언대용신탁과 수익자연속신탁은 서로 대립되는 신탁제도는 아니며, 위탁자의 필요에 따라 보완적으로 선택할 수 있는 제도다. 가령 위탁자는 유언대용신탁만을 선택할 수도 있고, 이를 융합한 수익자연속신탁을 수탁자와 계약할 수도 있으므로 피상속인의 상속 플랜이 실행될 때 특별히 지켜주고 싶은 상속인이 있을 경우 이를 위한 적절한 대비책이 될 수 있다.

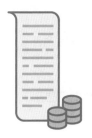

# 사망 이후
## 정산되는 '퇴직금'도
## 상속세 과세 대상

사망으로 피상속인에게 지급될 퇴직금, 퇴직공로금, 퇴직연금 등 이와 유사한 것과 퇴직금 지급 규정에 따라 상속인이 지급받는 금품 등은 상속재산가액에 포함된다.

### 상속재산에서 제외되는 퇴직금

피상속인의 사망으로 지급받는 퇴직금 및 이와 유사한 것이라도 다음의 경우에는 과세 대상에서 제외한다.

- 「국민연금법」에 따라 지급되는 유족연금 또는 사망으로 인하여 지급되는 반환일시금
- 「공무원연금법」, 「공무원 재해보상법」 또는 「사립학교교직원 연금법」에 따라 지급되는 퇴직유족연금, 장해유족연금, 순직유족연금, 직무상유족연금, 위험직무순직유족연금, 퇴직유족연금부가금, 퇴직유족연금일

시금, 퇴직유족일시금, 순직유족보상금, 직무상유족보상금 또는 위험
직무순직유족보상금
- 「군인연금법」 또는 「군인 재해보상법」에 따라 지급되는 퇴역유족연금, 상이유족연금, 순직유족연금, 퇴역유족연금부가금, 퇴역유족연금일시금, 순직유족연금일시금, 퇴직유족일시금, 장애보상금 또는 사망보상금
- 「산업재해보상보험법」에 따라 지급되는 유족보상연금·유족보상일시금·유족특별급여 또는 진폐유족연금
- 근로자의 업무상 사망으로 인하여 「근로기준법」등을 준용하여 사업자가 그 근로자의 유족에게 지급하는 유족보상금 또는 재해보상금과 그 밖에 이와 유사한 것.
- 「전직 대통령 예우에 관한 법률」 또는 「별정우체국법」에 따라 지급되는 유족연금·유족연금일시금 및 유족일시금

## 피상속인이 대표이사 등 회사의 임원인 경우

피상속인이 대표이사 등 임원에 해당하는 경우, 일반 직원과 달리 「근로기준법」에 의한 퇴직금 지급 규정을 따르지 않는다. 이는 임원의 경우 그 재직 기간 동안 직무 집행에 대한 대가로 지급되는 보수에 퇴직금이 포함된 것으로 보기 때문이다. 임원에게 퇴직금을 지급하기 위해서는 해당 법인의 정관에 임원 퇴직금에 대한 지급 규정을 정해놓거나, 주주총회 결의를 통해 퇴직금에 대한 결의가 있어야 한다.

만약, 정관에 퇴직금에 대한 규정이 없고, 주주총회 결의를 통해 퇴직금을 지급하지 않기로 결의했다면 피상속인과 상속인에게 퇴직금을 청

구할 권리는 없는 것이므로, 상속재산에 포함되는 퇴직금도 없다.

　반대로 피상속인이 임원이 아닌 직원인 경우에는 회사에게 「근로기준법」에 의한 퇴직금 지급 의무가 있다. 그러므로 상속인이 퇴직금을 포기한다 하여도 피상속인에 귀속되는 재산으로 보아 퇴직금 수령 시 원천징수 상당액을 제외한 가액을 상속재산가액으로 보아 계산한다. 포기한 당해 퇴직금은 상속인이 상속받은 후 회사에 증여한 것으로 보게 된다.

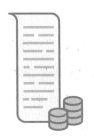

# 주의! 사망 전
# '2년 이내' 재산 이동

## 추정상속재산의 발견

대부분의 상속인들은 피상속인의 사망이 발생하여 장례 절차를 마무리한 후 상속재산가액을 자세히 파악한다. 이 과정에서 대부분의 상속인들이 사망 당시 보유 중인 피상속인의 재산에 대해서만 상속세를 가늠해 걱정하던 것보다 상속세가 적게 나오겠다고 안심한다.

하지만 상속세에 대한 이러한 섣부른 판단은 추후 상속세 납부 재원을 마련하기 어려워지게 하고, 향후 상속재산의 운용 방향이 달라지는 결과를 초래할 수 있다. 왜냐하면 피상속인의 상속 개시 전에 처분한 부동산이나 예금에서 인출한 금융재산의 경우 상속개시일 현재 표면적으로 드러나지 않더라도 일정 요건에 해당되면 추정상속재산으로 보아 상속재산가액에 포함시키기 때문이다. 실제 상속세를 신고하는 과정에서 상속인들이 많이 간과하여 세무조사로 추징되는 부분이 바로 추정상속재산이다.

'추정상속재산'이란 피상속인이 상속개시일 전에 재산을 처분하거나 피상속인의 재산에서 인출하여 실제 수입한 금액 또는 피상속인이 금융

부의 이전

회사 등으로부터 부담한 채무를 합친 금액이 상속개시일 전 1년 이내 2억 원 이상 또는 상속개시일 전 2년 이내 5억 원 이상인 경우로서 그 사용처가 객관적으로 명백하지 않은 금액을 의미한다.

이 제도는 과세 포착이 어려운 상속개시일 전에 상속재산 중 일부를 현금으로 전환하여 상속인에게 몰래 증여 또는 은닉함으로써 거액의 상속세를 부당하게 회피하는 행위를 방지하기 위함이 목적이다.

## 추정상속재산이 되기 위한 요건

① 상속개시일 전 재산 처분액 등 요건

- 상속개시일 전 1년 이내 재산 종류별로 계산한 금액이 2억 원 이상인 경우
- 상속개시일 전 2년 이내 재산 종류별로 계산한 금액이 5억 원 이상인 경우
- 상기 금액이 대통령령으로 정하는 바에 따라 용도가 불분명한 경우

* '재산 종류별'이란 다음의 재산별로 구분한다. 특정 재산 종류만 소명 대상이 될 수 있다.

  1) 현금·예금 및 유가증권
  2) 부동산 및 부동산에 관한 권리
  3) 위 외의 기타 재산

② 상속개시일 전 채무 부담액 요건

- 상속개시일 전 1년 이내 채무 부담액의 합계액이 2억 원 이상인 경우
- 상속개시일 전 2년 이내 채무 부담액의 합계액이 5억 원 이상인 경우

- 상기 금액이 대통령령으로 정하는 바에 따라 용도가 불분명한 경우

③ '용도가 불분명한 경우'

1. 피상속인이 재산을 처분하여 받은 금액이나 피상속인의 재산에서 인출한 금전 등 또는 채무를 부담하고 받은 금액을 지출한 거래 상대방이 거래 증빙의 불비 등으로 확인되지 아니하는 경우

2. 거래 상대방이 금전 등의 수수 사실을 부인하거나 거래 상대방의 재산 상태 등으로 보아 금전 등의 수수 사실이 인정되지 아니하는 경우

3. 거래 상대방이 피상속인의 특수관계인으로서 사회 통념상 지출 사실이 인정되지 아니하는 경우

4. 피상속인이 재산을 처분하거나 채무를 부담하고 받은 금전 등으로 취득한 다른 재산이 확인되지 아니하는 경우

5. 피상속인의 연령·직업·경력·소득 및 재산 상태 등으로 보아 지출 사실이 인정되지 아니하는 경우

## 추정상속재산 산정 시 계좌 입금액이 있다면 어떤 기준으로 판단할까?

상속개시일 전 1년 또는 2년 이내에 피상속인의 계좌에서 금전 등의 재산이 인출된 경우에는 당해 통장 또는 위탁자 계좌 등을 통해 입금된 금원과 상계한 나머지 인출가액에 대해서 추정상속재산 여부를 판단해야 한다.

다만, 그 입금된 금전 등이 당해 통장 또는 위탁자 계좌 등에서 인출한 금전이 아니거나 관계없이 별도로 조성된 금전으로 확인되는 경우 상계하지 않는다.

① 재산상속 46014-1334, 2000.11.07

[제목] 상속재산으로 추정되는 2년 내 처분재산에 대한 과세가액에 부채와 상계한 양도가액이 있는 경우

[요약] 피상속인이 부동산을 처분하면서 그 양도대금은 본인이 변제해야 할 채무를 매수자가 승계하기로 매매계약을 체결한 경우 상속·증여세법에 따라 재산을 처분하고 받은 금액이 2억 원 이상인지 여부는 총매매가액을 기준으로 하여 판단하는 것이며, 매수자가 승계한 채무액은 처분 재산의 사용처가 확인된 것으로 보는 것임.

② 대구지법2005구합4559(2007.01.17)

[제목] 상속 개시 전 처분 재산 중 채무변제 사용 인정 여부

[요약] 상속세과세가액에서 부채로 공제한 종중 부채 및 대출금 채무는 사용 내역이 확인되지 않는 가공 채무이며, 원고들의 주장 사실을 인정할 만한 증거가 없으므로 당초 과세 처분은 정당함.

## 추정상속재산으로 인정되면 전액 상속재산으로 볼까?

추정상속재산이 재산 종류별로 1년 이내에 2억 원 또는 2년 이내에 5억 원 미만이라면 사용처 소명 대상 자체가 아니다. 그러나 이 기준 금액을 넘으면서, 사용처 소명 금액을 차감한 용도 불분명 금액이 '추정상속 배제 기준'을 넘는다면 상속 추정 적용을 받게 된다.

- 추정상속 배제 기준=용도 불분명 금액<Min(① 2억 원, ② 재산 처분액·

인출액·채무 부담액×20%)

- 추정상속 재산가액=용도 불분명 금액-Min[① 2억 원, ② 재산 처분
  액·인출액·채무 부담액 20%]

이때 추정상속재산가액은 사용처가 소명되지 않는 용도 불분명 금액에
서 2억 원과 재산 종류별 금액의 20% 중 작은 금액을 차감한 가액으로
한다. 따라서 피상속인이 가까운 미래에 유고가 발생할 것으로 예상되는
상황이라면 부동산 처분 등 재산의 변동이 발생하는 경우 처분 대금의
입금과 지출 내역·사용처·사용 일자·사용 목적을 기록하고 증빙을 보
관하는 것이 상속세 신고 이후 세무조사에 대응할 수 있는 가장 확실한
방법이다.

# 상속재산도 비과세가 된다

'비과세'는 국가가 처음부터 조세에 대한 채권을 포기하여 상속세 과세를 원천적으로 배제하는 것을 의미한다. 따라서 피상속인의 재산이라고 하더라도 법에서 열거한 비과세 범위에 해당되는 경우라면 상속재산에서 제외된다.

## 금양임야, 묘토 및 족보와 제구 비과세

법에서는 일가의 제사를 위해 상속받는 제사용 재산인 금양임야(나무나 풀 따위를 함부로 베지 못하도록 되어 있는 임야. 제사 또는 이에 관계되는 사항을 처리하기 위하여 설정된 토지), 묘토, 족보와 제구 등은 다른 상속재산과 구별되는 특별 재산으로 보고 있으며, 금양임야 및 묘토의 경우 분묘의 제사를 주재하는 상속인에게 귀속시키면 2억 원을 한도로 상속재산에서 비과세한다.

이러한 금양임야는 지목에 상관없이 조상의 분묘가 소재하는 장소와 식재된 나무의 밀집도 등을 고려하여 혈통을 같이 하는 자손들이 금양임야로 보존해왔는지 여부에 따라 판단한다.

다만, 선조의 분묘 없이 피상속인의 분묘만 안치될 예정이거나, 상속 개시 후 금양임야로 사용할 예정인 경우 비과세 대상으로 보지 않아 과세된다.

[표 4-4] 금양임야 등 비과세 한도

| 구분 | 비과세 요건 | 한도 |
|---|---|---|
| 금양임야 | ① 9,900㎡ 이내<br>② 선조의 분묘에 속하여 있는 임야<br>③ 제사를 주재하는 상속인이 상속받을 것. | 합계<br>2억 원 |
| 묘토인 농지(위토) | ① 1,980㎡ 이내<br>② 선조의 분묘와 인접 거리에 있는 실제 묘제용 제원 농지<br>③ 제사를 주재하는 상속인이 상속받을 것. | |
| 족보와 제구 | 별도 요건 없음. | 1,000만 원 |

## 공무 수행 중 사망하면 비과세가 된다?

전쟁, 사변 또는 이에 준하는 비상사태로 토벌 또는 경비 등 작전 업무 수행 중 사망하거나 해당 전쟁 또는 공무의 수행 중 입은 부상 또는 그로 인한 질병으로 사망하여 상속이 개시되는 경우 비과세된다.

과세관청은 전쟁, 사변 또는 이에 준하는 비상사태를 굉장히 엄격하게 해석하고 있고, 실제 예규에서는 6·25전쟁, 월남전 수행 중 전사, 간첩체포 작전 중 사망 등을 전사자 등에 대한 상속세 비과세로 인정하고 있다. 하지만 소방공무원의 화재로 인한 순직 등은 안타깝지만 전쟁에 준하는 공무 범위로 보지 않아 과세된다.

그 외 일반적인 상속세 비과세 항목은 다음과 같다.

- 국가, 지방자치단체 또는 대통령령으로 정하는 공공단체에 유증 등을 한 재산
- 「민법」 제1008조의 3에 규정된 재산 중 대통령령으로 정하는 범위의 재산으로서 금양임야·묘토·족보와 제구
- 「정당법」에 따른 정당에 유증 등을 한 재산
- 「근로복지기본법」에 따른 사내근로복지기금이나 그밖에 이와 유사한 것으로서 대통령령으로 정하는 단체에 유증 등을 한 재산
- 사회 통념상 인정되는 이재구호금품, 치료비 및 그밖에 이와 유사한 것으로서 대통령령으로 정하는 재산
- 상속재산 중 상속인이 신고기한까지 국가, 지방자치단체 또는 공공단체에 증여한 재산

# 상속세 세무조사의 **핵심,** '**사전증여**'

## 상속세 세무조사에서 사전증여가 중요한 이유

법에서는 상속 직전 상속세 과세 대상 재산을 증여하는 방식을 통한 상속세 회피 행위를 방지하기 위해서 일정 기간 내 증여재산을 상속재산 가액에 합산한다. 상속개시일 당시에는 피상속인 재산이 아니었다는 특징이 있기에 대부분의 상속세 세무조사에서 핵심이 되는 주제다. 그렇기 때문에 상속세에서 사전증여재산에 대한 이해는 필수적이다.

사전증여 당시 증여세 신고를 마쳤다면, 신고 내역을 확인하여 절차에 따라 상속세 신고서에 반영하면 되기 때문에 전혀 문제가 없다. 그러나 문제는 증여세를 신고하지 않은 사전증여재산이다.

단 한 번도 자녀한테 돈 주고 나서 국세청으로부터 전화 받아본 적 없다며 자신 있게 말씀하는 분들이 있다. 일부는 맞고, 일부는 틀리다. 아무리 세무서라고 하더라도 아무 혐의가 없는 납세자의 개인계좌를 내 통장 보듯 들여다볼 수는 없고, 조세포탈 등의 혐의가 있거나 조사과정에서 필요한 경우에만 금융기관에 협조 요청하여 확인할 수 있기 때문이

부의 이전

다. 그리고 세무서 입장에서도 행정력의 한계로 인해 예상 추징 세액이 크지 않은 경우까지 전수조사할 수도 없다.

그럼에도 불구하고 밝혀지는 경우가 있는데, 바로 증여 후 10년 이내에 증여자의 상속이 개시되는 경우다. 증여 당시에는 절대 포착되지 않을 것이라 확신했던 무신고 증여 내역이 상속세 조사 때 전부 드러나기 때문이다. 상속세 조사 시점에서 일반적으로 과세관청은 피상속인을 기준으로 10년간 배우자 및 자녀에게 이체한 계좌 내역과 손주, 사위 및 며느리 등에게 이체한 5년 동안의 계좌 내역을 조사하여 소명을 요청하게 된다.

## 꼭 알아야 할 사전증여 기초 지식

피상속인이 상속 개시 전에 상속인에게 상속개시일 전 10년 이내에 증여하거나 상속인이 아닌 자에게 상속개시일 전 5년 이내에 증여한 재산가액은 상속세과세가액에 포함한다. 그렇다면 사전증여재산가액을 상속세과세가액에 합산하는 경우와 합산하지 않는 경우를 구분해서 알아보자.

### 1) 사전증여재산가액을 상속세과세가액에 합산하는 경우

(1) 상속 개시 전 10년 이내에 상속인이 피상속인으로부터 재산을 증여받고, 상속 개시 후 「민법」상 상속 포기를 하는 경우에도 당해 증여받은 재산을 상속세 과세가액에 합산한다.

(2) 피상속인이 상속 개시 전 5년 이내에 영리법인에게 증여한 재산가액 및 이익은 상속인 외의 자에게 증여한 재산가액으로 상속재산에 포함한다. 동 재산 가액 및 이익에 대한 법에 따른 증여세 산출세액 상당액은 상속세 산출세액에서 공제한다.

(3) 증여세과세특례가 적용된 창업 자금과 가업 승계한 주식의 가액은 증여받은

날부터 상속개시일까지의 기간이 상속개시일로부터 10년 이내인지 여부와 관계없이 상속세과세가액에 합산한다.

## 2) 사전증여재산가액을 상속세과세가액에 합산하지 않는 경우

(1) 상속개시일 이전에 수증자가 피상속인으로부터 재산을 증여받고 피상속인의 상속개시일 전에 사망한 경우에는 상속인 등에 해당하지 않으므로 피상속인의 상속세과세가액에 사전증여재산가액을 합산하지 않는다.

(2) 피상속인이 상속인에게 증여한 재산을 증여세 신고기한을 경과해 반환받고 사망하여 증여세가 부과된 경우로서, 반환받은 재산이 상속재산에 포함되어 상속세가 과세되는 때에는 사전증여 재산에 해당하지 않는다.

## 늦었지만 지금이라도 증여해야 할까?

시한부 선고 등에 따라 연명 가능한 날을 비교적 예측할 수 있는 경우가 있다. 이때 피상속인의 의사에 따라 상속재산 중 특정 상속인에게만 반드시 남기고 싶은 재산이 있을 수도 있다. 가령, 상속인 중 특히 경제적으로 궁핍한 자녀가 있다면 어떻게든 돕고 싶은 마음이 들기 때문이다.

그러나 안타깝게도 상속인에 대한 사전증여는 상속재산가액에 가산된다는 걱정이 앞서 선뜻 증여하고자 하는 결정을 내리지 못 할 수도 있다. 이 경우에도 증여 후 5년 넘게는 살 수 있을 것으로 예측된다면 다음과 같이 자녀의 배우자에게 증여하여 상속세를 줄일 수 있다.

- 가족관계 : 배우자, 결혼한 성인 자녀 2인
- 증여 대상 자산 : 월 200만 원 임대료 수익 발생하는 상가건물

- 증여일 : 2018. 3. 20.
- 수증자 : 소득 없는 둘째 딸

피상속인이 향후 지속적인 건강 관리를 통해 증여일 이후부터 상속개시일까지 5년 넘게 건재할 것으로 예상된다면 상가건물을 둘째 딸의 배우자인 사위에게 증여하는 방법이다. 사위는 상속인이 아닌 자에 해당하므로 상속개시일 전 5년 이내에만 증여하지 않으면 상속세과세가액에 가산되지 않으므로 둘째 딸 내외의 경제적 궁핍함을 도와주면서 미래의 상속세도 절세할 수 있다.

### 조부 생전에 손주가 증여받은 후, 부친이 먼저 사망해 조부로부터 손주가 상속받는 경우 기증여도 상속재산가액에 합산될까?

조부가 생존 당시 손주에게 미리 증여하여 손주가 할증 과세에 따른 증여세를 납부한 후 손주의 부친이 먼저 사망함으로써 조부 사망 당시에는 대습상속(법정 상속권자가 피상속인의 사망 전에 사망 등의 사유로 상속할 수 없는 경우, 그의 직계 비속이 대신 상속인이 되는 것)으로 손주가 상속인이 되는 경우가 간혹 발생한다.

이처럼 상속인이 될 직계비속이 상속 개시 전에 이미 사망하거나 결격자가 된 경우 망자의 직계비속이 있는 때에는 그 직계비속이 사망하거나 결격된 자의 순위에 갈음하여 상속인이 된다.

조부 사망 당시 손주가 대습상속인에 해당한다면 적법한 상속인이므로 조부의 사망 전 10년 이내에 증여받은 재산가액은 상속재산가액에 포함된다. 이 경우 손주가 당초 증여 당시 할증하여 납부한 증여세 상당액도 상속세 산출세액에서 공제될까? 상속세 산출세액에서 공제하는 증여세 산출세액은 증여재산 자체의 세 부담을 의미하므로 할증 세액은 제외한 증여세 산출세액을 의미한다. 하지만 손주가 대습상속인으로 적법한 상속인에 해당하는 경우 세대 생략에 따른 할증 세액까지 상속세 산출세액에서 공제한다.

## 혼인신고를 뒤늦게 한 경우

최근 새로운 가족 형태가 많다. 가령 배우자를 사별하고 혼자 지낸 지 20년이 지난 후 다시 배필을 만나 사실혼 관계로 여생을 같이 보내고 있었는데, 암 선고를 받았다. 그 후 옆에서 지극히 본인을 보살펴준 사실혼 배우자가 고마워 사망 1년 전 법률혼을 맺었고, 사실혼 배우자 사이에는 자녀가 없었다. 만약 상속개시일 4년 전, 피상속인의 자금이었지만 사실혼 배우자 명의로 구입해준 시가 5억 원의 주택 1채가 있다면 어떻게 될까?

이런 경우 당시에는 사실혼 관계였기 때문에 법률혼에 따른 배우자 증여재산공제 6억 원을 적용받을 수 없다. 5억 원에 대해서 상속세 조사 시점에 1원의 증여재산공제도 적용받지 못하고, 증여세 및 가산세를 추징받게 된다. 또한 증여재산가액 5억 원은 고스란히 상속세 과세 대상이 되어 상속세 또한 증액될 수 있다.

그러므로 사실혼 배우자라면 오히려 피상속인의 사망 전에 재산분할청구소송을 제기하는 등 사실혼 관계를 해소하겠다는 의사를 명백히 드러내어 부부가 공동으로 이루어낸 재산에 대해 정당한 자기 몫을 분할받기 위한 행동을 취해야 한다. 물론 이 경우 해당 재산이 「민법」에서 규정하는 재산분할청구로 인하여 취득한 재산에 해당하는지는 사실혼 관계의 존부, 분할 대상 재산의 취득 및 재산 분할을 청구하게 된 경위 등 제반 사실 관계를 종합하여 판단하는 것이다.

## 법률혼 상태에서 증여받고 이혼 후 상속이 개시된 경우

반대로 증여 당시에는 배우자였으나 상속 당시에는 배우자가 아닌 경우 다음 3가지를 확인해야 한다.

① 상속인과 상속인이 아닌 자에 대한 구분 : 상속개시일 현재를 기준으로 판단하기 때문에 상속인이 아닌 자가 되어 상속개시일 전 5년 이내에 증여받은 재산가액만 합산한다.

② 배우자상속공제 적용 여부 : 법률혼 배우자가 아니므로 불가능하다.

③ 증여 당시 수증자가 배우자 관계로 배우자증여공제를 받았다가 상속 개시 당시에는 이혼으로 상속인이 아니어서 배우자상속공제를 받을 수 없게 된 경우 : 상속세 산출세액에서 공제할 증여세액은 실제로 납부된 증여세액이 아니라 증여한 재산가액에 대하여 배우자증여공제를 하지 아니하였을 때의 증여세 산출세액이다.

이는 증여한 재산가액이 상속재산가액에 가산되어 상속세의 산출 기준인 상속세과세가액으로 되는데 상속 개시 당시에는 이혼으로 상속인이 아니어서 배우자상속공제를 받을 수 없게 된다. 이렇다면 동일한 재산에 대하여 상속세와 증여세를 이중으로 과세하는 불합리한 점이 발생하므로 이를 제거하기 위하여 배우자증여공제를 적용하지 않은 증여세 산출세액을 공제하는 것이다. 황혼 재혼과 이혼이 늘어나고 있는 요즘 가족 형태에서는 상속세 세무조사 시점에 사전증여 이슈가 다양하게 발생할 수 있어, 이에 대한 대비가 필요하다.

## 사전증여재산이 합산 배제 대상인지 미리 검토하자

피상속인이 생전에 상속인이나 상속인 아닌 자에게 증여하더라도 상속재산가액에 합산되지 않는 증여재산은 가급적 미리 증여하는 것이 절세에 도움 된다. 재산가액에 합산되지 않는 증여재산 목록은 다음과 같다.

① 비과세 증여재산
- 국가나 지방자치단체로부터 증여받은 재산의 가액 및 사회 통념상 인정되는 이재구호금품·치료비·피부양자의 생활비·교육비·그 밖에 이와 유사한 것으로서 대통령령으로 정하는 것 등 비과세 증여재산

② 과세가액 불산입 증여재산
- 공익법인 등이 출연받은 일정 재산
- 공익신탁재산
- 장애인이 증여받은 일정 재산

③ 합산 배제 증여재산
- 재산 취득 후 재산 가치가 증가에 따른 이익의 증여
- 전환사채 등의 주식 전환 등에 따른 이익의 증여
- 주식 등의 상장 등에 따른 이익의 증여
- 합병에 따른 상장 등 이익의 증여
- 재산 취득 자금 등의 증여추정
- 명의신탁재산의 증여의제
- 특수관계법인과의 거래를 통한 이익의 증여의제
- 특수관계법인으로부터 제공받은 사업 기회로 발생한 이익의 증여의제

# 상속세 줄이고 싶다면
## '공과금·장례 비용·채무액'은
## 잘 챙겨두자

### 공과금

거주자의 사망일 현재 피상속인이나 상속재산에 관련하여 피상속인이 납부할 의무가 있는 것으로서 상속인에게 실제로 승계되는 공과금은 상속재산의 가액에서 차감한다. 다만, 상속개시일 이후 상속인의 귀책 사유에 따라 납부해야 하는 가산세, 가산금, 벌금, 과태료 등은 상속세 과세가액에서 차감하는 공과금이 아니다.

또한 상속 개시가 6월 1일 이후에 발생하는 경우 상속재산 중 부동산에 대한 재산세와 종합부동산세를 공과금으로 공제하는 것을 놓치지 않도록 해야 한다. 재산세와 종합부동산세는 각 7월, 9월, 11월에 고지되나 납세의무 성립 기준인 과세기준일은 매년 6월 1일이므로 당해 연도의 재산세 등은 피상속인의 공과금으로 공제가 가능하기 때문이다.

- 국세, 관세, 지방세 등
- 재산세, 수도, 가스, 전기사용료 등 공공요금 및 공과금
- 상속개시일 이후 피상속인이 대표이사로 재직하던 법인에 대한 결정 등 으로 추가적으로 납부 의무가 발생하는 대표자 상여에 따른 소득세 등
- 피상속인이 당초 조세 감면 또는 비과세를 받은 후 감면 또는 비과세 요건을 충족하지 못하여 조세가 결정 또는 경정되는 경우 당해 결정 또는 경정되는 세액

## 장례 비용

피상속인의 사망일부터 장례일까지 장례에 직접 소요된 금액과 봉안시 설 또는 자연장지의 사용에 소요된 금액이 있는 경우 다음의 가액을 한 도로 상속세과세가액에서 공제한다.

① 장례에 직접 소요된 금액
  - 증빙 없어도 최소 500만 원
  - 최대한도 : 1,000만 원
② 봉안 시설 또는 자연 장지의 사용에 소요된 금액
  - 증빙 없으면 공제 불가
  - 최대한도 : 500만 원

'장례에 직접 소요된 금액'이란 시신의 발굴 및 안치에 직접 소요된 비용

과 묘지 구입비, 공원묘지 사용료, 비석, 상석 등 장례에 직접 소요된 비용을 포함한다. 장례에 직접 소요된 금액이 500만 원 미만일지라도 최소 비용인 500만 원은 공제 적용받을 수 있고, 입증하는 범위 내 최대 1,000만 원까지 공제 받을 수 있다.

봉안 시설 또는 자연 장지의 사용에 소요된 금액은 별도로 500만 원까지 공제 가능하다.

## 채무액

상속세과세가액에서 공제하는 채무는 명칭에 관계없이 상속 개시 당시 피상속인이 부담해야 할 확정된 채무로서 상속인이 실제로 승계하여 부담하는 공과금 외의 모든 부채를 의미한다. 또한 사업을 영위하는 피상속인의 국내 사업장에서 발생하는 사업장의 공과금과 채무도 피상속인의 상속세과세가액에서 공제한다.

### 1) 채무액의 범위에 포함하는 경우

① 피상속인이 부담하고 있는 보증 채무

주채무자가 변제 불능의 상태로서 상속인이 주채무자에게 구상권을 행사할 수 없다고 인정되는 금액

② 피상속인이 부담하고 있는 연대채무

피상속인이 연대채무자인 경우로서 피상속인의 부담분에 상당하는 금액 및 연대채무자가 변제 불능의 상태가 되어 피상속인이 변제불능자의 부담분까지 부담하게 된 경우로서 당해 부담분에 대하여 상속인이

구상권 행사에 의해 변제받을 수 없다고 인정되는 금액

③ 임대계약 중인 토지·건물의 임대보증금

　1) 토지·건물의 소유자가 같은 경우에는 토지·건물 각각에 대한 임대
　　보증금은 전체 임대보증금을 토지·건물의 평가액으로 안분 계산

　2) 토지·건물의 소유자가 다른 경우에는 실지 임대차계약 내용에 따
　　라 임대보증금의 귀속을 판정하며, 건물의 소유자만이 임대차계약
　　을 체결한 경우 그 임대보증금은 건물의 소유자에게 귀속되는 것으
　　로 함. 귀속이 불분명할 경우에는 증여일 현재 토지와 건물의 평가
　　액으로 안분 계산

④ 사용인에 대한 퇴직금상당액
　피상속인의 사업과 관련하여 고용한 사용인에 대한 상속개시일까지의
　퇴직금

⑤ 상속개시일까지의 채무에 대한 미지급 이자, 소송 중인 채무, 신용카드
　결제 대금, 미지급한 병원비 또는 간병비 등

## 2) 병원비와 간병비 활용법

상속개시일 이전에 발생한 피상속인의 병원비 또는 간병비는 반드시 피
상속인 명의의 카드로 납부하거나 피상속인 명의의 계좌에서 이체하여
상속재산을 줄이는 것이 좋다. 돌아가시기 전 마지막 효도하는 마음으
로 상속인이 직접 피상속인의 병원비나 간병비를 결제하는 경우가 있는
데, 이는 상속재산 감소에 도움이 되지 않을 뿐만 아니라 상속개시일 현
재 존재하는 피상속인의 채무가 아니므로 상속세 절세에도 전혀 도움이

되지 않는다.

병원비가 거액인 경우 그 지급기일을 상속개시일 이후 시점으로 해두거나 피상속인 명의로 대출받아 지불하면서 대출금을 채무로 공제할 수도 있다. 다만, 병원에서는 매월 또는 일정 금액 이상의 병원비가 쌓이면 중간 결산을 요청하기 때문에 장기간 병원비의 납부를 미루기는 쉽지 않다. 그리고 상속 직전 발생한 내출액의 경우 의도적인 대출로 보아 부인되지 않도록 병원비 등 그 사용처에 대한 증빙을 잘 관리해두어야 한다.

### 3) 채무액의 범위에 제외하는 경우

피상속인이 상속개시일 전 10년 이내 상속인에게 진 증여 채무와 상속개시일 전 5년 이내 상속인이 아닌 자에게 진 증여 채무는 상속세 과세가액에서 차감하는 채무의 범위에서 제외한다. '증여 채무'는 증여자가 증여계약에 의하여 약정한 재산권을 수증자에게 이전할 채무 부담을 말한다. 이는 상속을 앞둔 시점에서 거액의 상속세를 부당하게 회피할 목적으로 피상속인과 특수관계인 간에 계획적인 가공의 채무를 발생시키는 것을 방지하기 위함이다.

그러나 피상속인이 상속인에게 상속개시일 전 10년, 상속인 아닌 자에게 5년 전에 진 증여 채무로 상속인이 실제로 부담한 사실이 확인되는 경우 이 증여 채무는 상속재산가액에서 차감된다.

### 4) 채무액 입증 방법

공제 대상인 채무액을 산정하는 것은 상속세에서 중요한 절차이므로 상속 개시 당시 피상속인의 채무로서 상속인이 실제로 부담하는 사실이 다음에 따라 확인되는 채무액만 공제하는 것이다.

① 국가·지방자치단체 및 금융회사 등에 대한 채무는 해당 기관에 대한 채무임을 확인할 수 있는 서류
② 상기 외의 자에 대한 채무는 채무부담계약서, 채권자확인서, 담보설정 및 이자 지급에 관한 증빙 등에 의하여 그 사실을 확인할 수 있는 서류

따라서 사인 간의 채무액이 존재하는 경우에는 그 입증이 어려우므로 반드시 금융기관을 통해 이자를 지급하고 이에 대한 이체 내역을 명확히 해두는 것이 좋다.

실무에서 자주 마주하는 채무액 중 대표적인 것은 임대보증금이다. 임대보증금은 임대 기간을 연장할 때, 계약서 재작성 없이 묵시적으로 자동 갱신하는 경우가 많다. 이런 경우 상속세 신고 시점에 오래된 임대차계약서만 가지고 있어, 임대 기간 중 가액 변동을 확인하기 어려울 수 있다. 그러므로 임대차계약서를 자동 갱신하는 경우에도 한 번씩 재작성해서 정보 확인이 용이한 최신 계약서로 보관하는 것이 좋다.

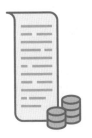

# 상속공제는 공제한도가 있다

기초공제부터 배우자상속공제, 금융재산상속공제 등 각각의 요건을 충족하면 상속재산가액에서 공제를 적용받아 상속세를 줄일 수 있다. 이렇게 중요한 상속세공제규정은 상속공제 한도 내에서만 공제금액이 적용된다. 따라서 상속세 신고 과정에서 상속공제 한도에 걸리면 상속공제를 더 이상 못 받는 경우가 발생할 수 있기 때문에 예상 상속세 계산 시 꼭 체크해서 상속 포기 또는 사전증여의 의사 결정을 해야 한다.

## 공제한도가 적용되는 상속공제

다음의 상속공제들은 한도를 계산하여 그에 따라 상속세과세가액에서 공제한다.

> • 기초공제 및 그밖의 인적 공제  • 일괄 공제  • 배우자상속공제
> • 금융재산상속공제  • 가업상속공제  • 영농상속공제

- 동거주택상속공제 · 재해손실세액공제

## 상속공제 한도액의 산정

|  | 상속세과세가액 |
| --- | --- |
| (-) | 선순위인 상속인이 아닌 자에게 유증 등을 한 재산의 가액 |
| (-) | 선순위인 상속인의 상속 포기로 그 다음 순위의 상속인이 상속받은 재산의 가액 |
| (-) | 상속세과세가액에 가산한 증여재산가액(증여재산공제액과 재해손실공제액을 차감한 가액) |
| (=) | 상속공제 한도액 |

피상속인과 상속인이 고율의 누진세율에 의한 상속세 부담을 부당하게 회피하는 것을 방지하고, 조세 부담의 공평을 도모하기 위하여 상속세과세가액에 상속인이 아닌 자에게 유증하거나 상속개시일 전 일정 기간 이내에 피상속인이 상속인과 상속인이 아닌 자에게 증여한 재산의 가액을 제외하도록 규정하고 있다. 사전증여재산의 과세표준은 사전증여 재산가액에서 증여재산공제를 차감한 금액으로 하되 전체 상속세과세가액이 5억 원을 초과하는 경우에만 상속공제 한도액에서 차감한다. 이는 상속인이 실제 상속받은 재산가액의 한도 내에서만 상속공제가 적용되도록 하는 것이 목적이기 때문이다.

마찬가지로 우선순위인 상속인의 상속 포기로 그다음 순위의 상속인이 상속받는 경우에도 상속세과세가액에서 제외하여 공제한도를 산정한다. 이는 선순위 상속인은 피상속인과 생계를 같이 하며 피상속인으로부터 실질적으로 부양받았을 가능성이 상대적으로 크기 때문에 피상속인이 사망한 이후 생활 안정 내지 생계 유지를 위하여 상속세 부담을 완화해줄 필요성도 큰 반면, 후순위 상속인은 위와 같은 상속세 부담 완화의 필요성이 선순위 상속인에 비해 상대적으로 덜하다. 그러므로 상속공제 제도의 취지를 고려할 때에도 선순위 상속인이 본래대로 상속받는 경우와 후순위 상속인이 상속 포기로 상속받는 경우 상속공제를 다르게 규정하고 있다. 상속공제 한도액의 취지에 따라 배우자상속공제 등 공제 요건을 충족하더라도 상속공제 한도가 적은 경우라면 상속세 절세가 쉽지 않다.

## 사전증여는 상속공제 한도액을 체크하면서 진행하자

피상속인이 상속 개시 전에 상속인에게 상속개시일 전 10년 이내에 증여하거나 상속인이 아닌 자에게 상속개시일 전 5년 이내에 증여한 재산가액은 상속세과세가액에 포함한다. 이에 더해 사전증여는 상속공제 한도액 계산 시 차감되는 항목이기도 하다. 그렇게 되면 사전증여는 오히려 상속세 절세에 불리해질 수 있다. 그래서 증여를 실행한다면 예상되는 상속공제 한도액을 넘지 않을 만큼만 증여해야 한다.

그러기 위해서는 먼저 예상 상속재산에 대한 시가 평가 리스트 작성 및 예상 상속공제 한도액과 상속세를 산출해야 한다. 이를 통해서 상속인은 사전증여를 하더라도 상속공제 한도액의 영향을 받지 않는 적정 상속공제액과 남겨두어야 할 상속재산가액을 찾아낼 수 있다.

오히려 증여 후 자산 가치 증가에 대해서는 추가적인 상속세를 납부하지 않으니 적정의 증여 가능액을 찾아서 증여하는 것이 미래의 상속세도 줄이고 상속인의 자산 형성에도 유리하다는 점을 꼭 기억하자.

# 누구나 적용받는
# 상속공제
## 기초공제+인적공제vs일괄 공제

상속세는 평생 일군 재산의 총액에 대해서 과세하므로 이를 낮추기 위해서는 상속공제를 꼼꼼히 챙겨야 한다. 먼저 알아볼 사항은 특별한 요건에 해당하지 않더라도 적용받을 수 있는 기초공제와 그 밖의 인적공제, 그리고 이 둘을 대신해서 적용할 수 있는 일괄 공제를 알아보자.

### 기초공제

거주자나 비거주자의 사망으로 상속이 개시되는 경우에는 상속세 과세가액에서 2억 원을 공제한다. 기초공제는 법상의 여타 공제 규정들과 달리 비거주자인 피상속인이 적용받을 수 있는 유일한 공제다.

### 인적공제

거주자의 사망으로 상속이 개시되는 경우, 상속개시일 현재 피상속인과 상속인의 관계에 따라 일정 금액을 공제하고, 상속인이 아니더라도 동거가족(피상속인의 재산으로 생계를 유지하는 직계존비속 및 형제자매)에 대해서도 일정 금액을 공제한다. 인적공제는 상속인이 상속의 포기 등으로 상속을 받지 않는 경우에도 적용 대상이 된다.

또한 손주가 피상속인의 재산으로 생계를 유지하는 경우에는 인적공제 대상이나, 그의 부모가 부양 능력이 있는 경우 인적공제를 받을 수 없다. 또 상속인이 될 자가 상속 개시 전 사망 또는 결격 등의 사유로 대습상속되는 경우 피상속인이 대습상속인을 사실상 부양하고 있었다면 미성년자공제는 받을 수 있으나 자녀 공제는 받을 수 없다.

## 1) 상속인 및 동거 가족 인적공제

| 구분 | 공제 요건 | 공제액 |
|---|---|---|
| 자녀 공제 | 피상속인의 자녀 | 1인당 5,000만 원 |
| 연장자 공제 | 배우자를 제외한 상속인 및 동거 가족 중 65세 이상인 자 | 1인당 5,000만 원 |
| 장애인 공제 | 배우자를 포함한 상속인 및 동거 가족 중 장애인 | 1인당 1,000만 원×기대 여명의 연수 |
| 미성년자 공제 | 배우자를 제외한 상속인 및 동거 가족 중 미성년자 | 1인당 1,000만 원×19세에 달하기까지의 연수 |

(1) 자녀 공제

자녀 공제 적용 대상인 자녀의 범위는 다음과 같다.

- 자연적인 혈연관계인 혼인 중에 출생한 친생 및 양자(養子)
- 계모자(繼母子) : 계모 사망 시 전처 출생자는 자녀 공제 적용 불가능
- 자녀의 배우자 : 사위·며느리는 자녀 공제 적용 불가능

출생 전 태아의 경우는 상속인의 범위에는 포함하되 자녀 공제는 적용이 불가능하다고 알고 있었다. 그러나 최근 심판청구에서는 청구인이 상속개시일까지 출생하지 아니하였다고 하여 자녀 공제의 적용을 배제한 것이 과세의 형평이나 쟁점 공제를 규정한 조항의 합목적성 등에 비추어 타당하다고 볼 수 없다는 결정을 하였다. 조세심판원의 이번 결정은 26년 만에 태아에 대한 상속공제를 불인정해온 기존 조세 행정 관행을 뒤집은 것으로 세제 개편안을 통해 23년부터 인적공제 대상에 태아가 포함된다.

> **상증, 조심-2020-부-8164 , 2022.01.26 , 인용**
>
> [제목] 상속개시일 현재 태아였던 청구인에 대하여 상속세 및 증여세법 제20조 제1항 제1호 및 제2호 소정 인적공제를 적용하여야 한다는 청구주장의 당부
>
> [요지] 쟁점 공제의 취지 등을 고려할 때, 청구인이 상속개시일까지 출생하지 아니하였다고 하여 이의 적용을 배제한 것이 과세의 형평이나 쟁점 공제를 규정한 조항의 합목적성 등에 비추어 타당하다고 볼 수 없음.

(2) 연장자 공제

피상속인의 배우자를 제외한 상속인과 동거 가족 중 피상속인의 사망일 현재 65세 이상인 자에 대하여는 상속인별로 5,000만 원을 상속세 과세가액에서 공제한다.

## (3) 장애인 공제

상속인의 연령에 상관없이 배우자를 포함한 상속인과 동거 가족 중 피상속인의 사망일 현재 「장애인복지법」 등에 따른 장애인이 있는 경우 상속개시일 현재 통계법에 따라 통계청장이 승인하여 고시하는 통계표에 따른 성별·연령별 기대여명의 연수에 1,000만 원을 곱하여 계산한 금액을 상속세과세가액에서 공제한다.

## (4) 미성년자 공제

피상속인의 배우자를 제외한 상속인과 동거 가족 중 피상속인의 사망일 현재 미성년자에게는 19세가 될 때까지의 잔여 연수에 1,000만 원을 곱하여 계산한 금액을 상속세과세가액에서 공제한다. 미성년자 공제의 연수 계산 시 1년 미만의 단수가 있는 경우에는 1년으로 한다.

[표 4-5] 인적공제 중복 공제 여부

| 인적공제 | 배우자 | 자녀 | 미성년자 | 연로자 | 장애인 |
|---|---|---|---|---|---|
| 배우자 | | | | | ○ |
| 자녀 | | | ○ | 선택 | ○ |
| 미성년자 | | ○ | | | ○ |
| 연로자 | | 선택 | | | ○ |
| 장애인 | ○ | ○ | ○ | ○ | |

## 일괄 공제

기초공제 및 인적공제는 상속개시일 현재 상속인의 유형에 따라 상속세과세가액에서 공제하므로 피상속인이 상속인 없이 단독으로 사망하는 경우에는 과세 형평성 문제가 발생할 수 있다. 더욱이 요즘처럼 세대 구성원의 수가 점차 감소하는 상황이라면 동일한 상속세과세가액이라도 상속인의 유무에 따라 그 공제 격차가 더욱 벌어지기 때문이다. 이 문제를 해소하기 위해 법에서는 기초공제 및 인적공제의 합계와 일괄 공제 5억 원 중 큰 공제액을 상속세과세가액에서 차감할 수 있도록 한다.

- 상속세과세가액 공제액 = Max(①기초공제+인적공제, ②일괄 공제 5억원)

다만, 상속세 과세표준 신고기한까지 상속세를 무신고하거나 기한후신고를 하지 않는 경우 일괄 공제 5억 원만 적용하므로, 인적공제 대상이 많은 피상속인 세대라면 미비한 상속세를 추후 수정신고하더라도 반드시 신고기한 내 상속세를 신고하거나 세무서로부터 상속세 결정 전에 기한후신고를 하는 것이 중요하다.

만약 상속개시일 현재 피상속인의 직계존비속이 모두 존재하지 않아 배우자가 단독상속을 받는 경우 일괄 공제는 적용이 불가하고, 기초공제와 인적공제만을 적용받을 수 있다. 이때 일괄 공제 적용이 불가능한 배우자 단독상속이란 피상속인의 사망 당시 배우자가 유일하게 상속인의 지위를 갖게 되는 상황을 의미하는 것이다. 따라서 상속개시일 현재 공동상속인들이 상속 포기를 하거나 상호 간 협의 분할에 따라 피상속인의 배우자를 단독상속인으로 지정하는 경우를 의미하는 것은 아니다. 가령 피상속인의 생전 유증에 따라 배우자를 특정하여 단독으로 상속받게 하는 경우라면 기초공제와 인적공제를 더한 금액과 일괄 공제 중 큰 금액을 선택할 수 있다.

부의 이전

＊ 상속인 구성에 따른 최소 공제액

① 배우자가 없는 경우: 최소 5억 원 공제(일괄 공제 5억 원)

② 배우자 외에 다른 상속인도 있는 경우: 최소 10억 원 공제(일괄 공제 5억 원+배우자상속공제 5억 원)

③ 배우자 외에 다른 상속인은 없는 경우: 최소 7억 원 공제(기초공제 2억 원+배우자상속공제 5억 원)

# 절세를 극대화하는 배우자상속공제

상속이 개시된 이후 상담 과정에서 가장 첫 번째로 받는 질문은 "상속세가 나올까요? 나온다면 얼마나 나올까요?"다. 이 질문을 받으면 먼저 확인하는 사항이 상속개시일 현재 피상속인의 배우자 생존 유무다.

상속세 절세 핵심 사항 중 하나가 피상속인의 배우자가 생존해 있다면 법상 배우자가 실제로 상속받은 재산가액을 한도 계산하여 최소 5억 원에서 최대 30억 원까지 배우자상속공제를 적용받을 수 있다는 점이다. 이는 배우자가 세금 부담 없이 피상속인의 재산을 안정적으로 상속받을 수 있도록 하기 위해서인데, 지나치게 고액의 상속재산이 비과세로 이전되는 것을 방지하기 위하여 최고한도를 설정하는 한편 피상속인의 살아생전 배우자와 함께 형성한 상속재산의 기여도 및 사망 이후의 생활 안정을 도모하기 위하여 최소한의 공제 규정도 함께 마련하고 있다.

이러한 배우자상속공제 적용 시 유의할 점은 공제 대상으로 인정하는 배우자의 범위와 배우자가 실제 상속받은 재산가액의 산정 방법 및 배우자상속공제를 적용받기 위한 분할등기 신고다.

## 공제 대상 배우자의 범위

배우자상속공제 대상인 배우자는 「민법」상 혼인으로 인정되는 혼인 관계에 의한 배우자를 의미한다. 이는 배우자의 상속권 및 평등권을 침해하지 않고 거래 질서를 안정시키기 위하여 가족관계등록부상 배우자를 확정할 필요가 있기 때문이다. 따라서 사실혼 배우자는 사실혼 기간 여부에도 불구하고, 배우자상속공제를 적용받을 수 없다.

일단 법률상 배우자로 인정되는 경우라면 별거나 사실상 이혼·재혼 상태인 경우라도 배우자상속공제 대상이 되므로 이혼 절차 중에 피상속인이 사망한 경우 이혼소송에 따른 판결이 있기 전이거나 조정이혼에 따른 조정 성립이 있기 전까지는 적법한 공제 대상 배우자에 해당한다.

## 동일자에 사망한 부부, 배우자상속공제 적용 대상이 될까?

배우자상속공제를 적용받기 위해서는 상속개시일 현재 피상속인의 배우자가 생존해 있어야 한다. 「민법」에서는 2인 이상이 동일한 위난으로 사망한 경우에는 동시 사망으로 추정한다. 따라서 부부가 동시에 사망한 경우 부부 일방의 상속세는 각자의 상속재산에 대하여 개별적으로 산정하여 과세되는 것이며, 이 경우 배우자상속공제는 적용되지 않는다.

만약 부부가 동일한 날에 사망하는 경우라도 사망진단서나 시체검안서 등에 따라 먼저 사망한 자를 확인할 수 있다면 선순위로 사망한 배우자의 상속세 산정 시에는 배우자상속공제를 적용할 수 있다. 이때에는 법정상속 지분만큼을 배우자가 실제 상속받은 금액으로 보아 배우자상속공제를 적용한다. 또한 후순위 피상속인의 상속세 계산 시 먼저 사망한 자의 상속재산 중 그의 지분을 합산하고, 단기 재상속에 대한 세액공제를 적용하여 계산한다.

## 배우자상속공제액 산정 방식

배우자상속공제액=Max[5억 원, Min(① 배우자가 실제 상속받은 금액,

② 배우자상속공제 한도 금액*]

* 배우자상속공제 한도 금액=Min(① 배우자의 법정상속분에 상당하는 금액, ② 30억 원)

배우자상속공제액의 산정을 위해서는 '배우자가 실제 상속받은 금액'과 '배우자상속공제 한도 금액' 중 적은 금액을 먼저 산정한 후 해당 금액과 5억 원 중 큰 금액을 배우자상속공제액으로 적용하여 공제한다. 이때 '배우자가 실제 상속받은 금액'과 '배우자상속공제 한도 금액'의 약식 계산식은 다음과 같다.

| 1) 배우자가 실제 상속받은 금액 | | 2) 배우자상속공제 한도 금액 | |
|---|---|---|---|
| 구분 | | 구분 | |
| 배우자의 총상속재산가액 | | 총상속재산가액 | |
| (−) | 배우자의 공과금 및 채무 승계액 | (+) | 10년 이내에 상속인에게 증여한 재산가액 |
| (−) | 배우자의 과세가액 불산입액 | (−) | 상속인 외의 자에 대한 유증·사인 증여한 재산가액 및 공과금·채무액·비과세 상속재산가액·과세가액 불산입액 |
| (−) | 배우자의 비과세 재산가액 | (=) | 상속재산의 가액 |
| (−) | 배우자 처분 재산등 산입액 | (×) | 배우자의 법정상속 지분율 |
| (−) | 10년 이내 배우자에게 증여한 재산가액 | (−) | 상속재산에 가산한 증여재산 중 배우자에게 증여한 재산에 대한 과세표준 |
| (=) | 배우자가 실제로 상속받은 금액 | (=) | 법정상속액 |

## 1) 배우자가 실제로 상속받은 금액

'배우자가 실제로 상속받은 금액'은 공제 대상 배우자의 총상속재산가액 중 피상속인으로부터 배우자가 사실상 승계하는 공과금과 채무, 과세가액 불산입액 및 비과세 재산가액을 제외한 금액을 의미한다.

비과세 재산가액과 공익법인 등에 출연함으로써 과세가액에 산입되지 않는 재산가액은 상속세 과세 대상이 아니거나 배우자에게 사실상 귀속되는 상속재산이 아니기 때문에 배우자의 총상속재산가액에서 제외한다. 승계하는 채무와 공과금의 경우 피상속인으로부터 배우자에게 실제로 귀속되는 것을 의미하므로 상속재산의 협의 분할 내용, 담보 제공자의 입증, 원리금 상환 의무자의 표시 등을 기준으로 사실 판단을 한다.

유의할 점은 배우자가 실제로 상속받은 금액에는 10년 이내 증여받은 사전증여재산가액과 상속개시일 이전 2년 내 거래분에 대한 추정상속재산가액을 제외한 상속개시일 현재 상속재산만 인정한다는 것이다. 따라서 상속 개시 전 배우자에게 사전증여하는 재산가액이 높을수록 배우자가 실제로 상속받을 금액은 줄어들게 되므로 상속재산 중 배우자를 위해 남기고 싶은 재산이 있다면 사전증여보다 유언을 통해 상속재산의 귀속을 배우자로 특정하는 것이 좋다.

## 2) 배우자상속공제 한도 금액

배우자상속공제 한도 금액은 상속인들에 대한 전체 상속재산 중 배우자의 법정상속 지분에 해당하는 가액으로 산정한다. 따라서 앞서 살펴본 '배우자가 실제 상속받은 금액'과 달리 추정상속재산가액을 포함한 피상속인의 총상속재산가액을 기준으로 상속인에 대한 사전증여재산은 더하고, 그 외 상속인 외의 자에 대한 유증·사인 증여한 재산가액 및 공과금·채무액·비과세 상속재산가액·과세가액 불산입액은 차감하여 상속재산의 가액을 산정한다.

이렇게 산정한 상속재산의 가액에서 배우자의 법정상속 지분율을 곱한 후 마지막으로 상속재산에 가산한 증여재산 중 배우자에게 증여한 재산에 대한 과세표준으로서 증여재산가액에서 증여재산공제를 적용한 가액을 차감하여 최종적으로 법정상속액을 구한다. 이때, 상속인 중 상속 포기한 사람이 있더라도 포기하지 않은 경우의 배우자 법정상속 지분을 적용한다. 이렇게 구한 배우자상속공제 한도 금액은 30억 원까지만 반영된다.

[표 4-6] 배우자의 법정상속 지분율 예시

| 상속인 | 상속분 | 비율 |
|---|---|---|
| 자녀 2인과 배우자 | 장남 1 | 2/7 |
| | 장녀 1 | 2/7 |
| | 배우자 1.5 | 3/7 |
| 직계존속(부모)과 배우자<br>(자녀 없음.) | 부 1 | 2/7 |
| | 모 1 | 2/7 |
| | 배우자 1.5 | 3/7 |

## 배우자 상속재산의 분할등기 의무의 중요성

분할등기의 취지는 배우자상속공제를 받아 상속세를 납부한 이후 상속재산을 배우자가 아닌 자의 몫으로 분할함으로써 배우자상속공제를 받은 부분에 대하여 조세 회피가 일어나는 것을 방지하고, 상속세에 관한 조세법률관계를 조기에 확정하고자 하는 데 목적이 있다.

그러므로 배우자상속공제를 적용받기 위해서는 상속세 신고기한의 다음 날부터 9개월이 되는 날까지 배우자가 실제로 상속받은 재산에 대해 분할등기를 이행해야 한다. 하지만 상속인 등이 상속재산에 대해 상속회복청구의 소를 제기하거나 상속재산 분할의 심판을 청구하는 등의 부득이한 사유가 발생하는 경우 부득이한 사유가 종료된 날 등 분할기한의 다음 날부터 6개월이 되는 날까지 분할등기를 할 수 있다.

등기를 요하는 상속재산은 대표적으로 부동산을 들 수 있다. 상속재산인 부동산의 상속등기를 상속개시일이 속하는 달의 말일로부터 6개월 이내에 하지 않으면 취득세에 대한 가산세가 발생하므로 실무에서는 상속세 신고기한 이전에 상속인 간 원만한 협의 후 등기를 권한다.

추가로 상속세 최대 절세를 위한 배우자상속공제 비율이 확정되지 않은 상태에서 무작정 부동산등기를 완료하는 실수를 하지 않아야 한다. 추후 배우자상속공제를 더 적용받을 수 있음을 확인하고 등기를 수정하려 한다면 등기 수정을 위한 제반 비용이 재차 소비되기 때문이다. 그러므로 전체 상속재산 파악 및 상속세 절세를 위한 배우자상속공제 비율이 확정된 이후 상속재산 협의 분할을 통해서 부동산등기를 마무리하는 것이 좋다.

**상속인 간 상속재산 지분 분배 순서**

1. 지정상속 : 유언에 의한 지정 상속

2. 협의 분할 : 유언이 없다면 협의 분할, 만장일치가 되지 않으면 무효

3. 법정상속

## 배우자상속재산 분할 기한까지 분할등기하지 않을 때

| 구분 | 배우자상속재산 분할 기한 이전에 분할등기한 경우 | 배우자상속재산 분할 기한 경과 후 분할등기한 경우 |
|---|---|---|
| 배우자가 실제 상속받은 금액 계산 시 | 실제 상속받은 금액에 포함. | 실제 상속받은 금액에 포함하지 않음. |
| 배우자상속공제 한도 금액 계산 시 | 상속재산의 가액에 포함. | |

배우자상속재산 분할 기한까지 분할등기를 하지 않게 되면 결국 신고 누락한 재산을 배우자가 상속받았더라도 배우자가 실제 상속받은 금액에는 포함할 수 없다. 결국 등기 등을 완료하지 않게 되면 5억 원만 공제받을 수 있다.

## 배우자상속공제를 최대로 공제 받으려면?

공동상속인 간의 협의 분할 비율 조정을 통해 배우자에게 귀속되는 상속재산 비율을 높이면 다른 상속인에 비해 공제 한도가 큰 배우자상속공제를 활용하여 매우 큰 절세 효과를 볼 수 있다.

최대 절세를 활용하기 위한 공제액은 먼저 '배우자상속공제 한도 금액'을 계산해야 한다. 해당 금액 이상을 배우자가 상속받더라도 공제 측면에서는 추가적인 공제를 적용받을 수 없기 때문이다.

이렇게 '배우자상속공제 한도 금액'을 계산하였다면 이를 기반으로 피상속인의 상속개시일 전 10년 이내에 배우자에게 사전증여 가능한 금액 이상은 사전증여를 하지 말아야 한다. 배우자에게 10년 이내 이미 증여한 재산의 과세표준은 배우자가 실제로 상속받은 금액에서 제외하게 되므로 사망 전 배우자에게 증여하더라도 재산 가치가 낮은 재산을 먼저 증여함으로써 배우자상속공제 적용 한도가 줄어드는 것을 방지하는 것이 좋다.

또한 상속세 결정 시 신고 누락한 재산이 발견되는 경우 배우자 법정 상속분은 당해 재산을 포함하여 계산할 수 있으나, 배우자가 실제 상속받은 금액에는 포함되지 않으므로 상속재산에 대한 누락이 없는지 살펴보아야 한다.

## 배우자가 자녀 몫의 상속세를 납부해 미래 상속세를 절세하자

배우자상속공제를 검토하면서 납부에 대한 방식 논의도 병행되어야 한다. 상속세 연대납세의무 규정상 상속인인 자녀들이 납부할 상속세를 배우자가 본인이 받은 상속재산을 한도로 대신 납부하는 경우 자녀들은 상속세 부담을 지지 않게 되어 경제적으로 더 많은 상속을 받을 수 있다. 또 연대납세의무이므로 상속세 대납에 따른 상속인 간 증여세 문제도 발생하지 않는다. 또한 연대납세의무로 인해 배우자의 상속재산은 줄어들게 되어 미래 재차 일어날 상속에 따른 상속세 부담까지도 줄일 수 있다.

이렇듯 상속세는 직면한 문제만이 아니라 상속받는 재산의 활용 방식 및 주체까지 연결되어 긴 호흡으로 사안을 해결하는 것이 좋다.

추가로 상속 개시 후 상속재산에 대하여 등기·등록·명의개서 등으로 각 상속인의 상속분이 확정된 후 공동상속인이 협의하여 분할한 결과 특정 상속인이 당초 상속분을 초과하여 취득하게 될 수 있다. 이때 취득한 재산은 분할에 의해 상속분이 감소한 상속인으로부터 증여받은 것으로 보아 증여세가 부과된다.

다만 상속세 과세표준 신고기한까지 분할에 의해 당초 상속분을 초과하여 취득한 경우와 상속재산의 분할에 대하여 무효 또는 취소 등 정당한 사유가 있는 경우에는 증여세를 부과하지 않는다.

# 사망일 현재 예금이 있다면 금융재산상속공제를 확인하자

상속개시일 현재 상속재산가액 중 금융재산가액에서 금융채무가액을 차감한 순금융 재산가액은 2억 원을 한도로 상속세과세가액에서 차감한다. 이 경우 금융재산상속공제 대상이 되는 금융재산 및 금융부채에 대한 판단이 중요하다.

| 순금융 재산가액 | 금융재산상속공제액 |
|---|---|
| 2,000만 원 이하 | 해당 순금융 재산가액 전액 |
| 2,000만 원 초과~1억 원 이하 | 2,000만 원 |
| 1억 원 초과~10억 원 이하 | 순금융 재산가액×20% |
| 10억 원 초과 | 2억 원 |
| * 순금융 재산가액=금융재산가액 – 금융채무가액 | |

## 금융재산의 범위

법에서 정하는 금융재산이란 금융회사 등이 취급하는 예금·적금·부금·

계금·출자금·금전신탁재산·보험금·공제금·주식·채권·수익증권·출자 지분·어음 등의 금전 및 유가증권과 그밖에 기획재정부령으로 정하는 것을 의미한다.

이 경우 기획재정부령으로 정하는 금융재산이란 「자본시장과금융투자업에관한법률」에 따른 거래소에 상장되지 아니한 주식·출자 지분으로 금융기관이 취급하지 아니하는 것과 발행회사가 금융기관을 통하지 아니하고 직접 모집하거나 매출하는 방법으로 발행한 회사채를 말한다.

## 금융재산가액에서 제외되는 상속재산가액

다음 상속재산가액은 상속개시일 현재 피상속인의 금융재산을 구성하더라도 금융재산상속공제를 적용하지 않는다.

- 현금, 자기앞수표
- 퇴직금, 퇴직수당, 공로금, 상속 개시 후 지급받는 근로자퇴직급여보장법에 따른 퇴직연금
- 상속 개시 전 수용된 토지의 보상금을 수령할 권리
- 공동사업에 현물 출자함에 따라 취득한 출자 지분
- 상속세과세가액에 가산하는 증여재산인 금융재산
- 사용처가 불분명하여 상속재산가액에 가산하는 추정상속재산
- 상속세가 비과세 또는 과세가액 불산입되는 금융재산
- 피상속인이 대표이사로 있던 법인의 장부에 계상된 가수금 채권
- 최대주주 등의 주식 또는 출자 지분
- 신고하지 않는 차명 금융재산

가령, 사업을 영위하던 피상속인이 사망 전에 갑작스레 거동이 불편해지자 배우자 명의의 계좌로 매출 대금을 수수하는 경우로서 본래의 상속재산에 포함하여 상속세 과세표준 신고기한까지 신고하는 경우라면 배우자 명의의 계좌가 피상속인의 차명계좌에 해당하는 경우라도 금융재산상속공제 적용 대상이 된다.

## 금융채무의 범위

금융채무란 상속 개시 당시 피상속인의 채무로서 상속인이 실제로 부담하는 사실이 있는 국가·지방자치단체 및 금융회사 등에 대한 채무로 해당 기관에 대한 채무임을 확인할 수 있는 서류에 의해 입증되는 것을 의미한다.

## 부동산 매매계약을 체결 중인 피상속인의 금융재산상속공제

피상속인이 매도자 입장에서 생전에 매매계약을 체결하고 잔금 수령 전에 사망한 경우이거나 매수자 입장에서 계약금과 중도금을 지급하고 사망한 경우 금융재산상속공제를 적용함에 있어 공제 가능 여부가 달라진다.

① 피상속인이 매도자인 경우

매매계약을 체결하고 잔금 수령 전에 사망한 경우로 이미 피상속인에게 귀속된 계약금과 중도금이 피상속인의 금융재산을 구성하고 있다면 금융재산상속공제 적용이 가능하다. 이때 금융상속재산이 상속세 신고 시 누락되었더라도 상속세 과세표준과 세액의 결정 시 상속재산가액에 포함된 경우 금융재산상속공제가 적용된다.

부의 이전

② 피상속인이 매수자인 경우

매매계약을 체결하고 잔금 지급 전에 사망한 경우로 이미 피상속인이 지급한 계약금과 중도금은 권리로서 상속재산가액에 포함되는 것이므로 피상속인의 금융재산을 구성하는 것으로 보지 않아 금융재산상속공제 적용이 불가능하다.

## 차명계좌 주의사항

① 차명계좌로서 상속재산가액으로 미신고하는 경우 금융재산상속공제의 적용이 불가능하다.

② 피상속인이 타인 명의로 차명계좌를 사용하게 된 경위와 조세 포탈 목적이 없음에 대한 입증 책임은 이를 주장하는 상속인에게 존재한다.

③ 차명계좌를 사용하면 「금융실명법」에 따라 5년 이하의 징역 또는 5,000만 원 이하의 벌금을 받게 된다.

④ 차명계좌에 대한 포상금 지급 제도

타인 명의로 되어 있는 법인사업자 및 개인사업자 중 복식부기 의무자의 「금융실명법」에 따른 금융재산을 신고한 자에게는 해당 금융재산을 통한 탈루 세액 등이 1,000만 원 이상인 신고 건별로 100만 원을 포상금으로 지급할 수 있다. 다만, 동일인이 지급받을 수 있는 포상금은 연간 5,000만 원을 한도로 한다.

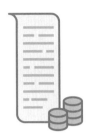

# 피상속인과 10년 이상 함께 살았다면 동거주택상속공제 챙기자

동거주택상속공제는 1세대 1주택 실수요자이면서 피상속인과 장기간 동거하는 상속인의 상속세 부담을 완화하고 상속인의 주거 안정을 도모하고자 동거 주택에 해당하는 주택건물과 부수토지를 합한 가액에서 6억 원을 한도로 공제하는 규정이다.

> 동거주택상속공제액(최대 6억 원)=(상속주택가액−해당 주택에 담보된 피상속인의 채무액)×100%

## 동거주택상속공제 요건

거주자의 사망으로 동거 주택 상속공제를 적용받기 위해서는 다음의 요건을 모두 충족해야 한다.

**1) 상속개시일부터 소급하여 10년 이상 계속 1주택에서 동거할 것.**

상속인은 피상속인의 직계비속 및 대습상속을 받은 직계비속의 배우자인 경우로 한정하며, 동거 기간을 판정함에 있어 상속인인 자녀의 미성년자인 기간은 제외한다. 이때 동거 기간의 계산은 피상속인과 상속인이 주민등록 여부와 관계없이 한집에서 실제 같이 살았던 기간을 말한다.

따라서 주민등록상 주소지 이전으로 인해 상속인의 주소가 피상속인의 주소와 다른 경우라도 본인 명의의 신용카드 사용 내역, 택배 수령 내역, 각종 고지서 수령 내역 등을 통해 피상속인과 사실상 동거하였음을 적극적으로 입증하는 것이 중요하다.

상속개시일부터 소급해서 '계속' 동거해야 동거주택상속공제를 적용받을 수 있으며, 징집, 취학, 근무상 형편 또는 1년 이상의 질병 요양 등의 사유에 해당하여 동거하지 못한 경우 동거를 계속한 것으로 보되, 그 기간을 동거 기간에 산입하지는 않는다.

또한 피상속인이 공제 대상 동거 주택을 직접 보유하면서 동거하는 것이 요건에 포함되지 않는다. 가령, 피상속인 생전 동거 기간 10년 중 여러 주택으로 이사 다니거나 전세로 동거하여 피상속인 명의의 주택이 없는 경우라도 10년이라는 동거 기간만 충족하면 되기 때문에 상속개시일 직전에 취득한 피상속인 명의 주택도 나머지 요건을 충족하였다면 동거주택상속공제가 가능하다.

**2) 상속개시일부터 소급해 10년 이상 계속 1세대를 구성하면서 1세대 1주택에 해당할 것.**

피상속인과 상속인이 상속개시일부터 소급하여 10년 이상 계속 1세대를 구성하면서 1세대 1주택(고가주택 포함.)에 해당해야 한다. 무주택인 기간도 1세대 1주택에 해당하는 기간에 포함한다.

또한 다음의 어느 하나에 해당하여 2주택 이상을 소유한 경우에도 1 세대가 1주택을 소유한 것으로 본다.

- 피상속인이 다른 주택을 취득하여 일시적으로 2주택을 소유한 경우로 다른 주택을 취득한 날부터 2년 이내에 종전의 주택을 양도하고 이사하는 경우
- 상속인이 상속개시일 이전에 1주택을 소유한 자와 혼인한 경우, 혼인한 날부터 5년 이내에 상속인의 배우자가 소유한 주택을 양도한 경우만 해당
- 1주택을 보유하고 1세대를 구성하는 자가 상속개시일 이전에 60세 이상의 직계존속을 동거 봉양하기 위하여 세대를 합쳐 일시적으로 1세대가 2주택을 보유한 경우, 세대를 합친 날부터 5년 이내에 피상속인 외의 자가 보유한 주택을 양도한 경우만 해당
- 피상속인이 상속개시일 이전에 1주택을 소유한 자와 혼인함으로써 일시적으로 1세대가 2주택을 보유한 경우. 혼인한 날부터 5년 이내에 피상속인의 배우자가 소유한 주택을 양도한 경우만 해당
- 피상속인 소유 주택이 국가등록문화재, 이농주택, 귀농주택을 소유하는 경우
- 피상속인 또는 상속인이 피상속인의 사망 전에 발생된 제3자로부터의 상속으로 인하여 여러 사람이 공동으로 소유하는 주택을 소유한 경우. 다만, 피상속인 또는 상속인이 해당 주택의 공동 소유자 중 가장 큰 상속 지분을 소유한 경우(상속 지분이 가장 큰 공동 소유자가 2명 이상인 경우 그 2명 이상의 사람 중 다음 순서에 따라 해당하는 사람이 가장 큰 상속 지분을 소유한 것으로 본다)는 제외한다.

① 해당 주택에 거주하는 자

② 최연장자

**3) 상속개시일 현재 무주택자이거나 피상속인과 공동으로 1세대 1주택을 보유한 자로 피상속인과 동거한 상속인이 상속받은 주택일 것.**

2022년 1월 1일 이후 상속분부터는 직계비속뿐만 아니라 「민법」에 따라 대습상속인이 된 그 직계비속의 배우자도 동거주택상속공제 적용이 가능하다.

따라서 상속인과 그 배우자가 피상속인의 상속개시일로부터 소급하여 10년 이상 계속하여 하나의 주택에서 동거한 경우로서 피상속인의 상속 개시 전에 자녀인 상속인이 먼저 사망하거나 상속 결격 사유가 발생하는 경우 상속인의 배우자가 상속인이 되어 동거주택상속공제를 적용받을 수 있다.

## 추가 검토 사항

### 1) 겸용 주택인 경우

주택의 면적이 주택 외의 면적을 초과하는 경우 주택 외의 면적은 주택으로 보지만, 주택의 면적이 주택 외의 면적보다 작거나 같으면 주택 외의 면적은 주택으로 보지 않는다.

### 2) 주택 부수토지만 상속받는 경우

주택건물은 다른 상속인이 상속받고, 주택 부수토지는 피상속인과 동거한 직계비속 상속인이 상속받는 경우에는 동거주택상속공제를 적용받을 수 없다.

### 3) 상속 전 주택건물과 주택 부수토지의 소유자가 서로 다른 경우

주택건물은 상속인이 소유하고, 주택 부수토지는 피상속인이 소유하고 있던 중 상속이 개시되면 주택 부수토지를 상속받더라도 동거주택상속공제를 적용할 수 없다.

### 4) 상속 주택 2인 공동상속 시 동거주택상속공제 적용 방식

동거주택상속공제 적용 시 요건을 갖춘 상속인과 그 외의 상속인이 주택을 공동으로 상속등기하여 동거 주택의 상속인 지분을 확인할 수 있는 경우 공제 요건을 충족하는 상속인의 지분 상당액은 공제가 가능하다.

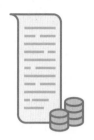

# 주택을 상속받아도
# 기존 일반 주택은 양도소득세
# 비과세가 가능하다

상속받은 주택과 상속 전부터 상속인이 소유하고 있던 '일반 주택'(상속 개시 당시 상속인이 보유한 조합원입주권이나 분양권이 사업 시행 완료 후 주택으로 전환된 경우도 포함.)을 국내에 각각 한 채씩 소유하고 있는 1세대가 '일반 주택'을 양도하는 경우 국내에 1개의 주택을 소유하고 있는 것으로 보아 주택 비과세를 적용받을 수 있다.

이는 상속인이 기존에 보유하던 일반 주택을 먼저 양도하는 경우에만 비과세 특례 규정을 적용하는 것이므로 상속 주택을 먼저 양도하는 경우에는 비과세 특례가 적용되지 않는다.

다만, 동거 봉양 활성화를 위해 동일 세대 구성원으로부터 주택을 상속받은 경우에도 비과세를 적용받을 수 있다. 1주택을 보유하고 1세대를 구성하는 상속인이 1주택을 보유하고 있는 직계존속(배우자의 직계존속을 포함하며, 세대를 합친 날 현재 직계존속 중 어느 한 사람 또는 모두 60세 이상으로서 1주택을 보유하고 있는 경우만 해당함.)을 동거 봉양하기 위하여 세대를 합치게 되면 세대가 2주택을 보유하게 된다. 이 경우 세대를 합치기 이전부터 보유하고 있던 피상속인의 주택만 '상속받은 주택'으로 보아 상속받기 전부터 본인이 보유하던 '일반주택'을 양도할 때 1세대 1주택 비과세를 적용받을 수 있다.

그러므로 위 조건을 충족하지 않는 경우에는 비과세 특례가 적용되는 주택으로 볼 수 없으므로 1세대 1주택 비과세를 받고자 한다면 반드시 상속 개시 전에 미리 세대를 분리해두는 것이 좋다.

상속개시일부터 소급하여 2년 이내에 피상속인으로부터 증여받은 주택 또는 조합원입주권이나 분양권에 의하여 사업시행 완료 후 취득한 신축주택은 '일반 주택'으로 보지 않아 특례 요건을 충족하더라도 비과세를 적용하지 않는다.

---

\* 피상속인이 2주택 이상을 상속하는 경우에는 다음의 순서로 선순위 상속 주택을 선정한다.

① 피상속인이 소유한 기간이 가장 긴 1주택

② 피상속인이 거주한 기간이 가장 긴 1주택

③ 피상속인이 상속 개시 당시 거주한 1주택

④ 기준시가가 가장 높은 1주택(기준시가가 같은 경우 상속인이 선택하는 1주택)

---

**상속 주택을 상속인이 공동 취득하면 비과세 특례는 어떻게 적용될까?**

공동상속 주택은 상속으로 여러 사람이 공동으로 소유하는 1주택을 말한다. 공동상속 주택의 소유자 판단은 다음 순위에 따른다. 따라서 공동상속 주택에 대한 주된 소유자 이외의 소수 지분권자는 상속 주택 외에 다른 주택 매매 시 1세대 1주택 비과세를 판단함에 있어 상속 주택은 주택 수에 포함하지 않는다.

① 상속 지분이 가장 큰 상속인

② 당해 주택에 거주하는 자

③ 최연장자

따라서 공동상속 주택을 취득하는 경우 상속인 각자 세대의 주택 수 현황과 상속 개시 이후 주택 양도 계획을 미리 점검하고 다주택자인 상속인이 향후 종합부동산세와 양도소득세 부담이 과중할 것으로 예상되는 경우 적절한 협의 분할을 통해 상속 주택에 대해 지분을 적게 갖는 것이 유리할 수 있다.

가령, 부모님과 동거하는 다주택자인 상속인의 경우 다른 상속인과 균등하게 상속 주택을 취득하는 경우 우선순위 판단에 따라 당해 피상속인과 거주하는 자가 주된 소유자가 되어버리므로 추후 보유 및 양도시 세금 측면에서 불이익이 발생한다.

## 상속 주택도 종합부동산세 과세 대상일까?

종합부동산세는 부동산 투기를 억제하는 것이 주된 목적인데 상속 주택은 투기목적으로 취득한 주택이 아니므로 규제 대상이 아니다. 따라서 상속 주택은 종합부동산세 1세대 1주택자와 중과세율을 판정할 때 주택 수에 포함되지 않는다.

그러나 이는 5년간만 적용된다는 점을 꼭 알아두자. 만약 5년이 지났다면, 상속 주택 지분비율이 40% 이하이거나 상속 주택 지분율에 상당하는 공시가격이 6억 원 이하인 경우에만 주택 수에 포함되지 않는다. 그리고 상속 주택은 주택 수에서만 제외되는 것이지 과세표준에서까지 제외되는 것은 아니다. 상속 주택까지 받아서 2주택이 되었다면 상속 주택은 과세표준에는 포함되지만, 주택 수에서는 제외되므로 1세대 1주택자의 종합부동산세 공제 12억 원과 세액감면 최대 80%를 받을 수 있는 것이다.

마지막으로 상속 주택이 종합부동산세 과세기준일까지 상속등기가 이행되지 않았다고 한다면 피상속인에게 부과되지 않으며, 상속인 중 민법상 상속 지분이 가장 높은 자가 재산세 납부 의무가 있으므로 해당 납부자가 종합부동산세 납세자로 부과된다.

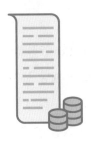

# 피상속인과 상속인 모두 영농에 종사 중이라면 영농상속공제를 받자

피상속인이 사망 전에 영농에 종사하고 상속인이 후계 농업경영인에 해당하는 등 일정한 요건을 모두 갖췄다면 30억 원을 한도로 영농상속공제를 적용받을 수 있다. 이때 '영농'이란 한국표준산업분류에 따른 농업, 임업 및 어업을 주된 업종으로 영위하는 것을 말하며, 영농상속재산 중 일부만 영농에 종사하는 상속인이 상속받더라도 해당 영농상속재산에 대해서는 영농상속공제를 적용받을 수 있다.

앞서 살펴봤던 영농 자녀 증여세 감면과 영농상속공제를 모두 적용받는다면 절세를 극대화할 수 있다. 먼저 영농하는 증여자로부터 영농 자녀 증여세 감면으로 1억 원의 증여세를 감면받고 난 후, 영농하는 증여자의 상속이 개시되어 농지 등 영농재산을 상속받는 경우 30억 원을 한도로 영농상속공제를 추가로 적용받을 수 있기 때문이다.

영농상속공제의 핵심은 피상속인과 상속인이 실제로 영농에 종사했는지에 대한 사실 판단과 사후 관리다.

## 피상속인 요건

피상속인은 상속개시일 8년 전부터 계속하여 해당 상속재산인 농지·초지·산림지가 속하는 시·군·구, 그와 연접한 시·군·구 또는 해당 농지 등으로부터 직선거리 30㎞ 이내에 거주하면서 직접 영농에 종사해야 한다. 다만, 질병의 요양, 협의 매수 또는 수용 등으로 영농에 직접 종사할 수 없는 사유가 발생한 경우에는 1년 이내의 기간을 한도로 직접 영농에 종사한 것으로 본다.

## 상속인 요건

상속개시일 현재 18세 이상인 상속인으로서 상속개시일 2년 전부터 계속하여 직접 영농에 종사해야 한다. 다만 피상속인이 65세 이전에 사망하거나 천재지변 및 인재 등 부득이한 사유로 사망한 경우 그렇지 않다.

또한 해당 상속재산인 농지·초지·산림지가 속하는 시·군·구, 그와 연접한 시·군·구 또는 해당 농지 등으로부터 직선거리 30㎞ 이내에 거주해야 한다.

상속개시일부터 소급해 2년에 해당하는 날부터 상속개시일까지의 기간 중 질병의 요양, 협의 매수 또는 수용, 병역의무의 이행 및 취학상 형편 등으로 영농에 직접 종사할 수 없는 사유가 발생한 경우에는 1년 이내의 기간을 한도로 직접 영농에 종사한 것으로 본다. 다만, 그 부득이한 사유가 종료된 후 영농에 종사할 것을 요건으로 한다. 이와 별개로 상속인이 영농·영어·임업 후계자에 해당하는 경우 상속 개시 전 영농 등에 종사할 것을 요건으로 하지 않는다.

법인세법을 적용받는 영농 요건은 유사하지만 조금 다르다. 그러므로 피상속인 또는 상속인이 법인이라면 별도로 법리 판단이 필요하다.

부의 이전

## '직접 영농에 종사하는 경우'의 의미 및 판단 기준

'직접 영농에 종사하는 경우'란 각각 피상속인 또는 상속인이 소유 농지·초지·어선·산림지 등 영농 대상 자산을 이용하여 업에 상시 종사하거나 작업의 2분의 1 이상을 자기의 노동력으로 수행하는 경우를 말한다.

이때 영농상속공제 대상이 되는 피상속인 또는 상속인의 사업소득금액과 총급여의 합계액이 연 3,700만 원 이상인 과세기간이 있는 경우 해당 기간에는 피상속인 또는 상속인이 영농에 종사하지 아니한 것으로 본다. 다만, 사업소득 중 농업·임업·어업에서 발생하는 소득, 부동산임대업에서 발생하는 소득 및 농가 부업 규모에 해당하는 소득은 제외한다.

실제 자경 여부를 판단함에 있어 영농상속공제와 함께 비교되는 것이 「조세특례제한법」 제69조 자경 농지에 대한 양도소득세 감면 규정이다. 양도소득세의 감면을 적용받기 위해서는 연간 3,700만 원 소득 요건뿐만 아니라 업종에 따른 매출 기준도 함께 적용되지만, 영농상속공제를 판단함에 있어서 사업자에 대한 매출 요건은 별도로 적용되지 않는다.

## 영농 사실 입증 필요 서류

영농상속 공제받으려는 사람은 영농상속재산명세서 및 영농 상속 사실을 입증할 수 있는 다음의 서류를 제출해야 한다.

1. 농업소득세 과세사실증명서 또는 영농사실증명서류
2. 어선의 선적증서 사본
3. 어업권 면허증서 사본
4. 영농상속인의 농업 또는 수산계열학교의 재학증명서 또는 졸업증명서

5. 「임업 및 산촌 진흥 촉진에 관한 법률」에 의한 임업 후계자임을 증명하
   는 서류
6. 「법인세법」 적용받는 영농 시 최대주주 등에 해당하는 자임을 입증하
   는 서류

## 영농상속공제 이후 사후 관리 규정

영농상속공제를 적용받는 상속인이 상속개시일부터 5년 이내 정당한 사
유 없이 영농에 종사하지 않거나, 대상이 되는 상속재산을 처분하는 경
우 당해 공제받은 금액과 기간 경과에 따른 이자 상당액을 합하여 상속
세를 부과한다.

여기서 '정당한 사유'는 영농상속공제를 받은 상속인이 사망한 경우
나 해외로 이주하는 경우, 공익사업에 따른 토지가 수용되는 경우, 영농
상속 받은 재산을 국가 또는 지방자치단체에 양도하거나 증여하는 경우
등을 말한다.

## 상속 이후 자경 농지 양도소득세 감면 적용 받기

영농상속공제 이후 상속인이 해당 상속재산인 농지를 양도하면서 자경
감면에 따른 양도소득세 감면 규정을 적용받기 위해서는 재촌 및 자경
을 8년 이상해야 한다.

추가로 상속 이후 상속인의 자경 기간이 8년에 미치지 못한 상태여도
일정 요건에 해당하는 상속농지에 대해서는 피상속인의 자경 기간과 상
속인의 자경 기간을 합산하여 감면을 판단하므로, 소득 요건이나 사실

상 자경 행위 등이 인정된다면 영농상속공제와는 별도로 상속인은 양도소득세 자경 감면을 적용받을 수 있다.

상속인이 자경하지 않아도 피상속인의 자경 기간을 합산하는 경우

① 상속인이 상속 농지를 1년 이상 계속하여 자경한 경우

② 상속받은 날부터 3년 내 양도하는 경우

③ 상속받은 날부터 3년 내 공익 목적의 수용지구로 지정되는 경우

# 단기 재상속 세액공제가 필요할 때

나이가 연로하신 부모 두 분 중 일방의 상속 개시가 있는 후 가까운 미래에 재차 상속이 발생할 수 있다. 특히 배우자와의 사별은 남녀를 불문하고 남겨진 배우자의 정신건강을 악화시켜 우울을 유발하며, 특히 여성보다 남성이 사별로 인한 영향을 더 크게 받는다고 한다.

이렇게 먼저 사망한 배우자의 재산에 대해 배우자가 일부 상속받고 이후 배우자가 재차 사망하게 되면 상속인인 자녀는 단기간 내 상속세를 두 번이나 부담하게 된다. 따라서 법에서는 상속 개시 후 10년 이내에 상속인이나 수유자의 사망으로 다시 상속이 개시되는 경우 재상속되는 상속재산에 대한 전의 상속세 상당액을 상속세 산출세액에서 공제하고, 다음 재상속 기간별로 공제율을 적용한다.

단기 재상속 세액공제는 상속세 산출세액에서 공제되는 증여세액 및 외국 납부세액을 차감한 금액을 한도로 한다.

[표 4-7] 단기 재상속 세액공제율

| 재상속 기간 | 1년 | 2년 | 3년 | 4년 | 5년 | 6년 | 7년 | 8년 | 9년 | 10년 |
|---|---|---|---|---|---|---|---|---|---|---|
| 공제율 | 100% | 90% | 80% | 70% | 60% | 50% | 40% | 30% | 20% | 10% |

위의 공제율 적용을 받는 공제세액의 산정은 다음과 같이 계산한다.

$$\text{전의 상속세 산출세액} \times \frac{\text{재상속분의 재산가액} \times \dfrac{\text{전의 상속세과세가액}}{\text{전의 상속재산가액}}}{\text{전의 상속세과세가액}}$$

① 전의 상속재산가액 : 전의 상속에서 피상속인의 사망으로 인하여 비로소 상속이 이루어진 재산가액뿐만 아니라 피상속인의 생전 증여재산이나 법률상 상속재산으로 간주하여 상속세과세가액에 산입되는 재산가액 등도 모두 포함된 총액

② 전의 상속세과세가액 : 전의 상속 개시 당시로 평가한 과세가액으로 전의 상속세과세가액 총액

③ 재상속분의 재산가액 : 전의 상속재산 중 재상속된 재산에 포함된 재산 각각에 대하여 전의 상속 당시 상속재산가액 및 사전증여재산가액

④ 전의 상속세 산출세액 : 전의 상속 당시 상속세 산출세액

# 세대를 생략하면 세액이 할증된다

## 세대 생략 할증 과세

조부모의 세대에서 부모 세대로 부의 이전이 이루어지고 다시 손주 세대로 부가 승계된다면 총 2번의 상속세가 과세되는데 반해 세대를 건너뛰어 조부모로부터 손주에게 상속이 이루어지면 상속세는 한 번의 세 부담으로 부의 이전 절차가 종료된다. 물론 세대를 건너뛴 상속에 대해서는 할증 과세한다. 상속인에 대한 상속세 부담을 가중시켜 세 부담의 불균형을 해소하는 데 그 취지가 있다.

이러한 세대 생략 할증 과세는 선순위 상속인이 상속 포기하여 후순위 상속인이 상속받는 경우 적용된다. 다만, 피상속인의 최근친자인 부모 세대가 이미 사망하거나 상속 결격 사유로 상속권을 이미 상실한 경우 그의 직계비속(손주)이 상속받는 대습상속인이 되면 할증 과세는 적용되지 않는다.

## 세대 생략 가산액 산정

$$\text{상속세 산출세액} \times \frac{\text{피상속인의 자녀를 제외한 직계비속이 상속받은 재산가액}}{\text{총상속재산가액}} \times \text{할증률}$$

할증률은 상속세 산출세액의 30%를 가산하지만, 수증인이 미성년자인 경우 상속재산가액(상속인이나 수유자가 받은 증여재산 포함.)이 20억 원을 초과하는 경우 상속세 산출세액의 40%를 가산한다.

　여기서 '총상속재산가액'은 상속세과세가액 상당액으로 사전증여재산 중 상속인 또는 수유자가 아닌 자가 받은 증여재산이 상속세과세가액에 포함되어 있는 경우에는 그 가액을 차감한다.

## 세대 생략 상속 시 고려 사항

(1) 상속인과 피상속인의 유언이나 사인증여에 의하여 상속재산을 취득하는 자는 상속세 납부를 하며 상속재산에 대해 별도로 증여세가 과세되지 않는다. 그러나 「민법」상 적법한 유언 절차에 의하지 않고 상속인이 아닌 자가 상속재산을 취득하는 경우 상속인이 받은 재산을 상속인이 아닌 자에게 증여한 것으로 보아 증여세가 과세된다.

(2) 상속공제 적용의 한도 규정에 의하여 공제할 금액 계산 시 상속인이 아닌 자에게 유증 등을 한 재산의 가액을 차감한 잔액 등을 한도로 하기 때문에 한도 계산에 유념해야 한다.

(3) 손주가 피상속인으로부터 증여받은 재산을 상속세과세가액에 가산하는 경우에도 그 손주가 상속받은 재산이 없는 때에는 상속세에 대하

여 할증 과세하지는 않는다.

(4) 증여 당시에는 할증 과세 대상이었으나 상속 당시에는 대습상속인인 경우 사전증여재산의 합산 기간은 10년이 되며, 상속세 산출세액에서 공제하는 증여세액은 할증 과세액을 포함한다.

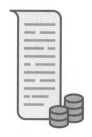

# 사망 전후,
## '공익 수용사업'으로
## 상속 토지를 보상받는다면?

피상속인의 사망 이전에 국가 등에 토지가 공익 수용되어 피상속인이 수령한 보상금이 고스란히 피상속인의 통장에 남아있는 경우 혹은 피상속인의 사망 이후 상속 토지에 대해 공익 수용되는 경우가 있다. 상속재산이 공익 수용되면 어떻게 될까?

### '사망 전' 공익사업에 수용되는 경우

사망 전에 피상속인의 재산이 공익 수용되는 경우 기존에 부동산 형태로 존재하던 상속재산이 금융재산이나 대토를 받을 수 있는 권리 등 다른 형태로 대체된다. 보상금을 현금으로 받는 경우에는 피상속인의 금융재산으로서 상속재산가액을 구성하게 되고, 다른 금융재산과 함께 피상속인의 금융부채를 차감한 순금융 재산을 기준으로 금융재산상속공제를 적용받게 된다.

공익 수용의 경우 그 보상금 지급 방법이 여러 가지다. 현금 보상을 원칙으로 하나 토지소유자의 선택에 따라 채권으로 보상금을 받아 사망한 경우라면 채권 종류에 따라 3년 또는 5년의 만기 도래 시 피상속인이 현금으로 전환할 수 있는 권리를 보유하는 것이므로 역시 상속재산 가액을 구성하게 되고, 피상속인의 금융계좌에 있는 현금 보상과 마찬가지로 금융재산공제가 적용된다.

다만, 피상속인이 소유한 토지가 상속개시일 전에 수용되고 그 보상금이 공탁소에 공탁된 경우라면 보상금을 받을 권리로 상속재산에는 해당하나 금융재산상속공제는 적용받을 수 없다.

더불어 피상속인이 받은 보상금을 상속개시일 전 1년 또는 2년 이내에 인출하거나 사용하였는데 소명이 불가능한 경우 거액의 보상금이 일시에 추정상속재산가액이 되므로 반드시 상속개시일 전 2년 이내에 공익 수용에 따른 상속재산의 수용이 개시된 경우라면 보상금 지출처에 대한 관리를 꼼꼼히 하는 것이 중요하다.

## '사망 후' 공익사업에 수용되는 경우

먼저 공익사업이 사망 후 언제 보상되는지를 따져봐야 한다. 공익 수용은 장기간의 시간 동안 사업이 진행되고, 최초 보상금 산정이 된 이후에도 보상금에 대해 만족스럽지 않다면 보상금 증액을 위한 수용 재결 절차를 진행하게 되는데 이 기간이 1년 이상으로 상당히 길어지는 경우가 많다.

이런 공익 수용 중에서 상속에 가장 큰 영향을 미치는 바는 상속개시일 전후로 최초 보상금이 언제 산정되었는지 여부다. 앞서 살펴봤던 시가평가에서 알 수 있듯이 수용보상금을 산정하기 위해서 '감정평가'가 진행되고, 이 '감정평가'된 예상 보상금액은 법상 시가로 인정되기 때문에 보상금액이 산정된 이후에는 상속 부동산을 보충적 평가 방법에 따라 평가할 수 없다.

대부분의 공익 수용은 임야, 전·답·과수원이 있는 지역을 국가가 수용하여 새로운 택지개발지구나 도로사업을 실시한다. 임야, 전·답·과수원과 같은 상속 부동산은 수용이 없었더라면 매매가액, 유사매매가액, 감정가액 등이 없어 일반 상속 시에서는 '기준시가'를 활용하여 상속세 부담을 낮출 수 있지만, 공익사업에 따른 수용가액이 상속개시일 전후하여 가까운 시일 내에 산정되었다면 결국 상속세 부담이 커질 수밖에 없다.

그러나 피상속인의 사망에 따른 상속세 신고 및 결정까지 완료된 이후에 공익사업이 시작되어 수용될 것이라고 예측된다면 상속인은 두 가지 방식으로 계산한 후 세액 차이를 비교하여 본인에게 적합한 방식을 결정할 수 있다.

① 지금 당장의 상속세 부담이 크니 기준시가로 신고하여 상속세를 줄이고, 미래의 양도소득세는 추후 감당하기.
② 상속세 부담이 크지 않으니 감정평가를 하여 취득가액을 높이고, 미래의 양도소득세를 줄이기.

①번의 경우 피상속인의 수용 예정 부동산 이외의 상속재산이 많아 상속세율이 높고, 납부에 대한 부담이 크다면 기준시가로 신고하여 눈앞의 상속세 부담을 줄이는 것이 중요하다. 수용사업의 실제 진행이 과도한 사업비 및 지역 주민의 반대 등으로 무산되는 경우도 있기 때문에 지금 당장 펼쳐지지 않을 미래를 걱정하면서 감정평가를 통해 더 높은 시가를 인정받아 고액의 상속세 부담을 질 이유는 없기 때문이다.

또한 피상속인이 8년 이상 자경한 농지라면 상속인이 상속받은 후 자경하지 않아도 3년 이내에 양도 또는 공익사업에 따른 택지개발지구 등으로 지정되는 경우에는 농지자경 감면으로 최대 1년간 1억 원, 5년간 2억 원의 양도소득세를 감면받을 수 있기 때문에 상속에 따른 취득가액이 기준시가가 되더라도 미래의 수용에 따른 양도소득세 부담을 덜 수 있다.

②번의 경우는 피상속인의 수용예정 부동산 이외의 상속재산이 적어서 상속세의 세율이 높지 않거나 납부에 대한 부담이 없다면 미래의 수용에 따른 양도소득세 부담을 덜기 위해 기준시가가 아닌 감정평가를 통해 상속세를 신고하는 것이 좋다. 상속세 시점에 취득가액을 높이면 미래 수용 시 양도소득세를 획기적으로 줄일 수 있기 때문이다.

공익사업 수용지구 현장에서 양도소득세 상담을 하다보면 최근 10년 이내에 상속으로 농지를 상속받은 자녀들이 많다. 그러나 자녀들은 전부 도시에서 생활하는 경우가 많아 실제로 자경하지 않을 경우가 많았다. 무엇보다 상속받을 당시 토지의 기준시가도 낮으니 상속세 신고는 하지 않고 부동산등기만 하였고, 세금 관련 상담을 하지 않은 상담자가 대부분이다.

그러나 몇 년 후 상속받은 농지가 수용되어 양도소득세를 상담하면서 상속 당시 감정평가를 했다면 양도소득세가 기본적으로 1억 원 이상 줄었을 것이라고 전달하면 그런 것이 있는 줄도 몰랐다며 크게 아쉬움을 토로한다. 그러나 이미 상속이 일어난 지 수년이 지난 상황이라 과거에 낮게 측정된 취득가액을 돌이킬 수는 없다.

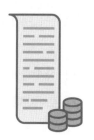

# 무조건 발생하는 상속세 세무조사를 대비하자

상속세는 국가가 결정하여 확정하는 세목이므로 신고·납부 이후에 과세 관청에서는 신고 및 재산 평가의 적정성을 확인하고 상속세의 과세표준과 세액을 결정 또는 경정하기 위하여 세무조사를 시작한다. 이렇듯 세무조사는 질문하거나 해당 장부, 서류 또는 그 밖의 물건을 검사 및 조사하거나 그 제출을 명하는 활동을 말한다.

그러나 세무조사는 그 대상이 된 납세자에게 영업상의 제약과 심리적 압박 등을 야기할 뿐만 아니라 종료된 이후에는 추가적인 세 부담 이행을 위한 직접적인 지출이 발생하므로 상당한 경제적 부담이 수반되는 것이 현실이다. 따라서 세무공무원은 조사 대상 세목, 업종, 규모, 조사 난이도 등을 고려하여 세무조사 기간이 최소한이 되도록 하는 것을 원칙으로 하되 일정한 사유에 한하여서만 조사 기간을 연장할 수 있다. 더불어 국세청 내부에도 2018년 납세자보호위원회를 신설하여 각 관서에 설치하는 납세자보호위원회의 위원을 납세자보호담당관 이외에는 모두 민간위원으로 구성하는 등 위법 부당한 세무조사로부터 납세자의 권리를 보호하기 위해 노력하고 있으며, 법원에서도 계속하여 세무조사에 대한 절차적 통제를 제재하는 판결을 내리고 있다.

일반적으로 신고 관할 세무서에서 상속세 조사가 시작되며, 상속재산 가액이 50억 원 이상이라면 지방국세청 조사국에서 조사가 이루어진다. 법으로는 상속세 신고 후 9개월 이내에 결정이 되어야 하기 때문에 조사 역시 신고 후 9개월 이내에 이루어져야 하나, 신고 관할 세무서에 조사업무가 산적해 있다면 3년 후에야 조사하겠다는 연락이 오는 경우도 있다.

세무조사가 시작되면 납세자는 조사공무원으로부터 납세자권리헌장을 교부받고 납세자가 보장받을 수 있는 권리를 충분히 설명받을 수 있다. 이 외에 청렴서약서의 작성 및 수임된 세무 대리인의 위임장 등을 제출한다.

일반적인 상속세 세무조사 기간은 2~3개월가량이며, 납세자의 부담을 덜기 위해 상속세 조사 시기 신청제도를 시행하여 납세자가 세무조사 받을 수 있는 시기를 직접 선택할 수 있다.

## 세무조사 사전통지와 연기 사유

### 1) 세무조사 통지 기간과 기재 사항

세무공무원은 세무조사 대상자에 대하여 조사개시 15일 전까지 사전통지를 해야 한다. 세무조사 통지서에는 다음의 사항들이 기재된다. 다만, 사전통지를 하면 증거인멸 등으로 조사 목적을 달성할 수 없다고 인정되는 경우에는 그러하지 않는다.

- 납세자 또는 납세관리인의 성명과 주소 또는 거소

- 조사 기간
- 조사 대상 세목, 과세기간 및 조사 사유
- 부분 조사를 실시하는 경우에는 해당 부분 조사의 범위
- 그 밖에 필요한 사항

## 2) 세무조사 연기 사유

세무조사 통지를 받은 납세자는 천재지변이나 그 밖에 대통령령으로 정하는 다음의 사유로 조사를 받기 곤란한 경우에는 관할 세무관서의 장에게 조사를 연기해줄 것을 신청할 수 있다. 연기 신청을 받은 관할 세무관서의 장은 연기 신청 승인 여부를 결정하고, 그 기간을 포함하여 그 결과를 조사 개시 전까지 통지해야 한다.

- 화재, 그 밖의 재해로 사업상 심각한 어려움이 있을 때
- 납세자 또는 납세관리인의 질병, 장기 출장 등으로 세무조사가 곤란하다고 판단될 때
- 권한 있는 기관에 장부, 증거 서류가 압수되거나 영치되었을 때
- 상기 규정에 준하는 사유가 있을 때

또한 세무조사의 연기를 신청하려는 자는 다음 사항을 기재한 별지서식을 관할 세무서장에게 제출해야 한다. 서면 접수를 요건으로 하므로 구두 상으로 세무조사 연기에 대한 의사표시를 할 수 없다.

- 세무조사의 연기를 받으려는 자의 성명과 주소 또는 거소
- 세무조사의 연기를 받으려는 기간
- 세무조사의 연기를 받으려는 사유
- 그 밖에 필요한 사항

## 세무조사 진행 및 종결

지방국세청장 또는 세무서장은 상속세 실지 조사 대상 자료에 대해 조사계획을 수립하여 세무조사를 실시하며, 조사 대상자의 상속재산을 NTIS로 확인하고, 필요한 경우에는 상속재산 및 증여재산을 확인하기 위하여 관계 기관에 직접 조회한다.

이 밖에 피상속인의 사망 전 미결 자료 등에 대해서도 동시 조사한다. 상속개시일 이전에 이미 양도소득세, 증여세 및 자금 출처 조사 대상자로 피상속인이 선정되어 있었거나, 피상속인에 대한 재산제세 관련 미결 자료가 있는 경우에는 상속세 조사 관서에서 동시에 통합적으로 처리한다.

또한 피상속인의 직업, 나이, 재산 상태, 소득 신고 상황 등으로 보아 상속세를 누락한 혐의가 있다고 인정되거나 피상속인의 자금 사용처가 분명하지 않은 사유 등으로 금융재산을 일괄하여 조회할 필요가 있는 경우에는 법에 따라 한꺼번에 조회한다. 이때 피상속인과 상속인의 각 금융거래 내역을 조회하여 사전증여재산 및 추정상속재산을 확인한다.

상속세 조사 기간은 최소한의 기간이 되도록 하며 조사 과정에서 필요한 경우에는 조사 기간을 연장할 수도 있다. 조사가 종결된 날로부터 20일 이내에 세무조사 결과통지서에 세무조사 결과를 기재하여 납세자

에게 통보하며, 이에 대한 구체적 설명 및 조사 결과에 대한 이의가 있을 경우 납세자의 권리구제 방법을 상세히 고지한다.

> \* 세무조사 결과 서면 통지 내용
>
> 1. 세무조사 내용
>
> 2. 결정 또는 경정할 과세표준, 세액 및 산출 근거
>
> 3. 세무조사 대상 세목 및 과세기간
>
> 4. 과세표준 및 세액을 결정 또는 경정하는 경우 그 사유(근거 법령 및 조항, 과세표준 및 세액 계산의 기초가 되는 구체적 사실관계 등을 포함한다.)
>
> 5. 가산세의 종류, 금액 및 그 산출 근거
>
> 6. 관할 세무서장이 해당 국세의 과세표준과 세액을 결정 또는 경정하여 통지하기 전까지 수정신고가 가능하다는 사실
>
> 7. 과세 전 적부심사를 청구할 수 있다는 사실

## 조사 과정에서 상속재산의 입증 책임

상속세 신고를 성실히 이행했더라도 세무조사나 추가적인 소명 업무 과정에서 입증 책임이 발생한다. 납세자와 세무서 간 입증 책임에 대해서는 먼저 간주와 추정을 구분하고 관련 판례로 대표적인 상황을 살펴보도록 하자.

### 1) 간주와 추정

법상 간주한다는 것은 변명의 여지 없이 상속재산으로 본다는 의미다. 간주 상속재산은 보험금, 신탁재산, 퇴직금이 대표적이다.

법상 추정한다는 것은 일단 상속재산으로 추정해 판단하지만, 납세자가 상속재산이 아니라는 증거를 제시하여 소명하면 상속재산으로 보지 않겠다는 뜻이다. 상속세 조사에서는 추정상속재산에 대한 소명에 최선을 다하는 것이 핵심이다.

## 2) 납세의무자에게 입증 책임이 있는 경우

### (1) 차명계좌에 대한 증여세 입증 책임 : 배우자 명의 사업을 하는 경우

차명계좌는 그 실질 귀속자가 있음에도 타인 명의로 된 계좌를 의미한다. 지난 2013년 1월 1일 이후 신고하거나 결정하는 분부터는 금융계좌에 보유하고 있는 재산은 명의자가 취득하는 것으로 추정한다.

따라서 자녀 명의의 계좌를 개설하여 현금을 입금한 경우에는 그 입금한 시기에 증여한 것으로 추정한다. 다만, 자녀 등 명의로 입금한 것이 증여 목적이 아니라 보관의 편의성 등 조세 회피 목적 외에 개별적인 목적이 있다는 주장에 대한 입증은 증여세 납세의무자인 명의자에게 책임이 있다.

하지만 실무적으로는 자녀 명의의 계좌에 입금하게 된 경위와 그 금융재산에 대한 사실상 지배권의 귀속, 그 금융재산의 사실상의 사용수익자에 대한 입증 책임이 어렵다.

조세심판원에서는 배우자 명의의 예금계좌에 입금된 금액 중 피상속인을 대리한 사업장 또는 가사용으로 인정되는 금액은 사전증여재산에서 제외한다는 결론을 내린 바는 있지만 피상속인이 병상에 있는 등 불가피한 경우에 극히 예외적으로만 인정되는 바이므로 사실상 차명계좌 사용은 절대 하지 않는 것이 좋다.

(2) 추정상속재산에 대한 상속세 입증 책임 : 지출액의 소명이 필요한 경우

피상속인의 상속개시일 전 1년 또는 2년 이내에 피상속인의 계좌에서 인출하거나 처분한 재산가액 등이 있는 경우로서 그 사용처가 불분명한 금액이 기준 금액을 초과하는 경우에는 추정상속재산으로 보아 상속재산이 된다.

이때 추정상속재산에 대한 상속재산의 인출처 등 입증 책임은 상속인에게 있는 것이고, 추정상속재산으로 과세하기 위한 기준 금액에 미달하는 경우라도 그 지출의 귀속이 밝혀진다면 그 시기와 귀속자에 따라 증여세 및 상속세가 발생할 수 있다.

### 3) 세무서에게 입증 책임이 있는 경우

(1) 재산 평가 방법에 대한 입증 책임

상속세의 산정은 정확한 재산 평가에서부터 시작된다. 하지만 납세자 입장에서는 정확한 시가의 산정 방법과 그 정보에 대한 접근이 어렵다. 따라서 상속세 신고에 대해 다른 재산 평가 방법이나 시가를 적용하는 경우에는 세무서가 새로운 시가 등에 재산 평가 방법이 존재함을 입증해야 한다.

(2) 명의신탁 거래에 대한 입증 책임

명의신탁에 대한 증여 의제 규정을 적용함에 있어 명의자와 신탁자가 서로 다름에 대한 입증 책임은 세무서에 있다. 따라서 세무서는 주주 명부가 작성된 사실, 실제 소유자와 명의자가 다르게 명의개서된 사실을 증명하거나 주주 명부가 작성되지 아니한 사실 등을 입증하여 해당 거래가 종국적으로 명의신탁 거래임을 입증해야 한다.

# 사례로 살펴보는
# 상속세 세무조사
## 유의사항

상속세는 '국가'에서 결정하는 세목이기 때문에 세무조사에서 쟁점이 되는 조사 유형을 미리 살펴보면 큰 도움이 된다. 가장 대표적인 상속세 세무조사의 쟁점은 상속개시일 전 10년 이내에 상속인, 상속개시일 전 5년 이내에 상속인이 아닌 자에게 사전증여한 내역과 상속개시일 전 1년 이내 2억 원, 2년 이내 5억 원의 추정상속재산이다. 이 2가지 핵심 사항은 앞서 설명한 바가 있으므로 그 외 상속세 세무조사 사례에 대해서 살펴보자.

### 피상속인의 누락된 주택임대소득
2018년 12월 31일까지는 주택임대소득이 2,000만 원 이하일 때 비과세가 적용되었으나 2019년부터는 소득금액에 관계없이 전부 종합소득세가 과세되고 있다. 물론 국내 기준시가 12억 원 이하 1주택자의 월세 수입과 보증금 및 전세금은 비과세되고 있지만 일부 비과세를 제외하고는 주택임대소득에 대해서 종합소득세가 과세된다는 점을 잊으면 안 된다.

국토교통부 통계누리의 임대주택통계에 따르면 2023년 말 전국의 민간임대주택 재고 현황은 153만 호에 달한다. 이렇게 많은 주택의 임대소득을 신고하지 않더라도 국세청에서는 인력의 한계로 전부 추징할 수 없는 것이 현실이다. 더구나 주택 임대의 특성상 공실이 발생했을 때는 소득이 없을 수도 있기 때문에 정확한 내역은 결국 소유자의 자발적인 신고에 의존할 수밖에 없다.

그래서 과거부터 관성적으로 많은 임대사업자들은 주택임대소득에 대해서는 신고할 필요가 없다고 생각하는 경우가 많다. 하지만 엄청난 세금을 내야 할 시점을 맞게 된다. 바로 임대사업자의 사망으로 인한 상속세 조사 시점이다. 상속세 신고 시 임대주택에 대한 시가를 산정한 후 임대보증금 등을 채무로 제외하기 위해서 임대차계약서를 상속세 신고 부속 서류로 첨부하게 된다. 그리고 이 정보는 곧 임대사업자가 임대소득을 벌어들이고 있음을 나타내는 입증 자료가 된다.

전세를 통해서 임대하고 있다면 큰 영향이 없겠지만 매월 임대료를 받았다면 상속개시일로부터 소급하여 누락의 부정성과 무신고 또는 과소신고의 여부를 판단하여 상속개시일 전에 발생한 종합소득세 및 그에 따르는 가산세가 추징될 수 있다. 그러므로 지금이라도 주택 소유자는 자발적인 주택임대소득 신고를 통해서 미래에 발생하게 될 큰 화를 키우지 않도록 미리 준비해야 한다.

## 부동산의 기준시가 신고

피상속인이 임대 중인 상가부동산에 대해 상속세 과세표준 신고 기간 이내에 동일 면적, 동일 용도로 사용한 연접한 호(戶)실에 대한 유사매매사례가액이 존재함에도 불구하고 이를 시가로 적용하지 않고 기준시가에 따라 상속재산을 평가한 경우 과소하게 신고·납부한 상속세를 추징한다.

또한 상가부동산의 경우 유사매매사례가액이 없더라도 보충적 평가방법인 기준시가보다 임대료 환산가액이 더 큰 경우가 많다. 아무래도 높은 월세로 인해 임대료 환산가액이 높게 계상되기 때문이다.

## 상속개시일 전 특수관계인에게 저가 양도한 부동산

만약 피상속인이 상속개시 한 달 전 형에게 급히 부동산을 기준시가로 양도한 후 양도소득세까지 신고했다면 어떨까? 추후 상속세 조사를 통해 실제 양도 대금을 살펴보니 매매계약서에 적힌 기준시가보다 훨씬 적은 금액을 수령하였음이 밝혀질 수 있다. 이는 특수관계인 간의 저가 양도에 해당하여 증여의제 규정이 적용되므로 증여세뿐만 아니라 상속세까지 추징된다.

# 세무조사 끝났다고 안심은 금물, '고액 상속인'은 5년 더 관리된다!

세무조사 종료 이후에도 고액자산가는 지속적인 사후 관리가 존재한다. 결정된 상속재산의 가액이 30억 원 이상인 경우로서 상속개시일부터 5년이 되는 날까지의 기간 이내에 상속인이 보유한 다음 주요 재산의 가액이 상속 개시 당시에 비하여 크게 증가한 경우 그 결정한 과세표준과 세액에 탈루 또는 오류가 있는지를 조사하게 된다.

- 금융재산
- 서화·골동품
- 그 밖의 유형재산
- 무체재산권(영업권·특허권·실용신안권·상표권 등)

다만, 상속인이 그 증가한 재산의 자금 출처를 증명하는 경우에는 사후 관리 대상에서 제외되고, 조사 대상 재산가액이 상속개시일부터 조사 기준일까지의 경제 상황 등에 비추어 보아 정상적인 증가 규모를 현저하게 초과하였다고 인정되는 경우로 그 증가 요인이 객관적으로 명백하지 아니한 경우에 한하여 사후 관리가 이루어진다.

고액 자산가에 대한 사후 관리가 가능한 이유는 다음과 같이 재산 규모, 소득 수준 등을 고려하여 납세자별 재산 과세 자료의 수집 및 관리와 금융재산의 일괄 조회가 가능하기 때문이다.

## 재산 과세 자료 수집·관리 대상

- 부동산 과다 보유자로서 재산세를 일정 금액 이상 납부한 자 및 그 배우자
- 부동산 임대에 대한 소득세를 일정 금액 이상 납부한 자 및 그 배우자
- 부동산임대소득을 제외한 종합소득세를 일정 금액 이상 납부한 자 및 그 배우자
- 납입 자본금 또는 자산 규모가 일정 금액 이상인 법인의 최대주주 등 및 그 배우자
- 기타 상속세 또는 증여세의 부과·징수 업무를 수행하기 위하여 필요하다고 인정되는 자로서 고액의 배우자상속공제를 받거나 증여에 의하여 일정 금액 이상의 재산을 취득한 자, 일정 금액 이상의 재산을 상속받은 상속인, 일정 금액 이상의 재산을 처분하거나 재산이 수용된 자로서 일정 연령 이상인 자 또는 기타 상속세 또는 증여세를 포탈할 우려가 있다고 인정되는 자

## 금융재산 일괄 조회

국세청장 등은 세무서장 등이 상속세 또는 증여세를 결정하거나 경정하기 위해 조사하는 경우 금융회사 등의 장에게 다음 중 어느 하나에 해당하는 자의 금융재산에 관한 과세 자료를 일괄하여 조회할 수 있다.

- 직업·연령·재산 상태·소득 신고 상황 등으로 볼 때 상속세나 증여세의 탈루 혐의가 있다고 인정되는 자
- 재산 과세 자료의 수집·관리 대상인 상속인·피상속인 또는 증여자·수증자

상속을 준비하는 것은 개인의 재산 정리라는 의미도 있지만, 기업 차원의 미래 준비이기도 하다. 그러므로 경영 중인 기업의 현재 상황을 객관적으로 파악한 후 가업 승계를 고민해보는 것이 좋다. 가업 승계는 상속과 증여 모두 가능하므로 적합한 방식을 선택한 후 이해관계자와 긴밀한 협의 및 후계자를 선정하고 경영 교육을 시작해야 한다.

# 사업자 대표를 위한 가업의 상속과 증여

대를 이어 가업을 유지하기 위한 철저한 준비

# 가업의 **부의 이전**, 왜 **준비**해야 하는가?

대한민국 기업은 재벌기업에 속하는 대기업은 물론이고 중견기업과 많은 중소기업에 있어서도 창업자 중심의 족벌주의 소유 경영 체제가 지배적이다. 따라서 소유와 경영이 분리가 안 된 가족 중심주의 경영이 대한민국 기업의 보편적 특성이다.

가족 중심주의 경영의 장단점은 차치하고, 많은 기업들이 창업자 중심으로 경영되고 있다는 사실은 예전이나 지금이나 변함이 없다. 그러다 보니 창업자 신변에 변화가 생겼을 때 기업 경영이 바로 비상사태가 되는 사례들은 이미 언론을 통해 많이 접했다. 나아가 준비되지 않은 기업의 상속 문제까지 발생한다면 기업은 더 큰 혼란에 빠지게 된다.

실제 창업주 사망 시 고액의 상속세가 발생된다. 이때 미리 준비하지 않은 기업의 경우 특히 회사 내부의 현금 유동성이 부족했을 때 세금을 납부하기 위해 사업용 자산을 처분하는 경우가 발생하기도 한다. 또한 기업을 물려받아 운영할 후계자가 준비되어 있지 않은 경우 기업 경영은 더 혼돈의 늪으로 빠지게 된다.

상속을 준비하는 것은 개인의 재산 정리라는 의미도 있지만, 기업 차원의 미래를 위한 준비이기도 하다. 그러므로 경영 중인 기업의 현재 상황을 객관적으로 파악한 후 가업 승계를 고민해보는 것이 좋다. 가업 승계는 상속과 증여 모두 가능하므로 적합한 방식을 선택한 후 이해관계자와 긴밀한 협의 및 후계자를 선정하고 경영 교육을 시작해야 한다.

후계자뿐 아니라 가업 승계를 통한 상속과 증여 역시 지속적인 관심이 필요하다. 창업자의 건강이 갑자기 악화되었을 때가 되어서야 알아본다면 기업은 이미 위험에 빠지고 난 이후일 수 있다.

국가 입장에서도 상속인이 과도한 상속세 부담으로 인해 피상속인이 생전에 영위하던 가업의 상속을 포기하는 것을 방지하고, 기업의 원활한 승계를 지원하여 국가의 경제발전과 고용 유지의 효과를 도모하고자 한다. 그러기 위하여 가업 승계 관련 증여와 상속 세제 혜택을 폭넓게 제공하고 있다.

예를 들어, 가업상속공제의 경우 공제액이 최대 600억 원으로 혜택의 단위가 일반적인 상속공제보다 압도적으로 크다. 물론 공제 혜택만큼 공제 요건과 사후 관리가 엄격하므로 상속 전후로 이를 꼼꼼히 준비하고 관리해야 한다.

부의 이전

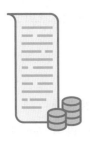

# 피상속인이 '개인사업자'라면 반드시 체크해야 할 상속신고 유의사항

**외상매출금 등 상속개시일 현재 '받을 돈'이 얼마인지 확인하기!**

외상매출금이나 받을 어음 등 채권이 있는 경우 장부상 원본의 가액에 평가기준일까지의 미수 이자 상당액을 가산한 금액이 상속재산가액에 포함된다. 이때 미수 이자 상당액이란 상속개시일까지 발생한 이자 상당액 중 피상속인이 사망일까지 수령하지 못한 금액을 의미한다.

> 외상매출금 등 평가액=장부상 원본가액+평가기준일까지 미수 이자 상당액

다만, 외상매출금 등에 대해 거래처의 부도 등의 사유로 대손이 발생하는 등 상속개시일 현재 회수 불가능한 것으로 인정되는 경우 상속재산가액에서 제외한다. 또한, 회사 장부 상에만 존재하는 현금 계정으로 사실상 사업장에 실제 보관된 현금이 없는 경우에도 상속재산에서 제외된다. 하지만 그 입증 책임은 상속인에게 있으며, 피상속인의 사업과 관련

된 부분을 상속인이 전부 알지 못하는 경우가 많기 때문에 입증하는 것이 쉽지 않다.

## 상품, 제품 등 재고자산과 기계장치·차량 등 유형자산의 평가

피상속인이 영위한 사업체에는 상속개시일 현재 업종에 따라 창고에 보관 중인 상품, 제품, 재공품, 원재료 등이 남아있기 마련이다. 이와 같은 재고자산과 유형자산은 상속개시일 현재 해당 자산을 다시 취득한다면 지급해야 할 금액으로 평가하되 그 가액이 확인되지 않는 경우에는 장부가액으로 평가하여 상속재산가액에 포함해야 한다.

하지만 대부분의 재고자산이나 유형자산은 업종의 특성에 따라 이미 기간이 상당히 경과되었기 때문에 재취득가액을 산정하기 어려운 경우가 많다. 따라서 대부분 장부가액으로 상속재산가액을 구성하게 된다.

추가로 공장 및 상가 등 업무 장소를 임차하기 위해 지출한 임차보증금 역시 피상속인의 자산이 되므로 상속재산가액에 포함해야 한다.


## 개인사업자의 인출금 관리

개인사업자인 경우 법인사업자와는 달리 인출금이라는 계정과목이 회사 장부에 기록되어 있을 수 있다. 인출금은 사업주가 사업매출액을 사업용 이외의 용도에 사용하기 위해 인출해 단지 회계장부상 자산으로 남아있는 것에 불과하고 경제적 실체를 지닌 사업용 자산이라고 할 수 없다면 이를 추정상속재산으로 보아 상속재산가액에 가산하는 것은 잘못된 것이라는 예규가 있다.

결국 개인사업자의 사업용 계좌는 상속세를 계산함에 있어서 피상속인의 일반 계좌와 다를 바 없으므로, 사업장의 재무상태표상 인출금이라 표현되었을 뿐 일반적인 본인 명의 계좌로의 이체 등의 거래라면 추정상속재산이 되지 않는다. 동일한 논리로 인출금의 인출처가 불분명한 경우에는 추정상속재산이 되어 과세될 수 있다.

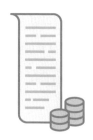

# 피상속인이 '**법인 대표**'라면 **가지급금**과 **가수금**을 꼭 챙기자

피상속인이 법인 대표라면 법인 장부에서 가지급금과 가수금, 두 계정을 꼭 챙겨야 한다. 가지급금은 법인 입장에서 현금 지출이 발생했으나 이것을 처리할 계정과목이 확정되지 않았거나 또는 계정과목은 확정되었지만, 금액이 확정되지 않았을 때, 그것이 확정될 때까지 임시로 처리해 두는 가계정이고, 가수금은 법인 입장에서 실제 현금의 수입은 있었지만 거래의 내용이 불분명하거나 거래가 완전히 종결되지 않아 임시로 처리해두는 가계정이다.

## 가지급금에 대한 사용처 입증이 중요하다

가지급금의 경우 법인 내부에 유보된 자금을 대표자가 실제로 사용하는 것이 통상적이므로 상속세 산정 시 대표자가 법인으로부터 자금을 빌린 것으로 보아 상속 채무로 공제 대상이 된다. 하지만 가지급금은 자금 출처에 대한 소명 정도와 상환 여부에 따라 오히려 피상속인의 세 부담을 증가시키기도 한다.

가령, 법인세 결산을 통해 장부상 특정 금액이 대표자에 대한 가지급금으로 기록된 경우로서 상속개시일 현재 피상속인의 가지급금에 대한 사용처가 불분명한 경우 추정상속재산가액으로 상속세가 과세되지만 금융재산상속공제는 적용되지 않을 수 있기 때문이다.

**가수금은 상속세뿐만 아니라 법인세도 과세될 수 있다.**

가수금은 피상속인이 법인에 대한 사전증여재산으로 보거나, 피상속인의 채권으로 보아 상속재산가액에 포함될 수 있음을 주의해야 한다. 사전증여재산으로 보는 경우 법인 입장에서는 무상으로 얻은 이익에 대해서 자산수증이익(임원이나 주주가 개인의 자산을 회사에 제공하여 재무 구조를 개선하거나 결손을 보전함으로써 생기는 이익)으로 각 사업연도 소득에 대한 법인세가 추가로 과세되고, 나아가 주주 구성원이 가족이 운영하는 법인이라면 특정 법인과의 거래를 통한 이익의 증여 의제로 보아 피상속인을 제외한 주주 중 가족에게 이익을 증여한 것으로 볼 수 있다.

만약 상속 전이고 자본 잠식이 되어 있는 법인으로서 가수금이 과도한 경우에는 자본금에 대한 증자를 목적으로 가수금을 자본금과 상계함으로써 상속재산에 가산하는 가수금을 상당 부분 해소하는 것도 하나의 방법이 될 수 있다.

# 가업 상속으로 최대 '600억'까지 공제받자!

피상속인이 10년 이상 계속하여 영위하던 중소기업 또는 중견기업을 상속 개시 후 상속인이 승계하는 경우 가업상속공제 규정에 따라 최대 600억 원까지 공제받을 수 있다.

가업상속공제 규정은 상속세를 산정하기 위한 여러 공제 규정들 중 가장 많은 상속세 공제가 가능한 규정이므로 피상속인과 상속인의 적용 요건과 상속 이후 사후 관리 규정이 매우 엄격하다. 또한, 피상속인이 영위하던 모든 사업자산에 대해 가업 승계를 해주는 것은 아니므로 가업 승계 대상 자산의 범위를 판단하여 상속개시일 전에 가업 승계를 위한 기업의 환경을 조절하는 것이 중요하다. 가업상속공제 한도는 다음과 같다.

- 피상속인이 10년 이상 20년 미만 계속하여 경영한 경우 : 300억 원
- 피상속인이 20년 이상 30년 미만 계속하여 경영한 경우 : 400억 원
- 피상속인이 30년 이상 계속 경영한 경우 : 600억 원

## 가업의 범위와 가업상속공제 대상 기업의 범위

피상속인이 10년 이상 계속하여 경영한 대통령령으로 정하는 중소기업 또는 중견기업으로서 상속이 개시되는 소득세 과세기간 또는 법인세 사업연도의 직전 세 개 소득세 과세기간 또는 법인세 사업연도의 매출액의 평균 금액이 5,000억 원 이상인 기업은 제외한다.

### 1) 대통령령으로 정하는 중소기업

① 별표에 따른 업종을 주된 사업으로 영위할 것.(농업, 임업 및 어업, 광업, 제조업, 하수 및 폐기물 처리, 원료 재생, 환경정화 및 복원업, 건설업, 도매 및 소매업, 운수업, 숙박 및 음식점업, 정보통신업, 전문, 과학 및 기술서비스업, 사업시설관리 및 사업지원 서비스업, 임대업[부동산 제외], 교육서비스업, 사회복지 서비스업, 예술, 스포츠 및 여가 관련 서비스업, 협회 및 단체, 수리 및 기타 개인 서비스 업 등)

② 「조세특례제한법 시행령」 제2조 제1항 제1호 및 제3호의 요건을 충족할 것.

  1) 매출액이 업종별로 「중소기업기본법 시행령」 별표 1에 따른 규모 기준 이내일 것.(최소 400억~최대 1,500억 원 이하)

  2) 실질적인 독립성을 갖춘 중소기업일 것.

③ 자산 총액이 5,000억 원 미만일 것.

## 2) 대통령령으로 정하는 중견기업

① 별표에 따른 업종을 주된 사업으로 영위할 것(농업, 임업 및 어업, 광업, 제조업, 하수 및 폐기물 처리, 원료 재생, 환경정화 및 복원업, 건설업, 도매 및 소매업, 운수업, 숙박 및 음식점업, 정보통신업, 전문, 과학 및 기술서비스업, 사업시설관리 및 사업지원 서비스업, 임대업[부동산 제외], 교육서비스업, 사회복지 서비스업, 예술, 스포츠 및 여가 관련 서비스업, 협회 및 단체, 수리 및 기타 개인 서비스 업 등)

② 「조세특례제한법 시행령」 제9조 제4항 제1호 및 제3호의 요건을 충족할 것.

1) 중소기업이 아닐 것.

2) 소유와 경영의 실질적인 독립성을 갖춘 중견기업일 것.

③ 상속개시일의 직전 3개 소득세 과세기간 또는 법인세 사업연도의 매출액의 평균금액이 5,000억 원 미만인 기업일 것.


## 기업상속공제가 적용되는 피상속인의 요건

거주자인 피상속인으로서 다음 요건과 함께 중소기업 및 중견기업을 10년 이상 '계속' 영위해야 한다. 다만, 비거주자는 가업상속공제를 적용받을 수 없으므로 피상속인의 사망이 예상되는 경우에는 상속 개시 전에 거주자로 전환할지 고려해야 한다.

### 1) 가업 주식 보유 요건

피상속인이 가업의 최대주주 등인 경우로 피상속인과 그의 특수관계인의 주식 등을 합하여 해당 가업법인의 발행주식 총수의 40%(상장 주식의 경우 20%) 이상을 10년 이상 계속 보유해야 한다.

### 2) 대표이사 재직 요건

피상속인이 대표이사로 재직한 기간이 전체 사업 기간 중 50% 이상 또는 10년 이상의 기간 또는 상속개시일로부터 소급하여 10년 중 5년 이상의 기간을 충족해야 한다.

## 가업상속공제가 적용되는 상속인의 요건

### 1) 상속 개시 전 가업 종사

상속개시일 현재 18세 이상이면서 상속개시일 전에 2년 이상 직접 가업에 종사한 상속인이어야 한다. 다만, 피상속인이 65세 이전에 사망하거나 천재지변 등 부득이한 사유로 사망한 경우에는 2년 이상 가업에 종사할 것을 요건으로 하지 않는다.

법인으로 18세 이상인 상속인의 배우자가 상속인을 대신하여 상속개시일 이전 2년 이상 직접 가업에 종사하고 대표이사 등 취임 요건을 모두 충족한 경우 상속인이 요건을 갖춘 것으로 본다.

### 2) 대표이사 취임

상속인이 상속세 신고기한까지 임원으로 취임하고, 그 기한부터 2년 이내에 대표이사 등으로 취임해야 한다. 하나의 가업을 공동상속 후 사업을 승계받은 상속인들이 공동 대표이사 또는 각자 대표이사로 취임하는 것도 가능하다.

## 가업상속공제 대상 자산의 범위

가업상속공제의 대상이 되는 자산은 피상속인이 영위하던 가업이 법인 인지 개인사업인지에 따라 그 범위가 달라진다. 법인사업자인 경우 해당 법인의 주식을 가업상속 재산으로 보지만, 개인사업자는 가업에 직접 사용하는 자산가액을 가업상속 재산으로 본다.

① 법인기업의 가업상속 재산의 범위

$$= 상속재산 중 주식가액 \times \left(1 - \frac{사업 무관 자산가액}{법인의 총자산가액}\right)$$

② 개인기업의 가업상속 재산의 범위

= (상속재산 중 가업에 직접 사용되는 토지, 건물, 기계장치 등 사업용 자산 - 사업용 자산에 담보된 채무액)

사업 형태를 불문하고 공통적으로 업무 무관 자산에 대해서는 가업 승계 대상이 아닌 일반 상속재산가액으로 과세된다. 따라서 가업 승계 대상 자산을 결정하기 위해서는 업무 무관 자산의 범위를 확인하고, 상속 개시일 전에 줄이는 방법을 고려하는 것이 중요하다. 다음의 업무 무관 자산은 가업의 범위에서 제외된다.

- 주택, 별장, 비사업용 토지, 조합원입주권 및 분양권 등
- 해당 법인의 정관상 목적 사업과 관련 없이 보유 중인 업무 무관 자산
- 타인에게 임대하고 있는 부동산, 지상권 및 부동산 임차권 등 부동산

상의 권리
- 법인의 사업과 무관한 대여금 등 비영업 대금
- 법인이 과다 보유 중인 현금으로서 피상속인의 상속개시일이 속하는 직전 5개 사업연도 말 현재의 평균 현금 보유액의 150%를 초과하는 현금유동성 및 만기가 3개월 이내 도래하는 금융 상품
- 법인의 영업 활동과 무관하게 보유 중인 주식, 채권 등
- 서화 또는 골동품으로서 업무 무관 동산인 경우

업무 무관 자산을 줄이기 위해서는 다음과 같은 방법을 활용할 수 있다.

## 1) 임대차계약 비중 줄이기

피상속인 생전에 임대부동산이 많은 경우 임대차계약을 해제하거나 기존 임대사업에 사용하는 대지를 공장용 야적장 등으로 사용 전환하여 업무 관련성을 제고한다.

## 2) 미사용 자금에 대해 미리 사업계획 세우기

법인이 보유하는 금융 자산의 비중이 높다면 업무 관련 자산에 대한 근저당의 일부를 상환하거나 사업계획을 세워 미래 사용할 자금으로서 사업 관련성을 입증할 수 있도록 미리 준비해야 한다.

가령, 가업 법인의 기존 대여금은 최대한 빠른 시일 내 회수하고, 직전 5개 사업연도 말일 현재 150%를 초과하는 평균 현금 보유액은 만기가 3개월 이후에 도래하는 금융 상품 등에 가입하여 기업의 향후 연구개발

비나 공장 증축 등에 사용해 소비할 목적으로 사업계획서 등을 미리 준비하는 방법이 있다.

## 가업상속공제 사후 관리

가업상속공제는 공제 규모가 큰 만큼 가업상속공제 이후 최대 5년 동안 사후 관리 적용을 받는다. 5년 이내에 사후 관리 요건을 위반하는 경우 100%의 추징율에 따른 상속세와 기간 경과분에 대한 이자상당액을 위반 사유가 발생한 날이 속하는 달의 말일부터 6개월 이내 관할 세무서에 납부해야 한다.

### 사후 관리의 범위

| 사후 관리 항목 | 위반 사유 | 추징 예외 |
| --- | --- | --- |
| ① 가업용 자산의 처분 | • 5년 이내 40% 이상 처분(임대) | • 수용 또는 협의 매수되거나 시설의 개체, 사업장 이전 등으로 처분 후 같은 종류의 자산 대체 취득하여 가업에 계속 사용하는 경우<br>• 국가 또는 지방자치단체에 증여<br>• 상속인의 사망<br>• 합병 분할, 통합 등 조직 변경으로 자산의 소유권 이전<br>• 내용연수 경과 후 처분<br>• 변경된 주된 업종 영위를 위해 자산을 대체 취득하여 가업에 계속 사용하는 경우<br>• 가업용 자산의 처분 대금을 연구 및 인력 개발비로 사용 |
| ② 가업에 미종사 | • 대표이사 등 미종사<br>• 가업의 주업종 변경<br>• 1년 이상 휴업 (무실적 포함) 또는 폐업 | • 상속인 사망<br>• 국가 또는 지방자치단체에 증여<br>• 병역·질병·취학상 이유 등(사유해소 이후 가업 복귀 조건)<br>• 표준산업분류상 중분류 내에서 업종 변경은 허용(2024. 2. 29. 이후 상속받거나 업종을 변경하는 분부터 대분류 내 업종 변경 허용)<br>• 대분류 이외 업종 변경은 재산평가심의위원회 심의를 거쳐 승인받는 경우 변경 가능 |

| | | |
|---|---|---|
| ③ 상속인의 지분 감소 | • 가업 주식 처분<br>• 증자에 따른 실권<br>• 상속인과 특수관계인의 주식 처분 또는 실권 등 | • 상속 주식의 물납 이후 최대주주에 해당하는 경우<br>• 합병·분할 등 조직 변경에 따른 처분 후에도 최대주주에 해당하는 경우<br>• 유상증자 후에도 최대주주에 해당하는 경우<br>• 상속인 사망 후 그 상속인이 지위 승계하여 가업 종사하는 경우<br>• 국가 또는 지방자치단체에 증여<br>• 상장 요건을 갖추기 위해 지분 감소한 후에도 최대주주에 해당하는 경우<br>• 비율에 따른 무상 균등 감자<br>• 법원의 결정에 따라 무상감자 또는 채무 출자전환하는 경우 |
| ④ 정규직 근로자 기준 고용인원 및 기준 총급여액 90% 미달 | • 상속개시일부터 5년간 정규직 근로자 수 및 총급여액의 전체 평균이 상속개시일이 속하는 소득세 과세기간 또는 법인세 사업연도의 직전 2개 소득세 과세기간 또는 법인세 사업연도의 정규직근로자 수의 평균 및 총급여액의 평균 90%에 미달하는 경우 | • 정규직 근로자와 총급여액 모두 상속개시일부터 5년간 계속 충족하여야 함 |
| ⑤ 가업 관련 조세 포탈 또는 회계 부정행위 | • 상속개시일 전 10년 이내 또는 상속개시일부터 5년 이내에 가업 경영 관련하여 조세 포탈 또는 회계 부정으로 징역형 또는 다음의 벌금형을 선고받아 그 형이 확정된 경우<br>① 포탈 세액 3억 원 이상이고 납부할 세액의 30% 이상인 경우<br>② 포탈 세액 5억 원 이상<br>③ 재무제표상 변경되는 금액이 자산 총액의 5% 이상 | |

## 2개 이상의 가업을 영위하다 사망한 경우 가업상속공제 적용될까?

피상속인이 둘 이상의 서로 다른 가업을 영위하던 중 사망한 경우 해당 가업이 가업에 해당하는지 여부는 각 가업별로 판단하는 것이며, 다른 요건을 모두 충족한 경우에는 사실상 둘 이상의 가업을 가업별로 각각 상속인들에게 상속할 수 있다. 또한 2016년 2월 5일 이후 가업상속분부터는 상속인들이 공동으로 가업을 상속받는 경우도 가업상속공제가 인정된다.

피상속인이 영위한 둘 이상의 가업마다 피상속인의 가업 영위 기간이 다를 수가 있다. 이 경우에는 피상속인의 가업 영위 기간이 가장 긴 가업을 기준으로 적용한 가업상속공제 한도를 피상속인의 가업 영위 기간이 긴 기업부터 순차적으로 공제한다.

## 가업상속공제 전에 공장건물을 증여해도 가업상속공제를 적용받을 수 있을까?

피상속인의 사망 전에 가업에 해당하는 사업장의 공장 건물이나 토지 등 일부 부동산을 증여한 후 그 외 가업에 해당하는 기계장치 따위의 자산만 상속되는 경우에도 피상속인과 상속인이 가업상속공제 요건을 갖춘 경우라면 가업상속공제가 가능하다.

## 개인기업을 법인 전환해도 가업상속공제를 적용받을 수 있을까?

가업상속공제를 적용받기 위해서는 피상속인이 공제 대상인 중소기업 또는 중견기업을 10년 이상 계속 영위한 경우다. 만약, 피상속인이 개인사업을 영위하다가 법인사업자로 전환하는 경우라면 동일한 업종을 영위하는 등 가업의 영속성이 유지되는 경우에 한해 가업상속공제가 적용된다.

하지만 피상속인이 같은 업종의 개인기업과 법인기업을 경영하다가 개인기업을 폐업하고 사망하는 경우 법인사업자의 가업 영위 기간은 법인기업으로만 판단한다. 따라서 현재 개인기업을 영위 중이고 미래 가업상속을 염두에 두는 경우라면 개인기업의 폐업 대신 법인 전환을 통해 가업의 연속성을 확보하는 것이 중요하다.

# 가업을
# '살아생전' 증여한다면?
## 가업 승계에 대한 증여세과세특례

가업을 10년 이상 계속하여 경영한 60세 이상의 부모로부터 18세 이상인 거주자가 중소기업 또는 중견기업에 해당하는 가업의 승계를 목적으로 주식을 증여받고, 가업을 승계한 경우 가업 자산에 해당하는 증여세 과세가액에서 10억 원을 차감한 가액에 대해 10%(과세표준이 120억 원을 초과하는 경우 그 초과 금액에 대해서는 20%)의 낮은 세율로 증여세를 부과한다. 증여세 과세가액 한도는 다음과 같다.

- 부모가 10년 이상 20년 미만 계속하여 경영한 경우 : 300억 원
- 부모가 20년 이상 30년 미만 계속하여 경영한 경우 : 400억 원
- 부모가 30년 이상 계속하여 경영한 경우 : 600억 원

주식을 생전에 증여한다는 것은 미리 가업의 승계인을 정하여 상속

인간의 상속재산 다툼을 예방하고, 수증자가 급변하는 경제 상황에서의 대처 및 조직 내에서의 원활한 적응을 겸한 경영 수업을 선행하게 한다는 점에서 큰 의미가 있다.

다만, 가업 승계 후 승계 당시 최대주주 또는 최대 출자자에 해당하는 자(가업의 승계 당시 해당 주식등의 증여자 및 해당 주식 등을 증여받은 자는 제외한다.)로부터 증여받는 경우에는 특례가 적용되지 않는다.

또한 증여재산은 해당 가업의 주식 또는 출자 지분을 증여받는 경우만 가능하므로 개인사업자는 가업의 승계에 대한 증여세과세특례를 적용받을 수 없다.

## 가업의 범위

피상속인이 10년 이상 계속하여 경영한 대통령령으로 정하는 중소기업 또는 중견기업으로서 상속이 개시되는 소득세 과세기간 또는 법인세 사업연도의 직전 3개 소득세 과세기간 또는 법인세 사업연도의 매출액의 평균 금액이 5,000억 원 이상인 기업은 제외한다. 가업 승계에 따른 증여세 과세특례의 적용을 위한 가업의 범위는 가업상속공제 대상이 되는 가업의 범위와 동일하다.

### 1) 증여자 요건

거주자로서 다음 요건과 함께 승계 대상 가업의 업종에 해당하는 중소기업 또는 중견기업을 10년 이상 계속하여 영위해야 한다.

- 승계 대상 가업의 업종 기준 : 가업상속공제를 적용받는 중소·중견기업의 해당 업종과 동일

- 증여자가 특수관계인과 합하여 10년 이상 계속하여 최대주주 등 이면서 특수관계인과의 지분을 포함하여 발행주식 총수의 40%(상장 주식의 경우 20%) 이상을 10년 이상 계속 보유할 것.


## 2) 수증인의 요건

- 상속개시일 현재 18세 이상인 거주자의 자녀
- 증여세 과세표준 신고기한까지 가업에 종사할 것.
- 증여일로부터 3년 이내 대표이사로 취임할 것.


수증자의 배우자가 상기 요건을 충족한 경우에도 공제가 가능하다. 따라서 주식은 증여자의 자녀가 증여받고, 그 자녀의 배우자인 사위 또는 며느리가 가업을 승계하여 대표이사에 취임하는 경우도 가업 승계 증여세 과세특례가 적용된다.

## 3) 특례 대상 증여재산가액
가업 승계 증여세과세특례규정은 가업 상속 규정과 같이 업무 무관 자산은 증여세과세특례에서 제외하고 일반 증여재산가액으로 과세된다.

■ 법인기업의 가업 승계 재산의 범위

$$= 상속재산\ 중\ 주식가액 \times \left(1 - \frac{사업\ 무관\ 자산가액}{법인의\ 총자산가액}\right)$$

## 4) 증여세과세특례 사후 관리

증여세과세특례의 적용 이후 최대 5년 동안 사후 관리의 적용받는다. 다음의 사후 관리 요건을 위반하는 경우 기간별 추징율에 따른 증여세와 기간 경과분에 대한 이자 상당액을 위반 사유가 발생한 날이 속하는 달의 말일부터 3개월 이내 관할 세무서에 납부해야 한다.

| 사후 관리 항목 | 위반 사유 | 추징 예외 |
|---|---|---|
| 가업에 미종사 또는 상속인의 지분 감소 | •증여세 과세표준 신고기한까지 가업에 미종사 또는 증여일부터 3년 이내에 대표이사에 미취임.<br>•증여받은 날부터 5년까지 대표이사직 유지하지 않는 경우<br>•가업의 주된 업종 변경<br>•1년 이상 휴업(무실적 포함.) 또는 폐업<br>•가업 주식 처분으로 지분이 줄어드는 경우<br>•유상증자 등에 따른 실권으로 지분이 줄어드는 경우<br>•수증인과 특수관계인의 주식 처분 또는 실권 등으로 지분율 낮아져 수증자가 최대주주에 해당되지 않는 경우 | •수증자 사망한 경우로서 수증자의 상속인이 상속세 과세표준 신고기한까지 당초 수증자의 지위를 승계하여 가업에 종사하는 경우<br>•국가 또는 지방자치단체에 증여<br>•병역·질병·취학 이유 등으로 가업에 직접 종사할 수 없는 사유, 사유가 종료된 후 가업에 종사하는 경우에 한함.<br>•표준산업분류상 중분류 내에서 업종 변경은 허용<br>•중분류 이외 업종은 재산 평가심의위원회를 거쳐 변경 가능<br>•합병·분할 등 조직 변경에 따른 처분 후에도 최대주주에 해당하는 경우<br>•상장 요건을 갖추기 위해 지분 감소한 후에도 최대주주에 해당하는 경우<br>•유상증자 후에도 최대주주에 해당하는 경우<br>•채무 출자전환하여 수증자 지분율이 낮아져도 최대주주에 해당하는 경우 |

## 증여자 사망 시 가업상속공제도 추가로 적용받을 수 있을까?

증여받은 주식에 대하여 가업 승계에 따라 증여세과세특례를 적용받는 후 증여자의 사망으로 상속이 개시되는 경우 다음의 요건을 모두 충족하는 경우 사전증여재산임에도 불구하고 가업상속공제를 적용받을 수 있다.

- 법상 가업상속공제의 '가업' 요건을 충족할 것, 피상속인이 사망일 전 10년 동안 대표이사로 재직할 것은 요구하지 않고, 생전에 수증인에게 가업에 해당하는 주식을 모두 증여하여 상속개시일 현재 피상속인이 보유하는 주식이 없는 경우라도 상속개시일 현재까지 피상속인이 보유한 것으로 보아 가업상속공제를 적용할 수 있다.
- 수증자가 증여받은 주식을 처분하거나 지분율이 낮아지지 않는 경우로 가업에 종사하거나 대표이사로 재직해야 한다.

# 자녀에게
# 창업 자금을 주고 싶다면?

## 창업 자금에 대한 증여세과세특례

만약 자녀가 창업을 준비하고자 할 때, 자금을 현금 증여하려면 어떻게 해야 할까? 바로 자녀의 창업을 도와줄 때 적용 가능한 증여세과세특례 제도를 활용하도록 하자.

'창업 자금에 대한 증여세과세특례'는 18세 이상인 거주자가 60세 이상의 부모로부터 중소기업을 창업할 목적으로 증여받는 일정한 재산에 대해 5억 원을 공제하고, 10%의 단일 세율로 증여세를 과세하는 특례제 도로 최대 한도는 100억 원이다.

다만, 해당 특례를 적용받은 증여재산은 증여자인 부모가 사망하는 경우 증여 시기와 무관하게 상속재산가액에 가산되어 상속세가 과세된다.

창업 자금 증여세과세특례를 적용받기 위해서는 아래 서술하는 요건 들을 모두 충족하는지 확인한 후에 반드시 증여세 과세표준 신고기한 까지 증여세 신고서와 함께 '창업 자금 증여세 특례 신청서'를 제출해야 한다.

## 증여자 및 수증자 요건

① 증여자 요건 : 창업하는 자의 60세 이상 부모. 다만, 창업자의 부모가 먼저 사망한 경우에는 그 사망한 아버지나 어머니의 부모를 포함한다.

② 수증자 요건 : 창업하는 자가 18세 이상인 거주자

## 창업 업종이 창업 중소기업에 해당하는 업종일 것

창업 자금 수증자는 창업 중소기업에 해당하는 다음에 열거된 업종을 창업해야 한다. 창업자금과세특례를 적용받지 못하는 대표 업종으로는 도매 및 소매업, 부동산임대업, 유흥주점업, 커피전문점(음식점업 제외)등이 있다.

1. 광업

2. 제조업

3. 수도, 하수 및 폐기물 처리, 원료 재생업

4. 건설업

5. 통신판매업

6. 대통령령으로 정하는 물류산업(이하'물류산업'이라 한다)

7. 음식점업

8. 정보통신업. 다만, 다음 각 목의 어느 하나에 해당하는 업종은 제외한다.

　　가. 비디오물 감상실 운영업

　　나. 뉴스제공업

　　다. 블록체인 기반 암호화자산 매매 및 중개업

9. 금융 및 보험업 중 대통령령으로 정하는 정보통신을 활용하여 금융서

비스를 제공하는 업종

10. 전문, 과학 및 기술 서비스업(대통령령으로 정하는 엔지니어링사업을 포함.) 다만, 세무사, 변호사, 변리사, 법무사, 공인회계사, 수의업 등 일부 전문 업종 제외

11. 사업시설 관리, 사업 지원 및 임대 서비스업 중 다음 각 목의 어느 하나에 해당하는 업종

　가. 사업시설 관리 및 조경 서비스업

　나. 사업 지원 서비스업(고용 알선업 및 인력 공급업은 농업노동자 공급업을 포함.)

12. 사회복지 서비스업

13. 예술, 스포츠 및 여가 관련 서비스업. 다만, 다음 각 목의 어느 하나에 해당하는 업종은 제외한다.

　가. 자영 예술가

　나. 오락장 운영업

　다. 수상오락 서비스업

　라. 사행시설 관리 및 운영업

　마. 그 외 기타 오락 관련 서비스업

14. 협회 및 단체, 수리 및 기타 개인 서비스업 중 다음 각 목의 어느 하나에 해당하는 업종

　가. 개인 및 소비 용품 수리업

　나. 이용 및 미용업

15. 「학원의 설립·운영 및 과외교습에 관한 법률」에 따른 직업 기술 분야

를 교습하는 학원을 운영하는 사업 또는 「국민 평생 직업능력 개발법」

에 따른 직업능력개발훈련시설을 운영하는 사업(직업능력개발훈련을 주

된 사업으로 하는 경우로 한정.)

16. 「관광진흥법」에 따른 관광숙박업, 국제회의업, 유원시설업 및 대통령

령으로 정하는 관광객 이용시설업

17. 「노인복지법」에 따른 노인복지시설을 운영하는 사업

18. 「전시산업발전법」에 따른 전시산업

## 창업을 위한 증여재산의 종류와 자금 사용 범위

'창업을 위한 증여재산'은 토지·건물 등 양도소득세 과세 대상 자산을

제외한 재산으로 한정한다. 이는 양도소득세 과세 대상 자산을 창업 자

금으로 증여하는 경우 창업 자금 증여세과세특례에 따라 낮은 세율을

적용받음으로써 증여 시점까지 형성되는 막대한 양도차익에 대한 양도

소득세를 회피하기 위한 수단으로 악용되는 것을 방지하기 위한 목적이

다. 또한 부모로부터 증여받은 재산을 담보로 대출받은 대출금은 창업

자금에 해당하지 않는다.

이런 사유로 현실적으로는 현금이 가장 대표적인 창업을 위한 증여재

산이다. 또한 비상장 주식과 대주주의 상장 주식은 현행 양도소득세 과

세 대상 자산에 해당하므로, 상장 주식 중 소액주주 소유분에 대해서만

제한적으로 창업 자금으로서 증여가 가능하다.

만약 창업 자금을 부모님으로부터 2회 이상 증여받거나 부와 모로부

터 각각 증여받는 경우에는 각각의 증여세과세가액을 합산하여 적용하

부의 이전

며, 추가적으로 증여받은 창업 자금을 당초 창업한 사업과 관련하여 사용하는 경우에도 합산하여 한도까지만 창업 자금 증여세과세특례를 적용한다.

이러한 창업 자금은 창업에 직접 사용되는 자금으로서 해당 업종을 영위하기 위한 사업용 자산의 취득 자금이나 사업장의 임차보증금 및 임차료로 사용하는 금액을 의미한다. 따라서 창업 이후 대출금을 상환할 목적으로 증여받는 자금은 창업 자금에 해당하지 않는다.

창업 자금에 대한 증여세과세특례는 한도 내에서만 적용 가능하다.

- 일반적인 창업의 경우 : 증여세과세가액 50억 원
- 창업으로 인한 신규 고용 인원이 10명 이상인 경우 : 증여세과세가액 100억 원

## 창업 시기와 자금 사용 시기가 정해져 있을까?

창업 자금을 증여받은 자는 증여받은 날부터 2년 이내 창업해야 한다. 이때 '창업'이란 사업자등록을 관할 세무서장에게 하는 것을 의미하며, 사업의 확장을 위해 사업용 자산을 취득하거나 확장한 사업장의 임차보증금 및 임차료를 지급하는 경우도 창업으로 보고 있다. 따라서 사업자 등록을 먼저 하고 창업 자금을 증여받은 경우 이미 창업한 이후이므로 창업 자금 증여세과세특례 요건을 충족하지 못하므로 유의해야 한다. 그리고 다음과 같이 창업으로 보지 않는 경우에 해당하지 않는지도 반드시 확인해야 한다.

- 합병, 분할, 현물출자 또는 사업의 양수를 통하여 종전의 사업을 승계하여 같은 종류의 사업을 하는 경우
- 종전의 사업에 사용되던 자산을 인수 또는 매입하여 같은 종류의 사업을 하는 경우로서 인수 또는 매입한 자산가액의 합계액이 사업개시일이 속하는 과세연도의 종료일 또는 그 다음 과세연도의 종료일 현재 대통령령으로 정하는 사업용자산의 총 가액에서 차지하는 비율이 100분의 50 미만으로서 대통령령으로 정하는 비율을 초과하는 경우
- 거주자가 하던 사업을 법인으로 전환하여 새로운 법인을 설립하는 경우
- 폐업 후 사업을 다시 개시하여 폐업 전의 사업과 같은 종류의 사업을 하는 경우
- 다른 업종을 추가하는 등 새로운 사업을 최초로 개시하는 것으로 보기 어려운 경우

창업 자금을 증여받은 자는 증여받은 날부터 4년이 되는 날까지 해당 용도로 전액 사용해야 한다.

### 창업 자금을 모두 사용하는지 과연 세무서에서 확인할까?

창업 자금 사용 기간 동안 수증인은 창업 자금을 가사 용도로 사용하거나 당초 목적과는 달리 창업 자금의 성실한 사용이 희석되는 것을 방지하기 위해 창업 자금을 증여받은 자는 다음의 내용을 담은 창업 자금 사용명세를 창업일이 속하는 달의 다음 달 말일과 창업일이 속하는 과세 연도부터 4년 이내의 과세 연도까지 매 과세 연도의 신고기한마다

관할 세무서장에게 제출해야 한다. 상기 사용명세를 제출하지 않거나 불분명하게 작성하여 제출한 경우 해당 금액의 0.3%에 해당하는 가산세가 부과된다.

- 증여받은 창업 자금의 내역
- 증여받은 창업 자금의 사용 내역 및 이를 확인할 수 있는 사항
- 증여받은 창업 자금이 50억 원을 초과하는 경우 고용 내역을 확인할 수 있는 사항

창업 자금 사용 명세는 창업자의 의무 중 하나로서 다음의 사유가 발생하는 경우 증여세와 이자 상당액을 포함하여 추징된다. 이러한 사후 관리는 추후 증여자의 사망으로 창업 자금이 상속재산가액에 포함하여 과세되더라도 지켜져야 하므로 창업에 앞서 반드시 준수 가능한지 확인해야 한다. 하지만 수증자가 사망으로 폐업하는 경우, 그의 상속인이 수증자의 지위를 승계하는 경우와 부채가 자산을 초과하여 폐업하는 경우 등은 추징 대상에서 제외된다.

- 창업 기한 내 창업하지 않는 경우
  예)사업자등록을 하지 않거나 폐업 후 동종 업종의 사업자로 창업하는 경우
- 특례 적용 대상인 중소기업 업종에 해당하지 않는 경우
- 창업 자금 사용기한 내에 창업 자금을 해당 업종 외의 목적에 사용하거나 모두 사용하지 않는 경우

- 증여받은 후 10년 이내에 창업 자금을 해당 사업 용도 외의 용도로 사용하는 경우
- 창업 후 10년 이내에 창업한 사업을 폐업하는 경우
- 창업 자금이 50억 원을 초과하는 경우로서 창업한 날이 속하는 과세연도의 종료일부터 5년 이내에 각 과세연도의 근로자 수가 일정 인원 미만으로 줄어드는 경우

## 창업 자금은 다른 증여재산과 합산 대상일까?

창업 자금은 다른 증여재산과 합산 대상이 아니다. 따라서 동일인(그 배우자를 포함.)으로부터 증여받은 창업 자금 외의 다른 증여재산의 가액과 합산하여 신고하지 않는다. 또한 증여세 신고 시 신고세액공제도 적용되지 않는다.

창업 자금에 대한 증여세과세특례 규정은 가업 승계에 따른 증여세과세특례 규정과 중복하여 적용되지 않고 하나만 선택하여 적용받을 수 있다. 그러므로 자녀가 2인 이상이라면 자녀 1인에게는 창업 자금을 증여하여 창업 자금에 대한 증여세과세특례를 적용받게 하고, 다른 자녀 1인에게는 중소기업 주식 등을 증여하여 가업 승계에 따른 증여세 과세특례를 적용받게 하는 것이 절세 측면에서 유리하다.

한편 이번 2022년 세제 개편안에서는 창업 자금에 대한 증여세과세특례의 한도를 최대 100억 원으로 상향하고, 그 외 적용 요건을 완화하였다. 추후 개정될 창업 자금에 대한 증여세과세특례를 유념하여 증여세 절세를 계획해보길 바란다.

'**영리법인**'에
**상속**하여
**절세**하기

법인은 상속인이 될 수는 없으나, 특별 연고자에 대한 상속재산의 분여 및 유증 등에 의하여 피상속인의 재산을 취득할 수는 있다. 영리법인이 상속재산을 수령하는 경우 해당 법인의 자산을 증가시키는 모든 경제 행위에 대해 과세하는 순자산 증가설에 따라 유증 등을 받은 상속재산은 자산수증이익으로 법인세가 과세된다.

영리법인의 경우 법인세율에 따라 자산수증이익에 적용되는 세율은 법인세 과세표준 구간에 따라 9%~24%에 해당할 것이므로, 상속세의 누진세율 10%~50%보다는 훨씬 낮아 상속세 부담을 피할 수 있는 이점이 있다. 나아가 영리법인은 자산수증이익으로 법인세가 과세되므로 이중과세 방지를 위해 영리법인에게는 상속세가 과세되지 않는다.

하지만 영리법인의 주주로 상속인과 그 직계비속이 있는 경우 영리법인에 대한 법인세 과세 이외에 다음과 같이 주주에게 추가적인 상속세가 과세된다.

(영리법인이 받았거나 받을 상속재산에 대한 상속세 상당액 – 영리법인이 받았거나 받을 상속재산가액×10%)×상속인과 그 직계비속의 주식 또는 출자 지분의 비율

상속세 부담마저 절세하기 위해서는 상속 개시 전에 출자 지분 비중을 영리법인의 주주인 자녀 등 상속인은 줄이는 대신 직계비속이 아닌 사위 또는 며느리의 비중을 높이는 방식이 있다.

따라서 상속 부동산 중 임대상가의 비중이 매우 높은 자산가라면 추후 상속을 대비하여 임대 부동산 법인의 주주 구성을 미리 정리하는 것이 좋다. 피상속인이 임대하던 부동산을 유증하는 경우 연간 임대소득에서 발생하는 법인세는 낮은 세율로 부담하고, 해당 법인의 출자 지분 대부분을 보유하는 주주로 사위 또는 며느리를 구성함으로써 상속세 부담을 줄일 수 있기 때문이다. 다만, 상속재산을 법인에 귀속시키면 추후 개인이 급여, 배당 등으로 수령하는 과정에서 소득세가 재차 발생하기 때문에 당장의 상속세 절감에는 효과적일 수 있으나, 장기적인 관점으로 그 실익을 따져볼 필요가 있다.

# 중소기업의 골칫거리, 주식의 명의신탁

2001년 7월 23일 이전에는 「상법」 규정에 따라 발기인이 3명(1996년 9월 30일 이전은 7명) 이상인 경우에만 법인 설립이 허용되어 부득이하게 친인척, 지인 등 법인의 운영과는 관계없는 사람을 주주로 등재하는 명의신탁 사례가 많았다. 따라서 명의신탁한 주식을 실제 소유자에게 환원하고자 하는 경우 관련 증빙을 제대로 갖추지 못해 이를 입증하는 데 많은 불편과 어려움을 겪고 있다.

명의신탁은 실정법상의 근거 없이 판례에 의하여 형성된 신탁행위의 일종으로 수탁자에게 재산의 명의가 이전되지만 수탁자는 외관상 소유자로 표시될 뿐이고 적극적으로 그 재산을 관리·처분할 권리 의무를 갖지 않는 신탁을 말한다. 이렇게 명의개서해야 하는 재산인 경우 그 명의자로 등기 등을 한 날에 그 재산의 가액을 실제 소유자가 명의자에게 증여한 것으로 보아 증여세가 과세된다. 토지와 건물은 명의신탁에 따른 과세 대상 재산에서 제외하고 있어 현재는 주식이 주요 과세 대상 재산이 되고 있다. 대표적인 증여의제 대상 명의신탁 유형은 제3자 명의로 명의개서한 재산과 장기 명의개서하지 않은 재산이다.

## 명의신탁에 대해 증여로 과세하는 요건은?

타인의 명의로 재산의 등기 등을 한 경우 및 실제 소유자 명의로 명의개
서하지 아니한 경우에는 기본적으로 조세 회피 목적이 있는 것으로 추
정하여 증여세를 과세한다. 이러한 명의신탁 대상 자산은 소유자와 명의
자 간에 합의에 따라 조세 회피 목적으로 명의신탁이 이루어질 것을 요
건을 하되 이러한 합의는 서면 같은 구체적인 입증 서류에 의하지 않더
라도 당사자 간에 정황상 암묵적인 합의만으로도 성립된다.

결국 명의신탁에 대해 증여 과세는 국세나 지방세 등에 대한 조세 회
피 의도가 중요하다. 명의신탁이 아님을 주장하기 위해서는 조세 회피
의도가 당초에 없었음을 주장하는 자가 입증해야 해서 실무적으로는 그
부분에서 어려움을 겪는다.

### 1) 명의신탁에 대한 증여의제 적용 요건

- 등기·등록·명의개서를 요하는 재산에 대한 명의신탁일 것.
- 실제 소유자와 명의자 간에 합의가 있을 것.
- 국세·지방세·관세 등 조세 회피 목적이 있을 것.
- 소유권에 대한 실질 소유자와 명의자가 다를 것.

토지와 건물과 같은 부동산은 명의신탁에 대한 증여의제 규정을 적용받
지 않는다. 「부동산 실권리자 명의 등기에 관한 법률」에 따라 부동산의

경우 명의신탁약정은 무효로 하도록 규정되어 있고 다음과 같이 별도의 과징금과 벌칙이 있다.

① 명의신탁자에 대한 제재
- 부동산 가액의 100분의 30에 해당하는 과징금
- 5년 이하의 징역 또는 2억 원 이하의 벌금
② 명의수탁자에 대한 제재
- 3년 이하의 징역 또는 1억 원 이하의 벌금

## 2) 명의신탁 증여 시기

다음을 증여 시기로 하여 증여일이 속한 달의 말일로부터 3개월 이내에 증여세 신고를 해야 한다.

① 명의자 앞으로 등기·등록·명의개서 등을 한 날
② 명의신탁 재산이 주식 등 출자 지분인 경우로서 주주 명부가 없거나
명의개서하지 않는 경우(순차 적용)
1) 증여세 또는 양도소득세 등의 과세표준신고서에 기재된 소유권이전일
2) 주식 등 변동 상황 명세서에 기재된 거래일
③ 명의신탁 재산이 주식 등 출자 지분인 경우로서 장기간 명의개서하지
않는 경우
- 소유권 취득일이 속하는 연도의 다음 연도 말 일의 다음 날

### 3) 명의신탁에 대한 증여의제 제외 사유

다음의 경우는 명의신탁재산의 증여의제 규정을 적용하지 않는다.

① 조세 회피 목적 없이 타인의 명의로 재산의 등기 등을 하거나 소유권
을 취득한 실제 소유자 명의로 명의개서를 하지 않는 경우
② 「자본시장과 금융투자법에 관한 법률」에 따라 신탁재산인 사실의 등기
등을 한 경우
③ 비거주자가 법정대리인 또는 재산 관리인의 명의로 등기 등을 한 경우

### 4) '조세 회피 의도' 판단 기준

조세 회피 목적이 있었는지 여부에 대해서 실질적으로 조세를 회피한
사실이 있는 경우뿐만 아니라, 발생할 만한 개연성 있는 경우까지 포함
한다. 최근 판례에서는 명의신탁이 조세 회피 목적이 아닌 다른 이유에
서 이루어졌음이 인정되고, 그에 부수하여 사소한 조세 경감이 생기는
것에 불과한 경우 조세 회피 목적이 있었다고 보기 어렵다고 했다. 그에
따라 조세의 경감 자체가 조세 회피 목적이 있었음을 결정하는 필요조
건이 되기보다는 명의신탁을 할 수밖에 없었던 사실상의 경위를 중점적
으로 판단하는 것이 중요하다. 다만, 명의신탁 당시 당사자의 신용불량
등 경제적인 사유는 조세 회피 목적이 없는 것과는 무관하므로 인정되
지 않는다.

### 지인이 운영하는 법인의 주식을 받은 것도 명의신탁일까?

명의신탁을 통한 증여세 과세는 신탁자와 수탁자 간에 합의 내지 의사

소통을 하여 명의자 앞으로 등기 등을 한 경우에 적용된다. 따라서 명의수탁자의 생활 형편이나 경력, 명의신탁자와의 경제적 지배 관계를 고려할 때 출자 지분에 대한 정확한 개념과 명의신탁으로 발생할 수 있는 세법상 위험을 알지 못하고 명의신탁자의 요구에 따라 인감증명서 등을 단순히 제공한 경우라면 타인의 명의를 도용한 것에 해당하므로 명의신탁에서 제외될 수도 있다.

### 주식을 명의수탁한 뒤 반환하지 못하고 사망한 경우 명의신탁주식을 상속받을 때 상속세가 발생될까?

판례에서는 명의수탁자의 사망으로 그 상속인들에게 명의개서하는 것이 불가피하였고, 상속이라는 형식을 취하는 이상 서류의 작성이 수반될 뿐이어서 이를 새로운 명의신탁에 관한 의사의 합치가 있었다고는 보기 어렵다고 판시하고 있다.

> **서울행법2017구합70847, 2019.06.13.**
>
> 【제목】
>
> 합병으로 교부받은 신주에 대해 새로운 명의신탁으로 보아 증여의제할 수 없으며, 명의수탁자의 사망으로 인해 그 상속인 명의로 명의개서한 행위에 대해서도 명의신탁 증여의제할 수 없음.

하지만 이와 같은 경우에도 피상속인과 상속인이 상속 개시 당시에 명의신탁의 당사자로서 명의신탁 사실을 알고 있었기에 상속 시점에 묵시적 합의가 있었던 것이므로 명의신탁 증여의제 적용 대상 주식에 해당한다.

이에 대해 조세 회피의 목적이 없었다는 점에 관한 증명 책임은 이를 주장하는 명의자에게 있다.

> **심사증여2018-18, 2018.07.26**
>
> **【제목】**
>
> 청구인이 피상속인의 소유 주식을 상속받았다면 주식 양도 대금을 당연히 청구인 본인의 의지대로 사용하였을 것임에도 청구인은 양도 대금의 대부분을 명의신탁자인 피상속인의 배우자와 관련된 용도로 사용한 것으로 확인된 점에 비추어 청구인은 쟁점 주식이 피상속인에게 명의신탁된 사실을 이미 알고 있었다고 능히 추론할 수 있는 바, 청구인과 명의신탁자인 배우자 사이에 명시적 계약이 없더라도 상속개시 당시에 묵시적 합의에 의하여 다시 명의신탁하였다고 봄이 타당.

## 법인 설립 당시 명의신탁한 주식 외에 유상증자 등으로 취득한 주식도 명의신탁에 해당할까?

다음의 경우에는 계속·반복적인 명의신탁거래에 해당되어 명의신탁으로 보지 않는다.

- 명의신탁 주식의 매도대금으로 취득한 타 주식을 당초 수탁자 명의로 취득한 경우
- 명의신탁 주식을 발행한 회사가 흡수 합병되면서 기존 명의신탁 주식에 대하여 명의자로 새로이 교부된 합병 주식

부의 이전

- 최초로 명의신탁 증여의제에 따라 증여세가 이미 과세된 주식에 주식 배정 방식 등으로 배정된 신규 발행주식

다만 명의신탁된 주식에 대하여 유상증자로 인해 교부받은 새로운 주식을 그 타인 명의로 명의개서하는 경우 새로운 명의신탁에 해당한다.

## 명의신탁 주식 어떻게 정리해야 할까?

### 1) 명의신탁주식 실제 소유자 확인 제도

납세자의 입증 부담을 덜어주고 원활한 가업 승계와 안정적인 기업 경영 및 성장을 지원하기 위해 일정한 요건을 갖추면 세무조사 등 종전의 복잡하고 까다로운 확인 절차 없이 통일된 기준에 따라 납세자가 제출한 증빙 서류와 국세청 내부 자료 등을 활용하여 간소화된 절차에 따라 실제 소유자를 확인할 수 있다.

내국법인의 주식 또는 출자 지분을 실제로 소유하는 자가 신탁이나 약정에 의해 다른 사람 명의로 주주 명부에 등재하였거나 명의개서한 주식을 실제 소유자 명의로 전환한 경우로서 다음의 요건을 모두 충족하는 경우 그 실제 소유자는 명의신탁 주식 실명 전환에 따른 실제 소유자 확인을 신청할 수 있다.

- 주식발행 법인이 2001년 7월 23일 이전에 설립한 법인으로 중소기업에 해당할 것.

- 실제 소유자와 명의수탁자가 법인 설립 당시 발기인으로서 설립 당시에 명의신탁한 주식을 실제 소유자에게 환원하는 경우일 것.(법인 설립 이후 균등 증자를 원인으로 새로 취득한 주식 포함.)

유상증자·무상증자·주식배당이든 상관없이 주주 배정 방식으로 배정되거나 기존 주주가 실권 없이 인수하는 것을 조건으로 명의수탁자가 새로 취득한 주식이 확인 신청 대상이 되므로 「상법」상 주주 균등 배당원칙에 위반하는 명의신탁주식은 상기 요건이 충족되어도 실제 소유자 확인 대상에서 제외된다.

## 2) 신탁자 사망 시 상속세 신고 재산에 포함해서 신고하기

신탁자가 사망하면 상속인이 명의신탁주식을 돌려받아 상속재산에 포함하여 상속세를 신고할 수 있다. 이때 당초 명의신탁한 시점에 조세 회피 목적으로 명의신탁한 경우에는 증여세가 부과될 수 있으나 증여세 부과제척기간이 지났다면 증여세는 부과되지 않는다. 또한 피상속인의 명의신탁 주식에 대해서는 가업상속공제도 적용받을 수 있다.

다만 상속인이 명의신탁 주식을 돌려받아 소유권을 취득하였는데도, 상속개시일이 속하는 연도의 다음 연도까지 상속인 명의로 명의개서하지 않는다면 새로운 명의신탁으로 과세될 수 있다.

## 3) 저가 양수하기

명의신탁 주식을 저가 양수한다면 저가 양수도에 따른 양도소득세와 증여세가 별도로 계산된다. 그러나 양도소득세와 증여세를 적용하는 특수관계인의 범위가 다르고, 매수가액을 조절한 저가 양수를 잘 활용한다면 세 부담이 가장 적은 방법으로 취득하면서 파생되는 증여세를 최소화 또는 0원으로 만들 수 있다.

### 4) 법인이 매입 소각하기

법인이 자본금 감소 목적으로 주주의 주식을 매입하여 소각하는 방법이 있다. 다만, 시가보다 저가로 매입하여 소각하면 특정 개인 대주주가 이익을 얻게 되어 증여세가 과세되므로 이 점에 주의를 기울여야 한다.

### 명의신탁한 주식을 반환받을 때 발생하는 세금이 있을까?

증여재산의 반환 규정에 따라 증여세 과세표준신고기한 이내 반환인 경우 증여세가 과세되지 않는다. 증권거래세는 계약상 또는 법률상의 원인에 의하여 유상으로 소유권을 이전하는 경우가 아니라면 과세 대상에서 제외하고, 반환받은 명의신탁 주식은 주식의 새로운 취득에 해당하지 않으므로 그에 따라 과점주주가 되는 경우라도 간주 취득세 납부 의무가 성립되었다고 볼 수 없기 때문이다.

다만, 명의수탁자와 신탁자 간에 명의신탁 주식 등을 반환할 때 유상으로 대가성이 존재하는 경우에는 유상거래에 해당되므로 양도소득세가 과세된다. 양도소득세 산정을 위한 취득 시기는 당초 명의수탁자의 명의로 취득한 때를 기준으로 양도소득세를 산정하므로 재산 가치가 급격히 상승한 경우라면 거액의 양도소득세 부담이 발생할 수 있음에 유의해야 한다.

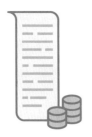

# 자녀에게 '초과 배당'해도 증여세가 나올까?

법인사업자의 99%는 중소기업 형태로 법인 설립을 위해 처음부터 주주 구성이 대부분 가족 구성원인 경우가 많다. 실질적으로 주된 영업 활동을 하는 부친, 모친 및 자녀가 주주의 대부분을 구성하고, 그 외에 필요한 자금을 공급한 제3자 등으로 주주 관계가 성립되어 있는 경우가 많다.

일단 법인이 설립된 후 배당이 이루어지는 경우 「상법」상 주주 평등 원칙에 입각해 주식회사의 이익배당은 주주 각자가 보유한 주식 수에 비례해 배당받는 것이 원칙이다. 이때 법인이 영업 활동을 통해 발생한 이익이나 사내에 유보된 잉여금을 배당 또는 분배하는 경우로서 최대주주 등이 본인이 지급받을 배당 금액의 전부 또는 일부를 포기하거나 본인이 보유한 주식 등에 비례하여 균등하지 않은 조건으로 배당받음에 따라 그 최대주주 등의 특수관계인이 본인이 보유한 주식 등에 비해 높은 배당 등을 받은 경우 소득세와 증여세를 모두 과세한다.

과거에는 이렇게 초과 배당을 받으면 증여세와 소득세를 비교하여 과세했다. 하지만 이를 통한 세 부담 회피 사례가 다수 발생해, 이를 방지

부의 이전

하기 위하여 초과 배당으로 발생하는 증여 이익에 대해 소득세와 증여세를 모두 과세하되 실제 소득세를 차감한 금액만 증여세를 과세하는 것으로 개정되었다.

## 과세 요건

증여자는 법인의 최대주주 등으로서 본인이 지급받을 배당 등의 금액의 전부 또는 일부를 포기하여 과소 배당을 받는 사람이고, 수증자는 본인이 보유한 법인의 주식 등에 비하여 높은 금액의 배당 등을 받은 자로 그 법인의 최대주주 등의 특수관계인을 말한다. 다음을 모두 충족하는 경우에 초과 배당 금액에 대한 증여세가 과세된다.

① 법인이 주주 간에 불균등 배당을 할 것.
② 그 법인의 최대주주 등이 과소 배당받을 것.
③ 그 최대주주 등의 특수관계인이 과대 배당받을 것.

## 증여재산가액의 산정

초과 배당에 대한 증여 이익 규정은 수증자에게 두 가지 세 부담이 발생한다. 첫 번째는 배당 이익에 대한 소득세이고, 두 번째는 초과 배당에 대한 증여세다. 이중과세를 막기 위해 증여재산가액을 산정할 때 수증인이 부담할 배당소득에 대한 소득세 상당액을 초과 배당 금액에서 제외한다.

- 증여재산가액=초과 배당 금액 – 소득세상당액

## 1) 초과 배당 금액의 산정

초과 배당 금액은 다음과 같이 산정한다.

- 초과 배당 금액=특정 주주가(실제로 받은 배당 금액−균등 배당 시 배당받을 금액)×

$$\frac{\text{포기·과소 배당받은 최대주주 중 특수관계인의(균등 배당 시 배당받을 금액−실제로 받은 배당 금액)}}{\text{포기·과소 배당받은 전체 주주의(균등 배당 시 배당받을 금액−실제로 받은 배당 금액)}}$$

## 2) 소득세상당액

| 초과 배당 금액 | 적용율 |
|---|---|
| 5,220만 원 이하 | 초과 배당 금액 $\times \frac{14}{100}$ |
| 5,220만 원 초과 8,800만 원 이하 | 731만 원+(5,220만 원을 초과하는 초과 배당 금액 $\times \frac{24}{100}$) |
| 8,800만 원 초과 1억 5,000만 원 이하 | 1,590만 원+(8,800만 원을 초과하는 초과 배당 금액 $\times \frac{35}{100}$) |
| 1억 5,000만 원 초과 3억 원 이하 | 3,760만 원+(1억 5,000만 원을 초과하는 초과 배당 금액 $\times \frac{38}{100}$) |
| 3억 원 초과 5억 원 이하 | 9,460만 원+(3억 원을 초과하는 초과 배당 금액 $\times \frac{40}{100}$) |
| 5억 원 초과 10억 원 이하 | 1억 7,460만 원+(5억 원을 초과하는 초과 배당 금액 $\times \frac{42}{100}$) |
| 10억 원 초과 | 3억 8,460만 원+(10억 원을 초과하는 초과 배당 금액 $\times \frac{45}{100}$) |

초과 배당 금액의 규모와 소득세율 등을 고려하여 다음 세율을 곱하여 미리 산정한 금액으로 하되 초과 배당이 발생한 연도의 다음 연도 종합소득세 과세표준 신고기한까지 종합소득에 대한 실제 납부할 소득세액과 추후 정산한다.

# 개인사업자의 상속 발생 시 후속 세금 업무

개인사업을 영위하는 자가 사망한 경우 상속세 이외에도 정리해야 할 세금 업무가 있다. 이때 발생하는 세금은 납부 후 상속세 계산 시 공과금 등의 채무로 공제받을 수 있다.

## 1. 종합소득세 신고

종합소득세는 매년 1월 1일부터 사망일까지의 소득에 대해 결산을 완료하여 그 상속개시일이 속하는 달의 말일로부터 6개월이 되는 날까지 피상속인의 주소지 관할 세무서에 종합소득세를 신고해야 한다. 따라서 상속인이 사업을 승계하는 경우 피상속인의 종합소득세 신고와 상속인의 종합소득세를 구분하여 신고해야 한다.

**피상속인이 10월 1일 사망한 경우**

| 구분 | 납세의무자 | 종합소득세 신고기한 |
|---|---|---|
| 1월 1일~10월 1일 | 피상속인 | 내년 4월 30일 |
| 10월 2일~12월 31일 | 상속인* | 내년 5월 31일 |

\* 상속인은 본인의 종합소득과 승계한 사업장의 사업소득을 합산하여 신고해야 한다.

## 2. 부가가치세 신고

사업자가 사망하여 상속인이 그 사업을 승계한 경우에는 「부가가치세법」에 따라 사업자등록정정신고를 통해 사업자 명의를 변경해야 한다. 종합소득세는 피상속인과 상속인의 소득을 구분하기 위해 과세기간 구분이 필요하지만, 부가가치세는 사업장별로 과세하는 세목이므로 대표자가 변경되어도 그에 따른 과세기간 구분 필요하지 않다.

    만약 상속인이 사업체를 승계할 수 없거나 사업체를 승계하고자 하지 않다면 사업에 대한 정리를 한 후 폐업신고를 하면 된다. 폐업의 경우는 폐업일이 속하는 달의 다음 달 25일까지 폐업 확정 부가가치세 신고를 하면 된다.

**피상속인이 10월 1일 사망한 경우**

| 구분 | 대표자 | 부가가치세 신고기한 |
|---|---|---|
| 7월 1일~10월 1일 | 피상속인 | 내년 1월 25일 |
| 10월 2일~12월 31일 | 상속인 | |

부록

유언에 대한
# A to Z

자산가일수록 장기간에 걸쳐 안정된 상속 플랜을 원한다는 사실은 이미 충분히 설명되었을 거라고 생각한다. 따라서 생전에 피상속인의 의사에 따라 상속재산의 분배나 본인이 영위하던 가업의 승계에 관한 내용을 유언을 통해 미리 확정 짓고 마무리하고자 할 것이다.

그렇다면 유언은 피상속인의 정신이 맑은 상태에서 자의적으로 작성한 서면이기만 하면 법적 효력을 갖는지가 의문이 들 수 있다. 또 유언이라는 말 자체가 더 이상 생소하지 않지만 과연 어떤 방식으로 남겨야 하는지에 대해 아직 궁금한 점이 많을 것이다. 그래서 유언의 종류와 그 법적 효력을 위한 작성 절차에 대해 살펴보자.

## 유언이 필요한 이유

수많은 상속세 신고 경험상 피상속인이 상속을 앞두고 특정 상속인에게 급하게 증여를 하거나, 상속재산의 협의 방향을 제시하지 않고 사망하는 경우에는 상속인 간 크고 작은 분쟁이 발생한다. 그동안 많은 상속인들에게 상속세 신고 서비스를 제공하는 것은 물론 변호사와 함께 법적 분쟁을 해결하며 상속세 신고를 마무리한 경우도 빈번하다.

이처럼 상속재산을 둘러싼 상속인 간 불화는 통계적으로도 소송 진행 건수가 매년 꾸준히 늘어나고 있다는 것을 알 수 있다. 법원행정처의 통계에 따르면 상속재산 분할을 목적으로 한 청구 접수 건은 지난 2016년 1,223건에서 2017년 1,403건, 2018년 1,710건, 2019년 1,887건, 2020년 2,095건으로 해마다 증가하고 있다.

따라서 유언은 상속재산을 둘러싼 분쟁을 방지할 수 있는 방법을 피상속인 생전에 직접 마련할 수 있다는 점에서 상속 플랜에서 중요 부분으로 인식해야 한다.

## 유언의 종류와 올바른 유언 작성 방식

유언은 유언자가 그의 사망과 동시에 일정한 법률 효과를 일으킬 것을 목적으로 하는 법률행위다. 따라서 유언이 법률행위로 인정받기 위해서는 일정한 형식을 갖춰야 한다. 이러한 유언에 의한 재산의 무상이전을 유증이라 하며, 유증을 받게 된 자를 수유자라고 한다. 수유자는 상속인인지 여부에 관계없이 유언을 받을 수 있다.

따라서 상속인에 해당하지 않더라도 피상속인과 생계를 함께하면서 간병을 책임지는 등 일정 부분 기여했다고 인정하는 자도 유언의 상대방이 될 수 있다.

이러한 유언은 자필증서, 녹음 등 다음과 같은 법적 절차에 따라야 하는 요식행위로 이를 위반하는 경우 당해 유언은 무효가 된다. 또한 유언은 상대방이 없는 단독행위로서 유언하려면 반드시 유언자 본인이 독립하여 의사표시를 하거나 할 수 있어야 한다. 이러한 유언은 유언자가 사망한 때 효력이 생긴다.

## 1) 유언의 종류

우리나라는 크게 상속재산을 분배하기 위한 기준으로 다음 5가지 유언 방법을 채택하고 있다.

- 자필증서에 의한 유언
- 녹음에 의한 유언
- 공정증서에 의한 유언
- 비밀증서에 의한 유언
- 구수증서에 의한 유언

## 2) 유언의 방식

유언은 다음의 요건을 충족하는 경우 그 법적 효력을 갖게 되므로 유언의 형식에 해당하는지가 매우 중요하다. 자필증서에 의한 유언을 제외한 나머지는 유언할 때 증인이 꼭 참여해야 한다. 다만, 이러한 증인의 범위에는 피성년후견인과 피한정후견인, 유언자의 배우자와 직계혈족 등 유언으로 이익을 얻는 사람은 제외된다.

### (1) 자필증서에 의한 유언

자필증서에 의한 유언은 유언자가 그 전문과 연월일, 주소, 성명을 자서하고 날인해야 한다. 만약 유언증서의 수정을 위한 문자의 삽입, 삭제 또는 변경할 때도 유언자가 이를 자서하고 날인해야 한다.

부의 이전

자필유언은 피상속인이 상속을 앞두고 가장 일반적으로 유언을 남기는 방법이다. 하지만 작성하기 쉽고 그 작성에 증인을 필요로 하지 않아, 쉽게 위변조가 가능하므로, 유언을 작성할 때 법에서 정하는 요건이 반드시 충족되어야 그 효력을 인정받을 수 있다.

반드시 자필로 작성해야 하며. 대필하거나 PC를 활용한 워드 등 컴퓨터 문서작성 프로그램을 이용해서는 안 되고, 다음 사항이 반드시 유언장에 나타나야 한다.

> ① 유언자의 성명 및 날인
> ② 유언자의 주소
> ③ 유언 내용
> ④ 작성 일자

이 경우 날인함에 있어 피상속인의 지장은 가능하나, 서명은 유언장으로서 그 효력이 인정되지 않는다. 따라서 상기 요건 중 하나라도 누락되거나 양식에 맞지 않을 경우 인정되지 않는다.

## (2) 녹음에 의한 유언

녹음에 의한 유언은 유언자가 유언의 취지, 그 성명과 연월일을 말하고, 이에 참여한 증인이 유언의 정확함과 그 성명을 구술해야 한다. 하지만 유언자의 생존 시 육성이 사후에도 보존될 수 있고, 보관이 소홀하면 녹음 내용이 소멸될 수 있는 단점이 있다.

## (3) 공정증서에 의한 유언

공정증서에 의한 유언은 유언자가 증인 2인이 참여한 공증인의 면전에서 유언의 취지를 말하고 공증인이 이를 필기 낭독하여 유언자와 증인이 그 정확함을 승인한 후 각자 서명 또는 기명날인해야 한다.

공정증서를 작성할 수 있는 사람은 변호사, 검사, 판사로 한정되어 있다. 공정증서에 의한 유언의 장점은 위·변조 위험이 없으며 재산이 많거나 친생자가 아닌 상속인들이 있는 경우 등 상속재산에 따른 이해관계자가 복잡하게 얽혀 있는 경우 효과적이다.

## (4) 비밀증서에 의한 유언

비밀증서에 의한 유언은 유언의 존재는 알리고 싶으나 내용은 비밀로 할 때 사용하는 방법이다. 유언자가 상속인과 상속재산에 대해 지속적인 통제력을 갖고자 할 때 많이 활용한다.

유언자가 필자의 성명을 기입한 증서를 엄봉한 후 날인하고, 이를 2인 이상의 증인 면전에 제출해 자기의 유언서임을 표시해야 한다. 그 후 봉서 표면에 제출연월일을 기재하고, 유언자와 증인이 각자 서명 또는 기명날인해야 한다. 다만, 유언 봉서는 그 표면에 기재된 날로부터 5일 내에 공증인 또는 법원서기에게 제출하여 그 봉인상에 확정일자를 받아야 한다.

## (5) 구수증서에 의한 유언

구수증서에 의한 유언은 질병 기타 급박한 사유로 인하여 앞서 4가지의 방식에 의할 수 없는 경우 하는 방식이다. 이때 유언자가 2인 이상의 증인 참여로 그 1인에게 유언의 취지를 말하고 그 구수를 받은 자가 이를 필기 낭독하여 유언자의 증인이 그 정확함을 승인한 후 각자 서명 또는 기명날인해야 한다. 구수증서에 의한 유언은 그 증인 또는 이해관계인이 급박한 사유가 종료한 날로부터 7일 내에 법원에 검인을 신청해야 한다. 이처럼 구수증서에 의한 유언은 피상속인이 사고, 질병의 발생 등 기타 급박한 사유로 보통의 방식에 의하여 유언할 수 없는 경우에 한하는 방법이므로 위에 제시한 4가지 방식의 유언이 가능함에도 구수증서에 의한 유언을 하였다면 그 효력이 없다.

## 유언과 사인증여의 차이점은?

사인증여는 생전에 증여계약을 체결해두고 그 효력이 증여자의 사망 시부터 발생할 것으로 정한 증여를 말한다. 이처럼 사인증여는 「민법」상 증여계약에 따라 단독으로 할 수 없다는 점에서 유증과는 차이가 있으나 두 행위 모두 유언자 또는 증여자의 사망을 전제로 한다는 점이 같다. 다만, 사인증여는 증여의 성격을 가지지만 그 결과 발생한 자산의 무상 이전은 유언과 마찬가지로 상속세 신고 대상이다.

성공적인 부의 이전

# 실제 상담 사례

성공적인 부의 이전 실제 상담 사례를 통해 세금을 고려한 합리적인 의사결정은 어떻게 이루어지는지 살펴보면서, 증여자와 수증자 모두가 만족할 수 있는 부의 이전을 계획해보도록 하자.

> 2016년 1월 서울에서 생애 첫 ㉮아파트를 구입한 A씨. 2019년 5월 서울에서 두 번째 ㉯아파트를 구입하여 임대했다. 최근 주택가격이 계속 올라 기분이 좋았던 것도 잠시, 세법이 개정되면서 2021년 종합부동산세가 무려 3,000만 원이나 나왔다. 뉴스에서는 내년 공동주택 가격이 10% 가까이 오를 예정이기 때문에 재산세 및 종합부동산세가 더 치솟을 거라고 한다.
>
> 곧 은퇴를 앞두고 있는 A씨. 두 번째 아파트를 구입했을 때는 월세를 받아 은퇴 후 여유롭게 살기 위한 계획이 있었다. 하지만 재산세와 종합부동산세가 매년 이렇게 부과되면 월세를 받아 세금도 내기 힘들다는 계산이 되었다. 힘들게 직장 생활하며 일군 자산인데, 어떻게 지켜야 할지 난

감하기만 하다.

부동산 상승 예상 지역에 대해서만 집중적으로 공부해 매수만 해보았지, 부동산을 관리하고 처분하는 과정에서 발생하는 세금에 대해서는 제대로 대처하지 못한 본인에게 화가 났다.

뉴스를 보니 증여를 통해 주택 수를 줄이면, 종합부동산세 역시 낮출 수 있다고 한다. 하지만 내심 '어차피 이 세상을 떠나면 배우자나 자녀가 주택을 받을 것이고, 그전까지는 자산을 쥐고 있어야 자녀에게 아쉬운 소리도 안 하지' 하는 생각이 든다. 또 '지금은 힘들지만 조금만 버텨서 부동산 세법이 바뀌면 좀 나아지지 않을까?' 하는 예상도 해본다.

그럼에도 불구하고 어떻게 하면 세금을 적게 낼 수 있는지 이해득실을 따져보고 싶다. 마침 자산 관리 전문 세무사를 추천받아 어렵게 상담 예약을 할 수 있었다. 세무사는 어떻게 A씨의 고민을 해결해줄까?

## 사안에 대한 쟁점 분석

A씨는 사실상 주택 관리 및 처분에서 발생하는 세금의 공포를 처음으로 경험하는 상황이다. 지금 A씨에게 당면한 건 고액의 종합부동산세이므로 이에 대한 성격부터 파악해야 한다. 종합부동산세는 보유만 하고 있어도 매년 납부해야 하는 세금이다. 그러니 다음 연도 종합부동산세가 나오기 전까지 어떤 절세 전략이 있을지 확인해야 한다.

주택 자산 관리의 핵심은 '취득-보유-처분'하는 모든 과정에 세 부담을 최소화할 수 있는 방향으로 설정하고, 부동산 세법 개정 시점마다 재설정해야 한다. 세금은 능동적인 대처가 가능하기 때문이다. 또한 2017

년 8·2대책부터는 지속적인 부동산 세법 개정이 일어나 주택의 '취득-보유-처분' 어느 한 과정에서도 중과세를 피할 길이 없기 때문에 세법 적용에 더 신경을 써야 한다.

## 세법 규정을 토대로 대안 검토

먼저 현행 종합부동산세부터 살펴보자. 종합부동산세는 과세기준일인 매년 6월 1일 현재 국내에 소재한 「지방세법」상 재산세 과세 대상인 주택 및 토지를 유형별로 구분하여 인별로 합산한 결과 그 기준시가 합계액이 각 유형별로 공제금액을 초과하는 경우 그 초과분에 대하여 과세되는 세금이다.

1세대 1주택자의 경우는 기준시가인 공동주택 가격 또는 개별주택가격 중 11억 원을 공제해주고, 그 외의 다주택자는 6억 원을 공제하고 있다. 그러므로 2주택을 소유하고 있는 A씨는 6억 원의 공제만 적용되었다. 또 조정대상지역 내 2주택 이상 보유자의 경우 2배 정도 높은 종합부동산세 중과세율이 적용된다.

나아가 2017년부터 공시지가 현실화란 명목으로 공동·개별 주택 가격은 연마다 10% 내외로 상승하고 있다. 이 점은 공제액보다 크지 않은 주택을 소유하고 있어 종합부동산세를 납부하지 않는 주택 소유자도 재산세 고지서를 받아보았을 때 매년 체감하고 있을 것이다. 종합부동산세와 같이 주택을 보유하였을 때 공동·개별 주택 가격을 기준으로 과세되는 보유세의 하나인 재산세는 세금 납부가 필연적으로 발생하게 되고, 매년 공동·개별 주택 가격이 10% 이상 상승하였다면 고지서상 금액이 눈에 띄게 부담으로 다가왔을 것이기 때문이다.

또한 기존에는 종합부동산세 과세 대상이 아니어서 종합부동산세를

부의 이전

고민하지 않던 많은 주택 소유자가 이제는 1주택만 보유하더라도 종합부동산세 납세의무자가 되는 경우를 주변에서 쉽게 찾아볼 수 있다.

핵심은 이러한 변화를 마냥 지켜보고 있으면 안 된다는 것이다. 매년 높아지는 재산세 고지서를 받았을 때부터 세금에 민감한 주택 소유자는 미리 세금에 대한 상담을 받고 조치를 취해 미래 예상되는 종합부동산세와 그 외 세금들에 대해서 절세할 수 있는 골든타임을 놓치지 않았다.

지난 2020년 7월 10일, 다주택자 대상 종합부동산세 중과세율 인상안, 다주택자 양도소득세 중과세율 인상안 그리고 다주택자 매매 취득세율 인상안의 내용을 담은 '주택시장 안정 보완 대책'이 대대적으로 보도되었다. 종전까지 종합부동산세 과세 대상이 아니었거나, 비교적 소액의 종합부동산세를 납부하던 다주택자 중 보도 직후 세금에 대한 준비를 하지 않았다면 2주택자 A씨와 같은 상황을 맞이하게 되었을 것이다.

만약 A씨가 종합부동산세에 대한 기본 개념을 알고 있었더라면 3,000만 원이라는 종합부동산세 고지서를 받기 전인 2020년 하반기에 절세를 위한 방안을 강구할 수 있었을 것인데 아쉬움이 크다. 그렇다면 현 상황에서는 어떤 방식으로 자산을 운용하는 것이 좋을까?

### 1) 임대아파트를 임대사업자 등록한다?

A씨의 경우 급한 불을 끄고 싶어 인터넷을 검색해보니 임대주택 등록 시 종합부동산세가 합산 배제된다는 글을 찾을 수 있었다. 하지만 최근 5년간 부동산 세금 정책은 1년에 평균 1회 이상 지속적으로 개정되고 있기 때문에 단순히 인터넷에서 나온 정보를 참고했다가는 큰코다칠 수 있다. 그 정보가 정말 최근 정보를 정확하게 담고 있는지를 판별할 지식이 없다면 더욱 조심해야 한다.

결론부터 말하자면, A씨는 ㉯아파트를 임대주택으로 등록할 수 없다. 2020년 7월 10일에 개정된 '주택 시장 안정 보완 대책'에 의해 2020년 8월 18일 이후 아파트는 더 이상 임대주택으로 등록할 수 없기 때문이다. 또 등록이 가능했던 종전 규정에 의해서도 종합부동산세 합산 배제 대상이 아니다. 2018년 9월 13일 '9·13대책'으로 인해 2018년 9월 14일 이후 1주택 이상을 보유한 세대가 조정대상지역에 있는 주택을 취득하여 장기 임대주택으로 등록하더라도 종합부동산세 합산 배제 혜택을 받을 수 없게 되었기 때문이다. 결과적으로 A씨는 2회의 개정이 반영되지 않은, 현재는 적용되지 않는 정보를 얻은 것이다.

2017년 8·2대책부터 세법 뉴스에 더 귀를 기울이고, 그 당시에는 가능했던 '아파트' 임대주택을 등록한다는 가정으로 본인이 취할 수 있는 절세 금액을 예측해보았더라면 다른 선택지가 주어졌을지도 모른다는 점에서 아쉬운 마음이 크다.

## 2) 종전 아파트 양도하기?

그렇다면 ㉮아파트를 양도하는 건 어떨까? ㉮아파트 가격이 고점이라고 판단되고, 주택 수를 한 채로 줄여 비과세를 받는다면 괜찮을 것 같다. 하지만 이 방법도 불가능하다.

㉮아파트의 비과세 요건을 먼저 살펴보자. 다음의 요건을 전부 충족하면 비과세를 받을 수 있으며, ㉮아파트의 양도가액이 12억 원 이하라면 양도소득세가 0원, 12억 원 초과이더라도 양도소득세를 큰 폭으로 줄일 수 있다.

① 2년 이상 보유 및 거주하였는가?

: ㉮아파트의 취득 시기는 조정대상지역 내 주택 양도 비과세 요건으로 추가된 '2년 거주 요건'이 개정되기 전이므로 충족하지 않아도 된다.

② ㉮아파트를 취득한 날부터 1년 이상 지난 후 신규 주택 취득하였는가?

: 아파트㉮를 취득한 날부터 3년이 지난 후 ㉯아파트를 신규 취득하였으므로 요건을 충족한다.

③ 신규 주택을 취득한 날부터 3년 이내(종전 주택이 조정대상지역에 있는 상태에서 다시 조정대상지역에 있는 신규 주택을 취득하는 경우 2년 이내)에 종전의 주택을 양도하였는가?

: 안타깝게도 A씨는 해당 요건을 충족하지 못한다. 현행 일시적 1세대 2주택 비과세 요건은 2회 개정되었다. 2019년 조정대상지역 내 신규 주택인 ㉯아파트를 취득했을 때 적용받는 당시 세법을 적용하면 2년 이내에 종전 주택을 양도한 경우에만 비과세가 적용되므로 신규 주택인 ㉯아파트 취득 후 2년이 지나버린 시점에서는 비과세를 받을 수 없게 된다.


### 3) 무주택자인 배우자 또는 자녀에게 주택을 증여한다?

그렇다면 주택을 증여하는 것은 어떨까? 증여한다면 과연 어떤 주택을 누구에게 증여했을 때 세 부담이 가장 적을까? 증여 방식을 논의할 때에는 먼저 수증자인 배우자 또는 자녀에게 10년 내 기 증여 여부, 납부하게 될 증여세 및 취득세 등 거래 비용의 납부 자력 여부 등 현황을 살펴봐야 한다.

또한 각 주택에 담보되어 있는 근저당권, 임대보증금 등 물건의 채무를 같이 증여하는 부담부증여 시 발생하는 양도소득세를 납부해야 하는 증여자 A씨의 현황도 함께 살펴봐야 한다.

다각도로 살펴보고 가장 절세가 되는 증여의 방식이 무엇인지, 그리고 해당 증여를 하였을 경우 종합부동산세의 세액 절감액은 어떻게 될지 시뮬레이션을 해보는 게 좋다. 물론 일반적으로 직접 해당 세액을 계산하는 것은 어렵다. 그리고 시뮬레이션의 결과로 증여 의사결정을 할 때 단순히 눈앞의 절세만 생각해서는 안 된다.

절세뿐만 아니라 배우자에게 주택을 증여한다면 부의 분산 및 재원 마련의 기초를 다질 수 있고, 자녀에게 주택을 증여한다면 자녀의 독립을 위한 부의 이전이 될 수도 있다.

나아가 추후 A씨의 상속세를 줄이게 된다는 점 등 그 외적으로 이득이 되는 바가 많기 때문에 가족이 처한 상황에 따라서는 눈앞의 절세와 함께 미래의 절세 및 부의 이전까지 계획하여 증여를 진행해야 한다.

### 4) 국가 정책이 바뀌길 기다리며 매년 종합부동산세를 납부한다?

현재 부동산 정책을 기반으로 예측했을 때 앞으로도 종합부동산세는 계속 커질 것으로 예상하는 것이 일반적이다. 매년 표준주택가격이 상승하고 있기 때문에 내가 보유하고 있는 주택에 대해서만 공동주택 가격이 떨어지는 일은 거의 발생하지 않기 때문이다.

하지만 국가 정책 방향에 큰 영향을 미칠 이슈가 있거나 부동산 시장의 하락세가 예측되는 상황이라면, 공동주택 가격 하락에 따른 예상 종합부동산세와 미래 현금 유동성을 고려하여 주택의 처분에 대한 의사결정을 하도록 하자. 그러나 한 번 올라간 세금은 쉽게 내려오지 않는다는 점도 명심하자.

부의 이전

## 결론 및 대안 선택

A씨에게 결론적으로 줄 수 있는 대안은 종전 주택을 직장에 다니느라 독립한 자녀에게 증여하라는 것이다. 2022년 종합부동산세 과세기준일 전에 자녀에게 종전 주택인 ㉮아파트를 증여하면 2가지 이점이 있기 때문이다.

첫 번째는 무주택자인 자녀가 독립한 상황이기 때문에 채무를 승계하는 부담부증여의 채무 부분에 대한 유상취득세는 중과세율을 적용받지 않는다. 두 번째로 A씨는 주택 양도 부분에 대해서 비과세는 받을 수 없지만, 「소득세법」에 따라 신규 주택을 취득하고 3년 이내에 종전 주택을 양도했기 때문에 중과세율이 배제된다.

양도와 증여로 세 부담을 분산시키는 부담부증여를 통해 생각보다 세금 부담도 적고, 자녀는 채무를 승계하면서 차곡차곡 급여를 모아 증여세와 채무를 변제할 수 있어 경제적인 관념을 키울 수 있는 기회도 된다.

만일 위 상황에서 A씨가 신규 주택을 취득하고, 3년의 시간이 흐른 2022년 5월 이후부터는 채무 부분에 대해서 양도소득세 중과세율 적용에 따른 세 부담이 커져 자녀에게 부담부증여하는 것 역시 주저할 수 있다. 그러나 현재 윤석열 대통령이 공약한 양도소득세 중과 한시적 배제 요건인 2년 보유 기간을 충족하므로, 중과 배제 기간(2022. 5. 10~2023. 5. 9)에 양도한다면 채무 부분에 대한 양도소득세 중과 배제를 적용받을 수도 있다.

이렇게 주택을 취득하고 보유 및 처분하는 전 과정은 반드시 세금 이슈가 연결되어 있다. 그러므로 주택 투자의 전 과정에서 세금을 고려해야 최적의 의사결정을 할 수 있다. 항상 의사결정 전에 다양한 방법들을 모색해보고, 최선의 방안을 선택하는 습관을 지녀야 한다.

한 번 부과된 세금은 돌이킬 수 없다. 모든 거래가 완료된 후 "이 방법이 최선이었나요?"라고 물어보는 것만큼 부질없고 때늦은 질문이 없다. "세무사님, 이번에 주택을 증여하려고 합니다. 제 생각은 이 방법인데 최선은 어떤 방법인가요?"라고 오히려 전문가한테 자신이 생각한 방안이 맞는지, 더 효과적인 절세 방법은 없는지 확인할 수 있어야 한다. 최선의 의사 결정 방식은 시시각각 변화하는 부동산 정책에 민감하게 반응하고, 나에게 미칠 영향을 고민하여 자산 관리의 방향성을 재설정하는 것이다.

앞서 설명한 '성공적인 부의 이전 실제 상담 사례'는 초판이 나왔을 때의 세법 상황을 가정한 것이었다. 확장판 원고를 다듬고 있는 2024년 4월 현재는 종합부동산세도 3주택자에 대해서만 중과세를 적용하고 있고, 양도소득세 중과세도 지속적으로 한시적 유예를 하고 있는 상황으로 초판 이후에도 수많은 세법 개정이 있었음을 알 수 있다.

이만큼 세법은 자주 변화한다. 해당 상담 사례를 삭제할까 고민했지만 그 당시 시점에는 최선의 상담이었고, 그 상담이 지금도 거의 유효하다는 점에서 시사하는 바가 커 삭제하지 않기로 했다.

세금에 대해서는 예방적 절세가 최선이다. 과거의 세금 역사를 알아야 미래의 세금도 예측할 수 있다. 과거를 기억하고, 현재의 부동산 세금과 변경될 미래의 부동산 정책에 민감하게 반응하여 모든 독자들이 슬기로운 부의 이전을 할 수 있기를 바란다.

부의 이전

**참고 웹사이트**

———

국세청, https://www.nts.go.kr/

국세청 홈택스, https://www.hometax.go.kr/

국세법령정보시스템, https://txsi.hometax.go.kr/

지방세법령정보시스템, https://www.olta.re.kr/

국세통계포털, https://tasis.nts.go.kr/

기획재정부, https://www.moef.go.kr/

국토교통부, http://www.molit.go.kr/

행정안전부, https://www.mois.go.kr/

농림축산식품부, https://www.mafra.go.kr/

한국은행, http://www.bok.or.kr/

세계은행, https://www.worldbank.org/

통계청, https://kostat.go.kr/

한국부동산원, https://www.reb.or.kr/

국민건강보험공단, https://www.nhis.or.kr/

## 참고 문헌

———

박종수, 한국 증여 세제의 중요 현안과 과제, 동북아법연구, 전북대학교 동북아법연구소, 2014. 01.

신호영, 상속세 연대납세의무에 대한 연구, 세무와 회계연구, 한국세무사회, 2018. 07.

안숙찬, 세무조사 운용 실태와 개선 방안, 세무와 회계연구, 한국세무사회 부설 한국조세연구소, 2020. 08.

박준, 부동산 공시가격 조정에 따른 상속·증여세 변화 분석, 한국지역개발학회지, 한국지역개발학회, 2021. 02.

기석도, 주요 OECD 국가의 상속·증여세 부담에 관한 비교 분석, 산업경제연구 34(4), 한국산업경제학회, 2021. 08.

임승순, 김용택, 「상속세 및 증여세법」상 부동산 평가 방법의 문제점―공평 과세의 원칙을 중심으로―, 조세법연구 27(2), 한국세법학회, 2021. 08.

황원경·김진성·손광표, 2021 한국 富者 보고서, KB금융지주 경영연구소, 2021. 11.

국민은행, 2022 KB 부동산 보고서, KB금융지주 경영연구소, 2022. 02.

김완일·고경희, 상속 증여세 실무 편람, 더존테크윌, 2022. 3. 15.

하나은행 하나금융경영연구소, 2022 Korean Wealth Report, 2022. 04.

# 부의 이전 확장판

**1판 1쇄 발행** 2022년 7월 7일
**개정판 1쇄 발행** 2024년 5월 10일

**지은이** 이장원·이성호·박재영
**발행인** 김형준

**책임편집** 박시현, 허양기
**마케팅** 기소연
**디자인** 최치영

**발행처** 체인지업북스
**출판등록** 2021년 1월 5일 제2021-000003호
**주소** 경기도 고양시 덕양구 삼송로 12, 805호
**전화** 02-6956-8977
**팩스** 02-6499-8977
**이메일** change-up20@naver.com
**홈페이지** www.changeuplibro.com

ⓒ 이장원, 이성호, 박재영, 2024

ISBN 979-11-91378-52-8 (13320)

체인지업북스는 내 삶을 변화시키는 책을 펴냅니다.